Die Bibel

Die Bibel

für Kinder ausgewählt
und erläutert von Josef Quadflieg

Bilder von Rita Frind

Mit einer Sachkunde zur Welt
der Bibel

Patmos

Aus dem Alten Testament

Alte Geschichten von Gott und den Menschen

Wie ist die Welt, wie ist die Erde entstanden? Woher kommen wir Menschen, wozu sind wir da? Zu allen Zeiten und in fast allen Ländern der Erde haben die Menschen solche Fragen gestellt.

Die Wissenschaftler sagen: Die Erde – wie auch immer sie entstanden sein mag – war zuerst eine große glühende Kugel, ähnlich wie die Sonne. Als die Glut sich abgekühlt hatte, war auf der Erde Wasser und festes Land. Das feste Land, der Erdboden, veränderte sich ständig: Hier wurde er zu Wüste, da zu felsigem Gebirge, dort zu Weide und fruchtbarem Land. Dann wurde es nach und nach lebendig: Winzige Pflanzen entstanden, auch einfache Tiere im Feuchten, sie konnten noch nicht stehen und gehen und fliegen. Dann entwickelten sich aus den primitiven Pflanzen bunte Blumen und obsttragende Bäume, und aus den einfachen Tieren wurden Fische, später Vögel, zuletzt vierbeinige Tiere und schließlich das Lebewesen, das aufrecht auf zwei Beinen geht: der Mensch. Das alles haben Wissenschaftler herausgefunden. Doch: Sind die Menschen einfach nur da, wie der Mond und die Sterne, wie Wind und Wolken, wie die Tulpen und die Mäuse? Oder kann jemand einen Grund nennen, daß es uns Menschen gibt? Hat unser Da-Sein einen Sinn?

Wie an vielen Orten der Erde, so haben auch im Land und Volk Israel Leute über die Welt und die Menschen nachgedacht. Was sie einander davon erzählten, haben sie viele hundert Jahre lang gesammelt und später von Schreibern aufschreiben lassen. Eines Tages wurden ihre Erzählungen geordnet und zusammengestellt zu einem Buch, das wir „Die Bibel" nennen. Ganz vorn an den Anfang der Bibel hat man die alten Geschichten von Gott und den Menschen gestellt.

Die biblischen Schöpfungserzählungen wollen nicht mit der Wissenschaft konkurrieren. Die Bibel ist kein Lehr-Buch, sondern ein Glaubens-Buch. Hinter allem, was entstanden ist und was sich entwickelt hat, so muß man die Bibel lesen und deuten, steht Gott. Alles, was existiert, ist von Gott gewollt, alles kommt aus seiner Hand.

Gott erschafft Himmel und Erde

Auf den ersten Seiten der Bibel stehen zwei Schöpfungs-Erzählungen. Die eine ist wie ein Lied, das in sieben Strophen von den „Sieben Tagen" spricht, in denen Gott Himmel und Erde, Wasser und Land, Pflanzen und Tiere und Menschen erschafft. Alles ist von ihm geplant, gewollt und geschaffen. In der anderen Erzählung steht der Mensch, Gottes liebstes Geschöpf, im Mittelpunkt: Ihm übergibt er die Erde, er soll sie bebauen und in acht nehmen. Was für ein großes Geschenk!

Im Anfang schuf Gott Himmel und Erde, die Erde aber war wüst und leer. Finsternis lag über der Urflut, und Gottes Geist schwebte über dem Wasser.

Gott sprach: „Es werde Licht!" Und es wurde Licht. Gott sah, daß das Licht gut war. Gott schied das Licht von der Finsternis, und Gott nannte das Licht Tag, und die Finsternis nannte er Nacht. Es wurde Abend, und es wurde Morgen: Erster Tag.

Dann sprach Gott: „Ein Gewölbe soll entstehen, mitten im Wasser, es soll Wasser von Wasser scheiden." Gott machte also das Gewölbe, und er schied das Wasser unterhalb des Gewölbes vom Wasser oberhalb des Gewölbes. So geschah es, und Gott nannte das Gewölbe Himmel. Es wurde Abend, und es wurde Morgen: Zweiter Tag.

Dann sprach Gott: „Das Wasser unterhalb des Himmels soll sich sammeln an einem Ort, damit das Trockene sichtbar wird." So geschah es. Das Trockene nannte Gott Land, und das angesammelte Wasser nannte er Meer. Gott sah, daß es gut war. Dann sprach er: „Das Land lasse junges Grün wachsen und fruchttragende Bäume!" So geschah es. Das Land brachte junges Grün hervor, alle Arten von Pflanzen, die Samen tragen, sowie alle Arten von Bäumen, die Früchte bringen mit ihrem Samen darin. Gott sah, daß es gut war. Es wurde Abend, und es wurde Morgen: Dritter Tag.

Dann sprach Gott: „Lichter sollen am Himmelsgewölbe sein, um Tag und Nacht zu scheiden. Sie sollen Zeichen sein, mit denen man Tage und Jahre und Feste bestimmen kann." So geschah es. Gott machte die beiden großen Lichter, die Sonne, die über den Tag herrscht, und den Mond, der über die Nacht herrscht, und auch die Sterne. Gott setzte die Lichter ans Himmelsgewölbe, damit sie die Erde beleuchten. Sie sollen über den Tag herrschen und über die Nacht, und sie sollen das Licht scheiden von der Finsternis. Gott sah, daß es gut war. Es wurde Abend, und es wurde Morgen: Vierter Tag.

Dann sprach Gott: „Das Wasser soll wimmeln von lebendigen Wesen. Über dem Land aber sollen am Himmelsgewölbe Vögel dahinfliegen." Gott schuf alle Arten von großen Seetieren und anderen Lebewesen, von denen das Wasser wimmelt. Und er schuf alle Arten von gefiederten Vögeln. Gott sah, daß es gut war. Gott segnete sie und sprach: „Seid fruchtbar und vermehrt euch! Bevölkert das Wasser im Meer! Die Vögel sollen sich auf dem Land vermehren." Es wurde Abend, und es wurde Morgen: Fünfter Tag.

Dann sprach Gott: „Das Land soll lebendige Wesen hervorbringen, alle Arten: Vieh, Kriechtiere, Feldtiere." So geschah es. Gott machte alle Arten von Tieren des Feldes, alle Arten von Vieh und alle Arten von Kriechtieren auf dem Erdboden. Und Gott sah, daß es gut war.

Dann sprach Gott: „Laßt uns Menschen machen als unser Abbild, uns ähnlich. Sie sollen herrschen über die Fische des Meeres, über die Vögel des Himmels, über das Vieh, über die ganze Erde und über alle Kriechtiere auf dem Land." Gott schuf also den Menschen als sein Abbild, als Abbild Gottes schuf er ihn. Als Mann und Frau schuf er sie.

Gott segnete sie und sprach: „Seid fruchtbar und vermehrt euch, bevölkert die Erde und unterwerft sie euch! Herrscht über die Fische des Meeres, über die Vögel des Himmels und über alle Tiere, die sich auf dem Land regen." Dann sprach Gott: „Hiermit übergebe ich euch auch alle Pflanzen und Bäume auf der Erde, sie sollen euch und den Tieren zur Nahrung dienen." So geschah es. Gott sah alles an, was er gemacht hatte: Es war sehr gut. Es wurde Abend, und es wurde Morgen: Sechster Tag.

So wurden Himmel und Erde vollendet und ihre ganze Ordnung. Am siebten Tag vollendete Gott das Werk, das er geschaffen hatte. Er ruhte am siebten Tag, nachdem er sein ganzes Werk vollbracht hatte. Gott segnete den siebten Tag und erklärte ihn für heilig. Denn am siebten Tag ruhte Gott aus, nachdem er das ganze Werk der Schöpfung vollendet hatte.

Gott erschafft die Menschen

In der Zeit, als Gott Himmel und Erde machte, gab es auf der Erde noch nichts Lebendiges, denn Gott, der Herr, hatte es noch nicht auf die Erde regnen lassen. Nur Feuchtigkeit stieg aus der Erde auf und tränkte den Boden. Es gab weder Pflanzen noch Tiere noch Menschen.

Da nahm Gott, der Herr, feuchten Lehm vom Ackerboden und formte daraus die Gestalt eines Menschen. Dann nahm er den noch leblosen Menschen zu sich und blies in seine Nase den Lebensatem. So wurde der Mensch zu einem lebendigen Wesen: durch die Hand Gottes, durch den Atem Gottes. Der Mensch hieß Adam.

Dann legte Gott, der Herr, in Eden, im Osten, einen Garten an. Er nahm den Menschen, den er erschaffen hatte, und setzte ihn in den Garten von Eden. Er gebot dem Menschen, den Garten sorgsam zu bebauen und wohl zu hüten. In Eden entsprang ein Strom, der den Garten bewässerte. Er teilte sich in vier Flüsse: Pischon, Gihon, Euphrat und Tigris. Das Land war reich an Gold, Edelsteinen und anderen Schätzen.

Gott, der Herr, ließ aus dem Ackerboden des Gartens allerlei Bäume wachsen. Sie trugen köstliche Früchte und waren verlockend anzusehen. In der Mitte standen zwei Bäume: Der Baum des Lebens und der Baum der Erkenntnis von Gut und Böse. Gott gebot dem Menschen: „Von allen Bäumen des Gartens darfst du essen, doch vom Baum der Erkenntnis von Gut und Böse darfst du nicht essen. Ißt du davon, mußt du sterben."

Nachdem Gott, der Herr, Adam, den Menschen, erschaffen hatte, sprach er: „Es ist nicht gut, daß der Mensch allein ist." Darum formte er aus dem Ackerboden die Tiere. Er führte die Tiere dem Adam zu, um zu sehen, welche Namen er den Tieren geben würde. So, wie Adam die Tiere nennen würde, so sollten sie heißen. Adam gab allen Tieren des Feldes und allen Vögeln des Himmels Namen. Doch unter allen Tieren fand er kein Wesen, das hilfreich hätte sein können für sein Leben.

Da ließ Gott, der Herr, einen tiefen Schlaf auf den Menschen fallen, so daß er einschlief. Dann nahm er eine seiner Rippen und verschloß die Stelle mit Fleisch. Und Gott, der Herr, baute aus der Rippe, die er vom Menschen genommen hatte, eine Frau und führte sie dem Menschen zu.

Da sprach Adam: „Das ist endlich Fleisch von meinem Fleisch, Bein von meinem Bein, ein Mensch wie ich! Das ist eine Gehilfin, die zu mir paßt. Sie soll Frau heißen." Später nannte Adam die Frau, die Gott erschaffen hatte, Eva: Mutter des Lebens.

Seitdem verläßt der Mann Vater und Mutter und bleibt bei seiner Frau, und sie werden ein Fleisch. – Adam und Eva waren nackt, beide, doch sie schämten sich nicht voreinander.

Ein Loblied auf Gott, den Schöpfer

Lobe den Herrn, meine Seele,
Herr, mein Gott, wie groß bist du!

Du hast die Erde auf Pfeiler gegründet,
in Ewigkeit wird sie nicht wanken.
Du hast den Wassern eine Grenze gesetzt,
die dürfen sie nicht überschreiten.
Du läßt Quellen hervorsprudeln in den Tälern,
sie eilen zwischen den Bergen dahin,
die Tiere des Feldes trinken aus ihnen.

Aus den Zweigen der Bäume und Sträucher
erklingt der Gesang der Vögel.
Gras läßt du wachsen für das Vieh.
Pflanzen baut der Mensch an –
du läßt sie wachsen und gedeihen,
damit er Brot gewinnt von der Erde
und Wein, der des Menschen Herz erfreut.

Du hast den Mond gemacht, als Zeitmaß,
die Sonne weiß, wann sie untergeht.
Du sendest die Finsternis, da wird es Nacht,
und die Tiere des Waldes erwachen.
Die jungen Löwen brüllen nach Raub,
sie verlangen von Gott ihre Beute.
Strahlt die Sonne dann wieder auf,
so schleichen sie heim und verstecken sich.
Dann, am Morgen, geht der Mensch an sein Tagwerk,
an seine Arbeit bis zum Abend.

Herr, wie zahlreich sind deine Werke!
Mit Weisheit hast du sie alle gemacht.
Ich will dem Herrn singen, solange ich lebe,
meinem Gott will ich spielen, solange ich da bin.

Die Menschen wollen sein wie Gott

Alles, was Gott erschaffen hat, ist gut. Doch wohin man blickt, sieht man Schlechtes, Schreckliches und Böses. Wie ist das Böse in die Welt gekommen? Das Leid? Die Sünde? Das Unheil? Auch darüber sind in der Bibel alte Geschichten gesammelt und aufgeschrieben. Alle diese Geschichten kommen zu demselben Schluß: Der Mensch selbst hat das Unheil in die Welt gebracht. Die Menschen selber haben die Ordnung auf den Kopf gestellt. Sie wollten sein wie Gott.

Im Paradies war eine Schlange, die war listiger als alle Tiere des Feldes, die Gott, der Herr, erschaffen hatte. Sie sprach zu Eva: „Hat Gott wirklich gesagt, ihr dürft von keinem Baum des Gartens essen?" Eva antwortete: „Von den Früchten der Bäume im Garten dürfen wir essen, nur von den Früchten des Baums der Erkenntnis von Gut und Böse dürfen wir nicht essen. Gott hat gesagt: Wenn ihr die Früchte anrührt, müßt ihr sterben." Darauf sagte die Schlange: „Keineswegs werdet ihr sterben! Gott weiß vielmehr: Sobald ihr davon eßt, gehen euch die Augen auf. Ihr werdet sein wie Gott, ihr werdet erkennen, was gut und böse ist." Da sah Eva, wie köstlich es wäre, von dem Baum zu essen; der Baum war wirklich eine Augenweide und verlockte, so weise zu werden wie Gott.

Eva nahm von den Früchten des Baums. Sie gab auch ihrem Mann, der bei ihr war, und auch er aß. Da gingen beiden die Augen auf. Sie erkannten, daß sie nackt waren. Da hefteten sie sich Feigenblätter zusammen und machten sich Schürzen.

Plötzlich hörten sie Gott, den Herrn, der im Garten des Paradieses im frischen Mittagswind spazierenging. Als sie ihn kommen hörten, versteckten sich Adam und Eva unter den Bäumen. Gott, der Herr, rief: „Adam, wo bist du?" Adam antwortete: „Ich habe dich im Garten kommen hören, da geriet ich in Furcht und versteckte mich, weil ich nackt bin." Da fragte Gott: „Wer hat dir gesagt, daß du nackt bist? Hast du etwa von dem Baum gegessen, von dem zu essen ich dir verboten habe?" Adam sagte: „Die Frau, die du mir gegeben hast, hat mir von dem Baum gegeben, und so aß ich." Gott sprach zu der Frau: „Hast du das getan?" Eva antwortete: „Die Schlange hat mich verführt, und so habe ich gegessen."

Da sprach Gott, der Herr, über die Schlange und über Eva und über Adam das Strafgericht. Zur Schlange sprach er: „Weil du das getan hast, bist du verflucht unter allen Tieren. Auf dem Bauch sollst du kriechen und Staub fressen

dein Leben lang. Feindschaft soll sein zwischen dir und der Frau, zwischen deinen Nachkommen und den Nachkommen der Frau."

Zu Eva sprach Gott: „Viel Mühsal bereite ich dir, sooft du schwanger wirst, und mit Schmerzen sollst du deine Kinder gebären."

Zu Adam sprach er: „Weil du auf deine Frau gehört und von dem Baum gegessen hast, von dem zu essen ich dir verboten hatte, soll der Ackerboden verflucht sein um deinetwillen. Unter Mühsal wirst du von seinen Früchten essen alle Tage deines Lebens. Dornen und Disteln werden auf dem Acker wachsen. Im Schweiß deines Angesichts sollst du dein Brot essen, bis du zurückkehrst zum Ackerboden; von ihm bist du ja genommen. Denn Staub bist du, zum Staub mußt du zurück."

Gott, der Herr, machte Adam und Eva Röcke aus Fellen und bekleidete sie damit. Dann sprach er: „Seht, der Mensch ist geworden wie wir: Er erkennt, was Gut und Böse ist. Jetzt will er womöglich die Hand ausstrecken und auch noch vom Baum des Lebens essen, um ewig zu leben!" Darum schickte Gott, der Herr, sie aus dem Garten von Eden weg. Er vertrieb die Menschen aus dem Paradies und stellte östlich des Gartens Kerubim auf und ein loderndes Flammenschwert, damit sie den Baum des Lebens bewachten.

Kain ermordet seinen Bruder Abel

Unter den Nachkommen von Adam und Eva waren zwei Brüder, sie hießen Kain und Abel. Kain war ein Ackerbauer, Abel war Schafhirt. Eines Tages brachten beide Gott, dem Herrn, ein Opfer dar. Kain opferte von den Früchten seines Feldes; Abel opferte eins von den besten Tieren seiner Herde. Der Herr schaute auf Abel und sein Opfer, doch auf Kain und sein Opfer schaute er nicht.

Da überlief es Kain ganz heiß, und er blickte zornig zur Erde. Der Herr aber sprach zu ihm: „Warum überläuft es dich heiß? Warum senkt sich dein Blick zur Erde? Nicht wahr, wenn du recht tust, darfst du zu mir aufblicken; wenn du aber nicht recht tust, lauert die Sünde an deiner Tür. Sie ist wie ein böser Geist, der es auf dich abgesehen hat. Du aber sollst Herr über ihn werden!"

Hierauf sagte Kain zu seinem Bruder Abel: „Gehen wir aufs Feld." Als sie auf dem Feld waren, griff Kain seinen Bruder Abel an und erschlug ihn. Da sprach der Herr zu Kain: „Wo ist dein Bruder Abel?" Kain entgegnete: „Ich weiß es nicht. Bin ich denn der Hüter meines Bruders?" Der Herr sprach: „Was hast du getan! Das Blut deines Bruders schreit zu mir vom Ackerboden! Du sollst verflucht sein! Verbannt sollst du sein vom Ackerboden, der das Blut deines Bruders getrunken hat, das du vergossen hast. Wenn du künftig den Ackerboden bestellst, wird er keine Frucht mehr bringen. Rastlos und ruhelos wirst du auf der Erde sein."

Kain antwortete dem Herrn: „Meine Schuld ist groß. Ich kann sie nicht tragen. Du verjagst mich vom Ackerland, ich muß mich verbergen vor deinem Angesicht. Rastlos und ruhelos muß ich über die Erde streifen, und wer mich findet, wird mich erschlagen." Der Herr aber sprach zu ihm: „Jeder, der Kain erschlägt, soll siebenfach gestraft werden!" Darauf machte der Herr dem Kain ein Zeichen, damit ihn keiner erschlage, der ihn finde. Kain ging fort und ließ sich im Lande Nod nieder, östlich von Eden.

Die Erzählung von der Sintflut

Gott, der Herr, sah, daß die Schlechtigkeit der Menschen immer mehr zunahm. Alles, was die Menschen dachten, planten und taten, war böse. Da reute es den Herrn, die Menschen gemacht zu haben, und es tat seinem Herzen weh. Und er sprach: „Ich will den Menschen, den ich erschaffen habe, vom Erdboden vertilgen. Mit ihm will ich auch alles Vieh vertilgen, die Kriechtiere und die Vögel. Denn es reut mich, sie gemacht zu haben." Nur ein Mann mit Namen Noach fand Gnade in den Augen des Herrn. Es war gerecht und lebte ohne Tadel.

Da sprach Gott zu Noach: „Das Ende alles Lebendigen ist gekommen. Ich sehe, daß die Erde verdorben ist, voll von Gewalttaten. Ich werde die Erde mit all ihren Lebewesen vernichten. Du aber – bau dir ein Schiff aus Zypressenholz. Nimm Pech und mache die Planken innen und außen dicht. Und so sollst du das Schiff, die Arche, bauen: 300 Ellen lang, 50 Ellen breit, 30 Ellen hoch. Die Arche soll drei Stockwerke haben und in viele Kammern unterteilt sein. Oben mache ein schräges Dach, an der Seite baue eine Tür ein. – Ich will nämlich eine Flut kommen lassen über die Erde, um alles zu verderben, was unter dem Himmel lebt. Mit dir aber schließe ich einen Bund, denn ich habe gesehen, daß du gerecht bist. Geht in die Arche: du, deine Frau, deine drei Söhne und die Frauen deiner Söhne. Führe auch von allen Tieren je zwei in die Arche, je ein Männchen und ein Weibchen. Vergiß nicht, in der Arche einen Vorrat an Essen für dich und Futter für die Tiere anzulegen." Noach tat alles genauso, wie der Herr ihm aufgetragen hatte.

Danach sprach Gott, der Herr: „Ich werde es vierzig Tage und vierzig Nächte regnen lassen." Es geschah alles, wie der Herr sagte. Die Quellen der Urflut brachen auf, und die Schleusen des Himmels öffneten sich. Der Regen ergoß sich vierzig Tage und vierzig Nächte lang auf die Erde.

Das Wasser stieg und hob die Arche höher und höher. Die Flut schwoll an und bedeckte alle hohen Berge, die es unter dem ganzen Himmel gibt; fünfzehn Ellen stand das Wasser über den Gipfeln der Berge. Die Arche aber trieb auf dem Wasser dahin. Da kamen alle Lebewesen um, wie Gott gesagt hatte: die Vögel, das Vieh und die anderen Tiere, alles, wovon die Erde gewimmelt hatte, und auch alle Menschen. Nur Noach und seine Familie und die Tiere, die in der Arche waren, blieben am Leben. 150 Tage lang stand das Wasser der Sintflut über der Erde.

Da dachte Gott an Noach und an die Tiere, die in der Arche waren. Er ließ Wind über die Erde wehen, und das Wasser sank. Die Quellen der Urflut und die Schleusen des Himmels schlossen sich, der Regen vom Himmel ließ nach, und das Wasser verlief sich allmählich von der Erde. Schließlich setzte die Arche im Gebirge Ararat auf, und man konnte ringsumher die Berggipfel sehen.

Noach öffnete ein Fenster und ließ einen Raben hinausfliegen. Der Rabe flog ein und aus, bis das Wasser vertrocknet war. Danach ließ Noach eine Taube hinausfliegen, um zu sehen, wie weit das Wasser auf der Erde abgenommen habe. Die Taube fand keinen Halt für ihre Füße und kehrte bald wieder in die Arche zurück. Nach sieben Tagen ließ Noach noch einmal eine Taube heraus. Gegen Abend kam sie zurück, und siehe: In ihrem Schnabel hatte sie einen frischen Ölzweig. Jetzt wußte Noach, daß nur noch wenig Wasser auf der Erde stand. Er wartete noch einmal sieben Tage; dann hob er das Dach von der Arche ab und sah, daß die Erde trocken war.

Da sprach Gott der Herr zu Noach: „Komm heraus aus der Arche, du, deine Frau, deine Söhne, die Frauen deiner Söhne! Bring die Tiere heraus, die mit dir in der Arche waren! Sie sollen sich auf der Erde vermehren, damit die Erde wieder wimmle von Tieren!" Da kam Noach heraus, er, seine Frau, seine Söhne und die Frauen seiner Söhne. Und auch alle Tiere kamen heraus, nach Gattungen geordnet. Dann baute Noach dem Herrn einen Altar und brachte ihm ein Brandopfer dar. Der Herr roch den beruhigenden Duft und sprach bei sich: Ich will die Erde wegen des Menschen nicht noch einmal verfluchen, wie ich es getan habe.

Dann segnete Gott Noach und seine Söhne und sprach zu ihnen: „Seid fruchtbar, vermehrt euch und bevölkert die Erde! Hiermit schließe ich meinen Bund mit euch und euren Nachkommen. Nie wieder soll eine Flut kommen und die Erde verderben. Solange die Erde besteht, sollen nicht aufhören Aussaat und Ernte, Kälte und Hitze, Sommer und Winter, Tag und Nacht. Das aber ist das Zeichen des Bundes, den ich stifte zwischen mir und euch: Meinen Regenbogen setze ich in die Wolken. Balle ich Wolken über der Erde zusammen und ihr seht den Regenbogen in den Wolken, dann gedenke ich meines Bundes mit euch."

Der Turm, dessen Spitze bis an den Himmel reichen sollte

Anfangs hatten die Menschen die gleiche Sprache und gebrauchten die gleichen Worte. Als sie von Osten aufgebrochen waren, fanden sie eine Ebene zwischen den Strömen Euphrat und Tigris und siedelten sich dort an. Sie sagten zueinander: „Auf, formen wir Lehmziegel und brennen wir sie zu Backsteinen!" Sie brannten also Backsteine und gruben Pech aus der Erde; mit den Steinen und dem Pech konnten sie Häuser und Mauern bauen.

Dann sprachen die Menschen zueinander: „Auf! Bauen wir uns eine Stadt und einen Turm! Die Spitze des Turmes soll bis in den Himmel reichen! Mit diesem hohen Turm werden wir uns einen Namen machen unter allen Völkern. Wir wollen in der Stadt bleiben und uns nicht weiter über die Erde zerstreuen."

Da stieg Gott, der Herr, herab, um sich die Stadt und den Turm anzusehen. Er sprach: „Seht nur, ein einziges Volk sind sie, und eine gemeinsame Sprache haben alle. Was sie dort bauen, ist erst der Anfang ihres Tuns. Bald wird ihnen nichts mehr unerreichbar sein, was sie sich auch vornehmen. Auf, steigen wir hinab, und verwirren wir dort ihre Sprache, so daß keiner mehr die Sprache des andern versteht!"

So geschah es. Der Herr verstreute sie von dort aus über die ganze Erde. Sie mußten aufhören, an der Stadt zu bauen. Darum nannte man die Stadt Babel, das heißt Wirrwarr. Denn in Babel hat der Herr die Sprache aller Welt verwirrt, und von dort aus hat er die Menschen über die ganze Erde verstreut.

Sagen und Überlieferungen von den Stammvätern des Volkes Israel

Es gibt einen Mann, den die Juden ihren Vater nennen. „Er ist der Freund Gottes", sagen sie, „wir alle stammen von ihm ab." – Auch die Muslime achten ihn hoch. Sie zählen ihn zu den sechs großen Propheten, die Gott in die Welt sandte, und nennen ihn mit Jesus in einem Atemzug. – Die Christen schließlich finden seinen Namen 70 mal im Neuen Testament; sie sagen: „Er ist unser Vater im Glauben." – Der Mann, der so hoch verehrt wird, heißt Abraham. Wenn Juden, Christen und Muslime beisammen sind, sagen sie manchmal schmunzelnd: „Wir sind die drei Kinder Abrahams."

Schon sehr früh hat man in Israel Geschichten von Abraham erzählt. Er kam aus einem fernen Land, heißt es in einer der Geschichten, aus Ur am Euphrat. Er ging von Ur weg nach Haran in Syrien und lebte dort längere Zeit. Haran war damals eine bedeutende Handelsstadt, eine Oase. Auch aus Haran, so wird erzählt, ging er fort, bis er an den Jordan kam, in das Land Kanaan. Dort blieb er.

Bei den Wandergeschichten des Abraham stellt die Bibel fest: Er hat den beschwerlichen und gefährlichen Weg nach Kanaan nicht aus purer Reiselust gemacht, sondern: Gott hat ihn gerufen und geführt. Gott war es schließlich, so haben es die Israeliten später in der Bibel formuliert, der ihm das Land Kanaan geschenkt hat. Er und seine zunächst noch kleine Familie, aber auch seine vielen späteren Nachkommen sollten im Land Kanaan wohnen dürfen für alle Zeit.

In der Mitte der alten Abrahams-Sage steht: Gott hat mit Abraham einen Bund geschlossen – gültig für Abraham und alle seine Nachkommen. Wie auch immer es ihnen im Lauf ihrer Geschichte erging, gut oder schlecht, sie wußten: Gott ist mit uns im Bunde, er ist unser Verbündeter, er ist unser Freund.

Abraham, sein Sohn Isaak, sein Enkel Jakob – der auch Israel heißt – und seine Urenkel, die zwölf Söhne des Jakob, werden in der Bibel Väter oder Stammväter oder Erzväter des Volkes Israel genannt, oder auch Patriarchen.

Der Bund Gottes mit Abraham

Der erste große Held, der in den Sagen des Volkes Israel besungen wird, ist Abraham. Er stammt aus der reichen Stadt Ur; später wohnt er in der fruchtbaren Oase von Haran. Doch Gott, so erzählen die alten Geschichten, holt Abraham weg aus aller Sicherheit und Bequemlichkeit. Er schickt ihn auf den Weg in ein neues, unbekanntes Land. Abraham ist gehorsam; im Vertrauen auf Gott zieht er fort, nach Kanaan, in das Land am Jordan, wo er sich niederläßt.

Mit Abraham, so erzählen später die Leute im Volk Israel, hat Gott einen Bund geschlossen; er hat ihm das Land zum Geschenk gemacht, auf dem wir wohnen dürfen für alle Zeit. Weil Abraham auf Gott vertraute und gegen Gott gehorsam war, wird er „Vater des Glaubens" genannt.

Im Land an den Flüssen Euphrat und Tigris lebte ein Mann mit Namen Abraham. Gott, der Herr, sprach zu Abraham: „Zieh weg aus deinem Land, weg von deinen Verwandten, weg aus deinem Vaterhaus, und geh in das Land, das ich dir zeigen werde. Ich will aus dir ein großes Volk machen. Dein Name wird groß und berühmt sein. Ich werde dich segnen, du sollst ein Segen sein, durch dich sollen gesegnet sein alle Menschen der Erde."

Da zog Abraham weg. Mit ihm gingen seine Frau Sara, sein Neffe Lot, seine Knechte, seine Mägde und all sein Vieh. Sie nahmen ihre Zelte mit und alles, was ihnen gehörte. So zogen sie von Ur nach Haran in Syrien; von Haran aus zogen sie schließlich weiter in das Land Kanaan. Dort sprach der Herr zu Abraham: „Das ist das Land, das ich dir und deinen Nachkommen gebe." Da baute Abraham Gott, dem Herrn, einen Altar.

Eines Tages stritten sich die Hirten des Abraham und die Hirten des Lot, weil das Land nicht groß genug war für ihre vielen Herden. Da sprach Abraham: „Zwischen mir und dir, zwischen deinen und meinen Hirten soll es keinen Streit geben: Wir sind doch Brüder! Trenne dich von mir. Wenn du nach links gehst, gehe ich nach rechts; wenn du nach rechts gehen willst, gehe ich nach links." Da wählte Lot für sich und seine Herden die Gegend am Jordanfluß. Er schlug seine Zelte in der Nähe der Stadt Sodom auf. Abraham aber nahm das Land Kanaan.

Dann sprach Gott zu Abraham: „Blick auf und schau von der Stelle, wo du stehst, nach Norden und Süden, nach Osten und Westen. Das ganze Land nämlich, das du siehst, will ich dir und deinen Nachkommen geben für immer. Ich mache deine Nachkommen zahlreich wie den Staub auf der Erde. Nur wer den Staub auf der Erde zählen kann, wird deine Nachkommen zählen können. Durchwandere das Land der Länge und Breite nach, denn dir gebe ich es!" Abraham zog nach Hebron, bis an den Rand eines Eichenwäldchens, das Mamre hieß. Dort blieb er und baute dem Herrn einen Altar.

Und noch einmal sprach der Herr zu Abraham: „Ich bin Gott, der Allmächtige. Gehe die Wege Gottes und tu, was recht ist! Ich will einen Bund schließen zwischen dir und mir!" Abraham fiel vor Gott nieder, und Gott sprach weiter: „Das ist der Bund zwischen dir und mir: Du sollst der Stammvater vieler Völker werden. Ich werde dein Gott sein und der Gott aller deiner

Nachkommen. Ich gebe euch das Land Kanaan zum Eigentum." Und Gott sprach: „Das soll das Zeichen des Bundes sein: Jeder Knabe, der geboren wird, soll beschnitten werden, sobald er acht Tage alt ist." Als Gott, der Herr, das Gespräch beendet hatte, verließ er Abraham und fuhr zur Höhe auf.

Melchisedek segnet Abraham

Einmal griffen Heere aus dem Osten das Land am Jordan an, in dem Lot, der Neffe Abrahams, wohnte. Sie verwüsteten die Städte, plünderten Zelte und Häuser und raubten alles, was ihnen in die Hände fiel. Der Krieg dauerte vierzehn Jahre. Zuletzt eroberten sie auch die Stadt Sodom; sie führten Lot und viele Männer und Frauen als Gefangene fort.

Als Abraham hörte, daß sein Bruder Lot gefangen war, rüstete er 318 seiner Knechte mit Waffen aus. Er tat sich mit den Nachbarvölkern zusammen und griff die feindlichen Heere an. Sie flohen vor Abraham nach Norden, bis in die Gegend von Damaskus. Abraham befreite die Gefangenen und brachte Lot und seine Familie nach Sodom zurück.

Nach dem Kriegszug kehrte Abraham in sein Mamre-Wäldchen bei Hebron zurück. Unterwegs kamen ihm die Könige der Nachbarvölker entgegen, um ihm zu danken. Unter ihnen war Melchisedek, der König von Salem. Melchisedek brachte Brot und Wein herbei. Er trat vor Abraham hin und sprach: „Gesegnet sei Abraham vom Höchsten Gott, dem Schöpfer des Himmels und der Erde! Gepriesen sei der Höchste Gott, der die Feinde in deine Hand gegeben hat!" Da gab Abraham ihm den zehnten Teil von allem, was er besaß.

Gott verheißt Abraham und Sara einen Sohn

Eines Tages, zur Zeit der Mittagshitze, saß Abraham unter den Eichen des Wäldchens Mamre bei Hebron; er saß im Schatten seines Zelteingangs. Abraham blickte auf: Da sah er drei Männer vor sich stehen. Als er sie sah, stand er auf und lief ihnen vom Zelt aus entgegen. Er warf sich vor ihnen zur Erde nieder, denn es war der Herr, der ihm dort in Mamre erschien. Abraham sprach: „Herr, sei mir gnädig und geh nicht vorbei! Ich werde etwas Wasser bringen lassen; dann könnt ihr euch die Füße waschen und euch unter den Eichen ausruhen. Bevor ihr weitergeht, will ich euch einen Bissen Brot holen, damit ihr euch stärken könnt – denn deshalb seid ihr doch bei eurem Knecht vorbeigekommen?" Sie sprachen: „Tu, wie du gesagt hast."

Da lief Abraham eiligst ins Zelt zu Sara, seiner Frau, und rief: „Schnell! Drei Hände voll feines Mehl! Rühr es an! Back Fladenbrote!" Dann lief er zum Vieh, nahm ein zartes, prächtiges Kalb und übergab es dem Jungknecht, der es schnell zubereitete. Schließlich nahm Abraham Butter, Milch und Kalbsbraten und setzte alles den drei Männern vor. Er blieb unter dem Baum und bediente sie, und die Männer aßen.

Die Männer fragten: „Wo ist Sara, deine Frau?" Abraham antwortete: „Dort im Zelt." Da sprach der Herr: „In einem Jahr komme ich wieder zu dir; dann wird deine Frau einen Sohn haben." Sara hörte heimlich hinter dem Zelteingang zu und dachte: „Ich bin zu alt, um noch Kinder zu bekommen. Auch mein Mann Abraham ist hundert Jahre alt!" – und sie lachte. Da sprach der Herr zu Abraham: „Warum lacht Sara? Ist bei Gott etwas unmöglich? Nächstes Jahr um diese Zeit werde ich wiederkommen, und Sara wird einen Sohn haben." Da fürchtete sich Sara und sprach: „Ich habe nicht gelacht!" Der Herr aber sprach: „Doch, du hast gelacht."

Abraham verhandelt mit Gott über Sodom

Nachdem die Männer gegessen hatten, erhoben sie sich von ihrem Platz und schauten in die Richtung, in der Sodom lag. Der Herr sprach bei sich: „Soll ich dem Abraham länger verheimlichen, was ich vorhabe? Er soll doch zu einem mächtigen, großen Volk werden! Er soll doch seinen Söhnen und allen seinen Nachkommen einschärfen, daß sie die Wege des Herrn gehen und daß sie tun, was gut und recht ist." Also sprach der Herr zu Abraham:

„Das Klagegeschrei über die Städte Sodom und Gomorra – ja, das ist laut geworden, und ihre Sünde – ja, die ist schwer. Ich will hinabgehen und sehen, ob das Klagegeschrei berechtigt ist: Ob ihr böses Tun wirklich so schwer ist. Ich will es wissen." Abraham stand vor dem Herrn; die beiden Männer aber wandten sich ab und gingen hinunter nach Sodom. Da trat Abraham näher und sagte:

„Willst du in Sodom alle hinwegraffen, die Gerechten zusammen mit den Ruchlosen? Vielleicht gibt es 50 Gerechte in der Stadt. Willst du auch sie wegraffen, oder nicht doch der Stadt vergeben wegen der 50 Gerechten dort? Das kannst du doch nicht tun: Die Gerechten zusammen mit den Ruchlosen umbringen! Dann erginge es ja den Gerechten genauso wie den Ruchlosen! Das kannst du nicht tun! Sollte sich der Richter über die ganze Erde nicht an das Recht halten?"

Da sprach der Herr: „Wenn ich in Sodom 50 Gerechte finde, werde ich ihretwegen der ganzen Stadt vergeben." – Abraham antwortete und sprach: „Ich habe nun einmal angefangen, mit meinem Herrn zu reden, obwohl ich Staub und Asche bin. Vielleicht fehlen an den 50 Gerechten fünf. Wirst du wegen der fünf die ganze Stadt vernichten?"

Der Herr sprach: „Nein, ich werde die Stadt nicht vernichten, wenn ich dort 45 Gerechte finde." – Abraham fuhr fort, mit dem Herrn zu reden, und sprach: „Vielleicht finden sich dort nur 40?"

Da sprach der Herr: „Ich werde es wegen der 40 nicht tun." – Abraham sprach weiter: „Mein Herr, zürne nicht, wenn ich weiterrede. Vielleicht finden sich dort nur 30?" – Der Herr sprach: „Ich werde es nicht tun, wenn ich dort 30 finde." Da sagte Abraham: „Ich habe es nun einmal unternommen, mit dem Herrn zu reden. Vielleicht finden sich dort nur 20." – Der Herr antwortete: „Ich werde die Stadt um der 20 willen nicht vernichten." – Und noch einmal sprach Abraham: „Mein Herr, zürne nicht, wenn ich noch einmal das Wort ergreife: Vielleicht finden sich dort nur 10." – Und wiederum sprach der Herr: „Ich werde sie um der 10 willen nicht vernichten."

Nachdem der Herr das Gespräch mit Abraham beendet hatte, ging er weg, und Abraham kehrte heim. Gott aber ließ Schwefel und Feuer vom Himmel regnen. Er vernichtete die Städte Sodom und Gomorra von Grund auf, auch die ganze Gegend, alle Einwohner und alles, was auf den Feldern wuchs. Als Gott die Städte vernichtete, dachte er an Abraham: Er ließ Lot mitten aus der Zerstörung fortgeleiten. Danach wohnte Lot eine Zeitlang in einer Höhle.

Abraham vertraut auf Gott

Der Herr tat an Sara, wie er verheißen hatte: Sara wurde schwanger und gebar einen Sohn, zu der Zeit, die Gott angegeben hatte. Abraham nannte den Sohn, den Sara ihm gebar, Isaak. Als sein Sohn Isaak acht Tage alt war, beschnitt ihn Abraham, wie Gott es ihm befohlen hatte. Abraham war 100 Jahre alt, als sein Sohn Isaak zur Welt kam. Sara sprach: „Gott ließ mich lachen: Ich habe Abraham in seinem Alter noch einen Sohn geboren! Jeder, der davon hört, wird mit mir lachen." Abraham freute sich sehr und hielt mit seinen Freunden ein Festmahl.

Als Isaak herangewachsen war, stellte Gott den Abraham auf die Probe und sprach zu ihm: „Abraham!" Er antworte: „Hier bin ich." Gott sprach: „Nimm deinen Sohn, deinen einzigen, den du liebst, Isaak, geh in das Land Morija und bring ihn dort auf einem Berge, den ich dir nenne, als Brandopfer dar."

Frühmorgens stand Abraham auf und sattelte seinen Esel. Dann holte er seine beiden Jungknechte und seinen Sohn Isaak. Er spaltete Holz zum Opfer und machte sich auf den Weg zu dem Ort, den Gott ihm genannt hatte. Als sie drei Tage gewandert waren, blickte Abraham auf und sah den Ort von weitem. Da sagte er zu seinen Jungknechten: „Bleibt mit dem Esel hier! Ich will mit dem Knaben hingehen und anbeten; dann kommen wir wieder zu euch zurück."

Abraham nahm das Holz für das Brandopfer und lud es seinem Sohn Isaak auf die Schultern. Er selbst trug das Feuer und das Messer. So gingen sie beide miteinander.

Nach einer Weile sagte Isaak zu Abraham: „Vater!" Er antwortete: „Ja, mein Sohn?" Dann sagte Isaak: „Hier ist Feuer und Holz. Wo aber ist das Lamm für das Brandopfer?" Abraham entgegnete: „Gott wird sich das Opferlamm aussuchen, mein Sohn." Und beide gingen miteinander.

Sie kamen an den Ort, den Gott ihm genannt hatte. Da baute Abrahm einen Altar und schichtete das Holz auf. Er fesselte seinen Sohn Isaak und legte ihn auf den Altar, oben auf das Holz. Schon streckte Abraham seine Hand nach dem Meesser aus, um seinen Sohn zu schlachten. Da rief ihm der Engel des Herrn vom Himmel her zu: „Abraham! Abraham!" Er antwortete: „Hier bin ich." Der Engel des Herrn sprach: „Streck deine Hand nicht gegen den Knaben aus und tu ihm nichts zuleide! Denn jetzt weiß ich, daß du Gott ehrst und fürchtest! Du warst bereit, mir deinen einzigen Sohn zu opfern." Als Abraham hinter sich schaute, sah er einen Widder, der sich mit seinen Hörnern im Gestrüpp verfangen hatte. Abraham ging hin, nahm den Widder und brachte ihn statt seines Sohns zum Brandopfer dar.

Darauf rief der Engel des Herrn zum zweiten Mal vom Himmel her und sprach: „Ich schwöre: Weil du mir deinen einzigen Sohn zum Opfer bringen wolltest, weil du das getan hast, will ich dir Segen schenken, Segen in Fülle. Ich will deine Nachkommen zahlreich machen wie die Sterne am Himmel und den Sand am Meeresstrand. Deine Nachkommen – und durch deine Nachkommen: alle Völker der Erde! – sollen gesegnet sein, weil du auf meine Stimme gehört hast."

Da kehrte Abraham zu seinen Jungknechten zurück. Sie gingen heim und wohnten von da an in Beerscheba, am Rand der Wüste. Als Abraham und Sara sehr alt geworden waren, starben sie und wurden in einer Höhle bei Hebron begraben.

Abrahams Nachkommen Isaak und Jakob

Isaak wurde erwachsen und heiratete Rebekka, eine schöne Frau aus der Gegend von Haran, wo vor vielen Jahren sein Vater Abraham gewohnt hatte. Rebekka gebar Zwillinge: Esau und Jakob. Esau hatte das Erstgeburtsrecht; er war als erster aus dem Leib seiner Mutter gekommen. Esau hatte großes Vergnügen am Jagen auf dem freien Feld; Jakob blieb lieber im Zelt bei seiner Mutter und kochte gern mit ihr.

Eines Tages kam Esau heim und rief: „Gib mir etwas zu essen von dem Roten, von dem Roten da! Ich bin ganz erschöpft." Jakob antwortete: „Dann verkauf mir dein Erstgeburtsrecht, und zwar sofort!" Da sagte Esau: „Schau, ich sterbe vor Hunger, was schert mich da das Erstgeburtsrecht?" Jakob antwortete: „Schwör mir! Auf der Stelle!" Da schwor Esau ihm und verkaufte das Erstgeburtsrecht an Jakob, seinen Bruder. Darauf gab Jakob ihm von dem roten Linsengemüse, auch Brot. Esau aß und trank, stand auf und ging seines Weges. Das Erstgeburtsrecht kümmerte ihn nicht.

Später tat es Esau leid; er begann, seinen Bruder Jakob zu hassen, und bedrohte ihn, so daß Jakob vor ihm fliehen mußte. Er lief weg nach Haran, zu den Verwandten seiner Mutter.

Unterwegs kam Jakob an eine Stelle, an der er übernachten wollte, denn die Sonne war untergegangen. Er nahm einen Stein, legte ihn unter seinen Kopf und schlief ein. Da hatte er einen Traum. Er sah eine Treppe, die auf der Erde begann und bis in den Himmel reichte. Auf der Treppe stiegen Engel Gottes auf und nieder; oben aber stand Gott, der Herr, und sprach: „Ich bin der Herr, der Gott deines Vaters Abraham, der Gott Isaaks. Das Land, auf dem du liegst, will ich dir und deinen Nachkommen geben. Deine Nachkommen

werden zahlreich sein wie der Staub auf der Erde. Du wirst dich immer mehr ausbreiten, nach Westen und Osten, nach Norden und Süden. Durch dich und deine Nachkommen werden alle Völker der Erde gesegnet sein. Ich bin mit dir, ich behüte dich, wohin du auch gehst!"

Jakob erwachte und sprach: „Wahrlich, der Herr ist an diesem Ort, und ich wußte es nicht! Heilig ist dieser Ort! Hier ist nichts anderes als das Haus Gottes, das Tor zum Himmel!" Er stand auf, früh am Morgen, nahm den Stein, den er unter seinen Kopf gelegt hatte, und richtete ihn als Denkmal auf. Er goß Salböl über den Stein und nannte den Ort Bet-El, das heißt Gotteshaus.

Nach vierzehn Jahren kehrte Jakob aus dem Osten zurück, um sich mit seinem Bruder Esau zu versöhnen. Auf dem Heimweg begegnete ihm Gott, der Herr, ein zweites Mal, am Ufer eines kleinen Flusses. Er segnete Jakob und sprach: „Von nun an sollst du Israel heißen!" Er blieb im Lande Kanaan wohnen, das Gott ihm und seinen Nachkommen gegeben hatte.

Josef, der Sohn des Jakob, und seine Brüder

Jakob hatte 12 Söhne; der Erstgeborene hieß Ruben, die beiden Jüngsten hießen Benjamin und Josef. Der Vater liebte Josef am meisten und zog ihn allen seinen Brüdern vor. Er ließ ihm einen bunten Ärmelrock machen. Die Brüder aber haßten Josef. Einmal hatte Josef einen Traum und sagte zu ihnen:

„Hört, was ich geträumt habe. Wir banden Garben mitten auf dem Feld. Meine Garbe richtete sich auf und blieb stehen. Eure Garben stellten sich ringsum und verneigten sich tief vor meiner Garbe." Da sagten seine Brüder: „Willst du etwa König über uns werden? Dich als Herr über uns aufspielen?" Und sie haßten ihn noch mehr. Josef aber sprach: „Ich hatte noch einen Traum. Die Sonne, der Mond und die Sterne verneigten sich tief vor mir." Als er davon seinem Vater erzählte, schimpfte sein Vater und sagte: „Was soll das? Sollen wir – ich, deine Mutter und deine Brüder –, sollen wir kommen und uns vor dir zur Erde niederwerfen?" Seine Brüder waren eifersüchtig auf ihn, und sein Vater vergaß die Sache nicht.

Danach zogen seine Brüder fort nach Sichem und weideten dort das Vieh. Eines Tages sprach Jakob zu Josef: „Geh und schau, wie es deinen Brüdern und dem Vieh geht, und berichte es mir!" Da ging Josef nach Sichem. Als sie ihn von weitem kommen sahen, faßten sie den Plan, ihn umzubringen. Sie sprachen: „Da kommt ja der Träumer! Auf, erschlagen wir ihn und werfen ihn in eine leere Zisterne! Dem Vater sagen wir, ein wildes Tier habe ihn gefressen. Dann wird man ja sehen, was aus seinen Träumen wird!" Sie packten ihn und warfen ihn in eine leere Zisterne.

Als sie beim Essen saßen und aufblickten, sahen sie Kaufleute kommen, die mit einer Karawane unterwegs nach Ägypten waren. Da zogen sie ihren Bruder Josef aus der Zisterne heraus und verkauften ihn für 20 Silbermünzen.

Sodann nahmen sie den Ärmelrock, schlachteten eine Ziege und tauchten den Rock in das Blut. Sie schickten den Rock zu ihrem Vater und ließen ihm sagen: „Diesen Rock haben wir gefunden. Sieh doch, ob dies der Rock deines Sohnes ist oder nicht!" Als der Vater den Rock sah, rief er aus: „Der Rock meines Sohnes! Ein wildes Tier hat ihn gefressen! Zerrissen, zerrissen ist Josef." Er zerriß sein Gewand, zog Trauerkleider an und weinte viele Tage, und niemand konnte ihn trösten.

Josef im Gefängnis

Die Kaufleute brachten Josef nach Ägypten. Sie verkauften ihn als Sklaven an einen Herrn Potifar, den Obersten der königlichen Leibwache. Gott war mit Josef, und es glückte ihm alles, was er tat. Potifar machte ihn zum Verwalter über sein Haus, über seine Felder und über alles, was er besaß. Er kümmerte sich um nichts mehr, nur noch um sein Essen. Josef war schön von Gestalt und Aussehen.

Die Frau des Potifar verliebte sich in Josef und sagte zu ihm: „Komm, schlaf mit mir!" Josef weigerte sich und sprach: „Wie könnte ich ein so großes Unrecht gegen deinen Mann tun, der mir vertraut? Wie könnte ich sündigen gegen Gott?" Doch die Frau redete weiter auf ihn ein, Tag für Tag. Einmal war sie mit Josef allein im Haus und sprach wieder: „Komm, schlaf mit mir!" Josef aber riß sich los, ließ sein Gewand in ihren Händen zurück und lief hinaus. Da schrie die Frau, rief nach ihren Dienern und sagte zu ihnen: „Seht nur! Mein Mann hat uns einen Hebräer ins Haus gebracht, einen Sklaven, der mit uns macht, was er will! Er kam und wollte mit mir schlafen; da schrie ich laut; er ist geflohen und hat sein Gewand hiergelassen."

Als Potifar, ihr Mann, heimkam, zeigte seine Frau ihm das Gewand des Josef und erzählte ihm die gleiche Geschichte: „So hat es dein Sklave mit mir gemacht!" Als Potifar das hörte, packte ihn der Zorn. Er ließ Josef ergreifen und in den Kerker werfen, dorthin, wo die Gefangenen des Königs lagen. Gott aber war mit Josef, so daß der Gefängniswärter ihm gut gesonnen war.

Im Gefängnis waren auch der Obermundschenk und der Hofbäcker des Königs von Ägypten. Eines Morgens erzählte der Obermundschenk, was er in der Nacht geträumt hatte: „Ich sah im Traum einen Weinstock. Drei Ranken waren daran, die trieben Knospen und Blüten, und schon bald reiften die Trauben. Ich nahm die Trauben, preßte sie in den Becher des Königs und gab ihm zu trinken." Da sprach Josef: „Das ist die Deutung: Die drei Ranken sind drei Tage. Noch drei Tage, dann bist du frei. Der König wird dich wieder zum Obermundschenk machen, wie es früher war. Wenn du wieder beim König bist, denk an mich! Erzähl dem König von mir, und hol mich hier heraus! Denn man hat mich entführt aus dem Land der Hebräer, und ich habe nichts Unrechtes getan."

Danach sprach auch der Hofbäcker: „Auch ich hatte einen Traum. Ich trug drei Körbe Feingebäck auf meinem Kopf. Da kamen Vögel und fraßen aus dem obersten Korb, was ich für den König gebacken hatte." Josef antwortete:

„Das ist die Deutung: Die drei Körbe sind drei Tage. Noch drei Tage, dann wird der König dich holen lassen und an einem Baum aufhängen. Vögel werden über dich herfallen und dich fressen."

Drei Tage darauf hatte der König Geburtstag. Er veranstaltete ein Fest mit einem großen Gastmahl. Dann ließ er vor allen Hofleuten den Obermundschenk und den Hofbäcker in den Saal kommen. Den Obermundschenk setzte er wieder in sein Amt ein; den Hofbäcker jedoch ließ er aufhängen. Alles geschah, wie Josef vorhergesagt hatte. Der Obermundschenk aber dachte nicht mehr an Josef und vergaß ihn.

Die Träume des Pharao

Der König von Ägypten – Pharao genannt – hat einen Traum, den keiner seiner Gelehrten deuten kann. Da erinnert man sich an Josef, der schon zwei Jahre im Gefängnis sitzt. Er legt dem König den Traum aus. Der Pharao macht aus dem wehrlosen Gefangenen einen Mann, vor dem alle Ägypter auf die Knie fallen müssen.
Immer wieder beteuert der Schreiber der Josefsgeschichte: „Gott war mit ihm!" Vielleicht steht die Josefsgeschichte überhaupt nur deshalb in der Bibel, daß wir nicht vergessen: Gott ist mit uns, Gott steht auf unserer Seite.

Zwei Jahre waren vergangen, da hatte der Pharao einen Traum: Er stand am Nil. Aus dem Nil stiegen sieben wohlgenährte, stattliche Kühe und weideten im Schilf. Nach ihnen stiegen sieben andere Kühe herauf, elend, sehr häßlich und mager. Nie hatte man in ganz Ägypten so häßliche Kühe gesehen. Die sieben mageren und häßlichen Kühe fraßen die sieben schönen fetten Kühe auf: Sie verschwanden in ihren Bäuchen, doch man merkte nicht, daß sie darin waren; sie sahen noch genauso elend aus wie vorher. Da erwachte der Pharao.

    Er schlief wieder ein und träumte ein zweites Mal: An einem einzigen Halm gingen sieben volle schöne Ähren auf. Nach ihnen wuchsen sieben taube Ähren heran, kümmerlich, vom Ostwind ausgedörrt. Die kümmerlichen Ähren verschlangen die sieben vollen schönen Ähren. Da erwachte der Pharao; seine beiden Träume waren ein einziger Traum gewesen.

    Am Morgen war der Pharao sehr beunruhigt. Er ließ alle Wahrsager und Weisen Ägyptens rufen, doch keiner fand sich, der seine Träume hätte deuten können. Da sagte der Obermundschenk zum Pharao: „Damals, im Gefängnis, hatten der Hofbäcker und ich einen Traum. Mit uns im Gefängnis war ein Hebräer, der Sklave des Obersten deiner Leibwache. Wir erzählten ihm unsere Träume, und er legte sie uns aus. Wie er jedem gedeutet hatte, so geschah es: Mich setztest du wieder in mein Amt ein, den anderen aber hängte man auf." Da schickte der Pharao hin und ließ Josef rufen. Man holte ihn aus dem Gefängnis, schnitt ihm die Haare, zog ihm andere Kleider an und brachte ihn vor den Pharao. Der Pharao sprach zu Josef: „Ich hatte einen Traum, doch konnte ihn mir keiner deuten. Von dir aber habe ich gehört, du brauchst einen Traum nur zu hören, dann kannst du ihn deuten." Josef antwortete: „Nicht ich, sondern Gott wird zum Wohl des Pharao eine Antwort geben." Da erzählte der Pharao, was er geträumt hatte.

Als Josef den Pharao angehört hatte, sprach er: „Die beiden Träume bedeuten ein und dasselbe; Gott sagt dem Pharao an, was er vorhat. Die sieben schönen Kühe sind sieben Jahre, und die sieben schönen Ähren sind dieselben sieben Jahre. Denn sieben Jahre werden kommen, da wird großer Überfluß in ganz Ägypten sein. – Die sieben häßlichen Kühe aber sind sieben weitere Jahre, und die sieben leeren, vom Ostwind ausgedörrten Ähren sind dieselben sieben weiteren Jahre. Denn sieben Jahre werden kommen, da wird eine Hungersnot heraufziehen. Da wird der ganze Überfluß der ersten sieben Jahre vergessen sein. Man wird nichts mehr vom Überfluß der guten Jahre merken, denn der Hunger, der dann kommt, wird sehr drückend sein. – Daß aber der Pharao gleich zweimal träumt, bedeutet: Die Sache steht bei Gott fest, und Gott wird sie bald ausführen." Zuletzt sprach Josef: „Der Pharao möge sich nach einem Mann umsehen, der klug und weise ist. Diesen möge er zum Herrn über Ägypten einsetzen. Verwalter sollen in den sieben guten Jahren Vorräte für die sieben Jahre der Hungersnot sammeln lassen, um sie dann zu verteilen. So wird Ägypten nicht zugrunde gehen."

Josef wird erhöht über ganz Ägypten

Die Rede Josefs gefiel dem Pharao und allen seinen Hofleuten. Der Pharao sagte zu ihnen: „Finden wir wohl einen Mann wie diesen hier, einen, in dem der Geist Gottes wohnt?" Und zu Josef sprach er: „Nachdem dich Gott das alles hat wissen lassen, gibt es keinen, der so klug und weise ist wie du." Er nahm seinen Siegelring, steckte ihn Josef an die Hand und rief aus: „Hiermit stelle ich dich über ganz Ägypten!" Er gab ihm kostbare Gewänder und legte ihm die Goldene Kette um. Dann ließ er ihn den zweiten Königswagen besteigen und sprach: „Ich bin der Pharao – doch soll ohne dich niemand seine Hand oder seinen Fuß rühren in ganz Ägypten!" Josef war 30 Jahre alt.

Da bestieg Josef den Prunkwagen; ein Läufer lief vor ihm her und rief: „Abrek!", das heißt: Achtung! Ehre! Josef fuhr durch ganz Ägypten und ließ das Getreide, das in den sieben guten Jahren wuchs, sammeln und in die Städte schaffen. Er speicherte Brotgetreide auf in sehr großen Mengen, wie Sand am Meer; man konnte es nicht mehr wiegen, so viel war es.

Geleitet und behütet vom Herrn

Ein altes Gebet, es gehört zur biblischen Gebetssammlung der Psalmen, erzählt von einem Menschen, dem es ähnlich ging wie Josef. In dem Gebet heißt es nicht: Gott erspart dem Menschen alles Unglück, sondern es heißt: Wenn wir auch durch Unglück gehen müssen – durch die „finstere Schlucht" – so läßt Gott uns nicht allein; er geht mit uns.

Der Herr ist mein Hirte, nichts wird mir fehlen.
Er läßt mich lagern auf grünen Auen
und führt mich zum Ruheplatz am Wasser.

Er stillt mein Verlangen,
er leitet mich auf rechten Pfaden,
treu seinem Namen.

Muß ich auch gehn durch die finstere Schlucht –
ich fürchte das Unheil nicht, denn du bist bei mir.
Dein Stock und dein Stab geben mir Zuversicht.

Du deckst mir den Tisch vor den Augen meiner Feinde.
Du salbst mein Haupt mit Öl.
Du füllst mir reichlich den Becher.

Lauter Güte und Huld sind um mich mein Leben lang.
Im Hause des Herrn darf ich wohnen
für lange Zeit.

Die Brüder des Josef kommen nach Ägypten

Die sieben Jahre des Überflusses in Ägypten gingen zu Ende. Da begannen die sieben Jahre der Hungersnot, wie Gott durch Josef vorhergesagt hatte. In allen Ländern der Erde herrschte Hungersnot, nur in Ägypten gab es Brot. Wenn die Leute zum Pharao kamen und um Brot schrien, sagte der Pharao: „Geht zu Josef, und was er sagt, das tut!" Josef öffnete die Speicher und verkaufte Getreide an alle Ägypter. Der Hunger aber wurde immer drückender. So kamen die Menschen von überall her, um in Ägypten Getreide zu kaufen.

Als Jakob im Lande Kanaan erfuhr, daß es in Ägypten Getreide zu kaufen gab, sagte er zu seinen Söhnen: „Was schaut ihr einander so an? Zieht nach Ägypten und kauft dort für uns Getreide, damit wir am Leben bleiben und nicht sterben müssen." Da zogen sie hinab nach Ägypten, zehn Brüder; Benjamin blieb zu Hause. Jakob ließ Benjamin, den jüngsten Bruder Josefs, nicht mit nach Ägypten ziehen, denn er fürchtete, es könnte ihm ein Unglück zustoßen. Die Söhne Jakobs kamen also mitten unter vielen anderen Leuten, die auch Getreide kaufen wollten, in Ägypten an. So kamen sie zu Josef, der das Land verwaltete und das Getreide verkaufte, und warfen sich vor ihm mit dem Gesicht zur Erde nieder.

Als Josef seine Brüder sah, erkannte er sie. Sie aber erkannten ihn nicht, und er gab sich nicht zu erkennen. Er fuhr sie vielmehr barsch an und fragte: „Wo kommt ihr her?" Sie sagten: „Wir kommen aus Kanaan, um Brotgetreide zu kaufen." Josef sprach: „Spione seid ihr! Ihr seid gekommen, um herauszufinden, wo man am leichtesten über die Grenze nach Ägypten eindringen

kann!" Sie antworteten: „Nein, Herr! Ehrliche Leute sind wir! Wir sind nur gekommen, um Getreide zu kaufen. Wir waren zwölf Brüder, Söhne ein und desselben Vaters in Kanaan. Der Jüngste ist bei unserem Vater geblieben, und einer ist nicht mehr am Leben." Josef aber sprach: „Es bleibt dabei, wie ich gesagt habe. Spione seid ihr."

Danach sprach Josef: „Beim Pharao! Ich werde überprüfen, was ihr sagt. Ihr sollt von hier nicht eher loskommen, bis auch euer jüngster Bruder hier ist. Schickt also einen von euch weg, er soll euren Bruder holen. Euch aber werde ich in Haft nehmen. Ihr werdet so lange im Gefängnis bleiben, bis man euer Gerede überprüft hat, bis man festgestellt hat, ob ihr die Wahrheit gesagt habt oder nicht." So wurden sie also drei Tage in Haft genommen.

Am dritten Tage sprach Josef: „Bei Gott! Tut folgendes, und ihr werdet am Leben bleiben: Wenn ihr ehrliche Leute seid, soll einer von euch im Gefängnis bleiben; ihr anderen aber geht mit dem Getreide heim, damit eure Familien nicht verhungern. Euren jüngsten Bruder aber schafft mir hierher, damit sich eure Worte als wahr erweisen und ihr nicht sterben müßt." So machten sie es. Sie sprachen zueinander: „Ach ja, wir sind damals an unserem Bruder schuldig geworden. Wir haben zugesehen, wie er sich geängstigt hat um sein Leben. Wir haben nicht auf ihn gehört, als er uns um Erbarmen angefleht hat. Darum ist jetzt diese Bedrängnis über uns gekommen!" Josef hörte alles, was sie sagten; er wandte sich ab und weinte. Dann wandte er sich ihnen wieder zu und ließ einen von ihnen, Simeon, vor ihren Augen fesseln und gefangennehmen. Dann ließ er sie zu ihrem Vater nach Kanaan zurückkehren.

Benjamin kommt nach Ägypten

Der Hunger lastete schwer auf dem Land. Nicht lange, so war das Getreide, das sie aus Ägypten mitgebracht hatten, aufgezehrt. Da sagte Jakob zu seinen Söhnen: „Geht noch einmal hin und kauft Brotgetreide!" Sie antworteten: „Der Herr des Landes hat uns eingeschärft: Kommt mir nicht mehr unter die Augen, wenn ihr nicht euren jüngsten Bruder mitbringt! Vater, nur wenn du bereit bist, unseren Bruder Benjamin mitzuschicken, ziehen wir noch einmal hinunter, um Brotgetreide zu kaufen. Willst du ihn aber nicht mitschicken, gehen wir nicht."

Jakob sprach: „Nichts bleibt mir erspart! Ihr bringt mich noch um alle meine Kinder! Wenn es also sein muß, dann macht es so: Nehmt von den besten Erzeugnissen unseres Landes in eurem Gepäck mit und bringt es dem Herrn von Ägypten zum Geschenk: Weihrauchkörner und Honig, Gummi und Duftharz, Pistazien und Mandeln. Nehmt auch den doppelten Geldbetrag mit – und dann nehmt euren Bruder Benjamin, brecht auf und geht zu dem Mann zurück. Gott, der Allmächtige, lasse euch Erbarmen finden, so daß er euch Simeon wieder freigibt, und auch Benjamin. O weh, ich verliere noch alle meine Kinder!"

So machten sie sich also auf, zogen zum zweiten Mal nach Ägypten und traten vor Josef hin. Als Josef sie sah und bei ihnen Benjamin, sagte er zu seinem Hausverwalter: „Führe diese Männer ins Haus. Schlachte ein Tier und bereite es zu. Die Männer werden nämlich mit mir zu Mittag essen." Der Hausverwalter tat, wie Josef befohlen hatte, und führte sie ins Haus; sie aber fürchteten sich und dachten: Jetzt wird man uns überfallen, uns unsere Esel wegnehmen und uns als Sklaven zurückhalten! Josef aber ließ ihre Esel füttern, ließ Simeon aus dem Gefängnis führen und gab ihnen Wasser, damit sie ihre Füße waschen konnten. Da überreichten sie Josef die Geschenke, die sie mitgebracht hatten, und warfen sich vor ihm auf die Erde nieder.

Josef aber sprach: „Ist euer alter Vater noch am Leben, von dem ihr mir erzählt habt? Geht es ihm gut?" Sie erwiderten: „Deinem Knecht, unserem Vater, geht es gut; er lebt noch." Und sie verneigten sich und warfen sich wieder vor ihm zu Boden. Als Josef hinsah und seinen Bruder Benjamin erblickte, fragte er: „Ist das euer jüngster Bruder, von dem ihr mir erzählt habt?" Und zu Benjamin sprach er: „Gott sei mit dir, mein Sohn!" Dann ging Josef schnell weg, denn er war dem Weinen nahe. Er ging in seine Kammer, um sich dort auszuweinen. Dann wusch er sein Gesicht, kam zurück, nahm sich zusammen und befahl: „Tragt das Essen auf!" Man trug das Essen auf.

Josef wies ihnen die Plätze am Tisch so an, daß der Erstgeborene den ersten und der Jüngste den letzten Platz einnahm. Er ließ ihnen das Essen auftragen, das vor ihm stand; Benjamin ließ er fünfmal soviel auftragen wie den anderen. Sie tranken mit Josef und waren vergnügt. Dann konnte Josef seine Tränen nicht mehr zurückhalten und rief: „Schafft mir alle Leute hinaus!"

Als niemand mehr bei ihm stand, begann er so laut zu weinen, daß die Ägypter es draußen hörten; auch am Hof des Pharao hörte man, wie sehr Josef weinte. Da sprach er zu seinen Brüdern: „Ich bin Josef!" Seine Brüder waren fassungslos, sie konnten nicht sprechen. Josef fragte sie: „Ist mein Vater noch am Leben?" Und er sprach: „Kommt näher zu mir heran! Ich bin Josef, den ihr nach Ägypten verkauft habt! Jetzt aber laßt es euch nicht länger leid tun, daß ihr mich verkauft habt. Zieht vielmehr eiligst zu meinem Vater hinauf und meldet ihm: So hat dein Sohn Josef gesprochen: Gott hat mich zum Herrn über ganz Ägypten gemacht. Komm her zu mir nach Ägypten, schnell, laß dich nicht aufhalten! Du kannst hier in meiner Nähe wohnen, du mit deinen Kindern und Kindeskindern, mit deinen Schafen und Ziegen und Rindern und mit allem, was dir gehört; denn noch fünf Jahre dauert die Hungersnot!"

Josef fiel seinem Bruder Benjamin um den Hals und weinte; auch Benjamin weinte an seinem Hals. Josef küßte alle seine Brüder, und sie sprachen noch viel miteinander. Dann zogen sie von Ägypten hinauf nach Kanaan zu ihrem Vater Jakob und erzählten ihm, was Josef gesagt hatte.

Jakob kommt mit seiner Familie nach Ägypten

Jakob wollte zuerst nicht glauben, daß sein Sohn Josef noch lebte und Herr über ganz Ägypten geworden war. Doch Gott sprach zu ihm im Traum: „Ich bin der Gott deines Vaters! Fürchte dich nicht, nach Ägypten hinabzuziehen, denn ich werde dich dort zu einem großen Volk machen. Ich ziehe mit dir nach Ägypten, und ich führe dich selbst wieder hinauf."

Da hoben ihn seine Söhne, ihre Frauen und ihre Kinder auf den Wagen. Jakob und seine Familie waren 70 Personen; sie nahmen ihr Vieh mit und ihre ganze Habe und zogen hinab nach Ägypten. Josef ließ anspannen und fuhr seinem Vater entgegen. Als er ihn sah, fiel er ihm um den Hals und weinte. Jakob sagte zu Josef: „Jetzt will ich gern sterben, denn ich durfte dein Angesicht wieder sehen und weiß nun, daß du noch am Leben bist!"

Als dem Pharao gemeldet wurde, daß der Vater und die Brüder des Josef mit ihren Familien, mit den Schafen, Ziegen und Rindern und all ihrer Habe gekommen seien, sprach er zu Josef: „Ganz Ägypten steht dir offen! Laß deinen Vater und deine Brüder im besten Teil des Landes wohnen! In Goschen sollen sie sich niederlassen." So geschah es. Josef versorgte seinen Vater und seine Brüder und deren Familien mit Brot, je nach der Kinderzahl, und wies ihnen das Land Goschen zum Wohnen an. Jakob war 130 Jahre alt, als er nach Ägypten kam.

Einige Zeit danach wurde Jakob krank. Da nahm Josef seine beiden Söhne und ging zu ihm. Er sprach: „Dein Sohn Josef ist zu dir gekommen!" Jakob setzte sich in seinem Bett auf. Er segnete Josef und seine Söhne und sprach: „Gott, vor dessen Angesicht meine Väter Abraham und Isaak ihren Weg gegangen sind! Gott, der mein Hirt war mein Leben lang! Gott, der mich erlöst hat von jeglichem Unheil! Er segne deine Söhne. Sie sollen sicher wohnen im Land. Zahlreich sollen sie sein wie die Fische im Wasser!" Nach diesen Worten lehnte sich Jakob wieder im Bett zurück und starb. Josef warf sich über seinen Vater, weinte um ihn und küßte ihn. Dann begrub er ihn im Land Kanaan, bei seinen Ahnen Abraham und Isaak.

Als die Brüder Josefs sahen, daß ihr Vater tot war, sagten sie: „Wenn Josef uns jetzt nur nicht alles Böse vergilt, das wir ihm angetan haben!" Sie gingen zu ihm, fielen vor ihm nieder und sagten: „Hier sind wir; behandle uns als deine Sklaven!" Josef aber antwortete: „Fürchtet euch nicht! Stehe ich denn an Gottes Stelle? Ihr habt Böses gegen mich im Sinn gehabt, Gott aber hatte dabei Gutes im Sinn. So hat er erreicht, was heute geschieht: Viel Volk ist am Leben geblieben! Fürchtet euch also nicht. Ich will für euch und eure Kinder sorgen." So tröstete er sie und redete ihnen freundlich zu.

Josef und die Familie seines Vaters blieben in Ägypten wohnen. Josef wurde 110 Jahre alt; dann sprach er zu seinen Brüdern: „Ich muß sterben. Gott aber wird sich euer annehmen. Er wird euch eines Tages aus diesem Land hinausführen und in jenes Land bringen, das er Abraham, Isaak und Jakob verheißen hat." Danach starb Josef; sie balsamierten ihn ein und legten ihn in einen Sarg.

Man sagt, es seien 70 Männer, Frauen und Kinder gewesen, die Josef aus dem Land Kanaan herausgeholt hat, als dort die Hungersnot herrschte; er siedelt sie im Landesteil Goschen an. Dann – so könnte man sagen – „verliert sich ihre Spur im Sand", im Sand von Ägypten. Jahrhundertelang hört man nichts mehr von den Nachkommen des Abraham, Isaak und Jakob.

Erzählungen vom Beginn der Geschichte des Volkes Israel

Wenn man in ein Reisebüro geht, sieht man Plakate, die nach Ägypten einladen: "Besuchen Sie das Land der Pharaonen, das Kulturland am Nil, das Land der Pyramiden!" Daneben Plakate von Israel: "Besuchen Sie die Heiligen Stätten, das Land am Jordan, das Land, in dem Jesus lebte!" Israel und Ägypten sind Länder, die in der Bibel oft genannt werden. Die Israeliten und die Ägypter sind alte Völker, die im Lauf ihrer Geschichte viel miteinander zu tun hatten.

Die Bibel erzählt davon so: Abrahams Urenkel Josef hat eine kleine Schar von Männern, Frauen und Kindern nach Ägypten geholt. Dort werden sie Hebräer genannt. Sie vermehren sich so sehr, daß der Pharao, der König von Ägypten, sie fürchtet. Er unterdrückt sie, ja, er will sie ausrotten. Doch Gott will nicht, daß die Nachkommen Abrahams untergehen. Er macht Mose zum Anführer, der das Volk befreien und aus dem "Sklavenhaus Ägypten" herausführen soll.

Die Befreiung aus Ägypten, so sagen die Juden, ist der Beginn der Geschichte des Volkes Israel. Aus verschiedenen alten mündlichen Überlieferungen haben sie ein großartiges, dramatisches Buch gemacht, das diesen Beginn ihrer Geschichte anschaulich schildert: das Auszugs-Buch "Exodus". Es beginnt damit, daß Gott dem Mose seinen Namen kundtut: Jahwe, das heißt: Ich-bin-da-für-euch. Im Namen Jahwes ziehen sie aus Ägypten fort in die Freiheit.

Der Höhepunkt des Exodus-Buches spielt am Berg Sinai: Dort schließt Gott mit seinem Volk Israel einen Bund, ähnlich, wie er ihn vordem mit Abraham geschlossen hatte. Zu diesem Bund gehört das Bundes-Gesetz, von dem der wichtigste Teil, die Zehn Gebote, bis heute gültig geblieben ist, für die Juden – und auch für uns Christen. Verbündet mit Jahwe, seinem Gott, zieht das Volk Israel weiter bis an die Grenzen des "Gelobten Landes", des Landes Kanaan.

Die Israeliten in Ägypten

„Das Land wimmelte von ihnen" – so heißt es in der Bibel von den Hebräern. Sie sind so zahlreich geworden, daß der Pharao beschließt, sie zu vernichten. Doch dazu kommt es nicht.
In den biblischen Büchern über die Frühgeschichte des Volkes ist nacherzählt, wie die Israeliten zum ersten Mal das Pascha-Fest feiern. Es ist ein Siegesfest des Lebens über den Tod, das Fest der Befreiung. Noch heute wird Pascha (oder Pessach) bei den Juden in der ganzen Welt acht Tage lang feierlich begangen, zum Andenken an den Tag, an dem ihr Marsch in die Freiheit aus dem Sklavenhaus Ägypten begann.
Das jüdische Pessach-Fest und das christliche Oster-Fest haben miteinander zu tun: Auch das Fest der Auferstehung des Herrn ist ein Fest des Lebens, der Befreiung, der Erlösung.

Nach vielen Jahren kam in Ägypten ein neuer König an die Macht, der Josef nicht gekannt hatte. Er sagte zu den Ägyptern: „Seht nur, das Volk der Israeliten ist größer und stärker geworden als wir. Gebt acht! Wir müssen etwas gegen sie tun, damit sie sich nicht weiter vermehren. Sie könnten sich sonst, wenn ein Krieg ausbricht, mit unseren Feinden verbünden, gegen uns kämpfen und unser Land erobern." Da setzte man Fronvögte als Aufseher über sie ein. Sie zwangen die Israeliten zu harter Sklavenarbeit: Sie mußten aus Lehm Ziegel formen und mit den Ziegeln in den Städten am Nil Vorratslager bauen. Doch so sehr man sie auch unterdrückte – sie vermehrten sich und breiteten sich immer weiter aus. Da befahl der Pharao: „Werft alle Knaben, die den Hebräern geboren werden, in den Nil! Nur die Mädchen dürfen am Leben bleiben."

Zu dieser Zeit gebar eine israelitische Frau einen Sohn, ein sehr schönes Kind. Sie versteckte es drei Monate lang vor den Aufsehern; danach nahm sie ein Binsenkörbchen, dichtete es mit Pech und Teer ab, legte den Knaben hinein und setzte ihn am Nilufer im Schilf aus. Seine Schwester blieb in der Nähe stehen, um achtzugeben, was mit dem Kind geschehen würde.

Die Tochter des Pharao kam herab, um im Nil zu baden. Da sah sie im Schilf das Körbchen und ließ es durch eine ihrer Dienerinnen holen. Als sie es öffnete und hineinsah, lag ein weinendes Kind darin. Sie hatte Mitleid und sagte: „Ein Hebräerkind!" Da eilte die Schwester herbei und sagte zur Tochter des Pharao: „Soll ich zu den Hebräerinnen gehen und eine Amme rufen, damit sie dir das Kind stillt?" Die Tochter des Pharao antwortete: „Ja, geh." Da

ging das Mädchen hin und rief die Mutter des Knaben herbei. Die Tochter des Pharao sagte zu ihr: „Nimm das Kind mit nach Hause, und still es mir. Ich werde dich dafür bezahlen." So geschah es. Als der Knabe größer geworden war, brachte die Mutter ihn der Tochter des Pharao. Diese nahm ihn als Sohn an. Sie nannte ihn Mose und sagte: „Ich habe ihn aus dem Wasser gezogen."

Mose wuchs am Königshof von Ägypten zum Mann heran. Eines Tages ging er zu den Israeliten hinaus und schaute ihnen bei der Sklavenarbeit zu. Da sah er, wie ein ägyptischer Aufseher einen Hebräer schlug, einen von Moses Stammesbrüdern. Mose schaute sich nach allen Seiten um, und als er sah, daß sonst niemand da war, erschlug er den Ägypter und verscharrte seinen Leichnam im Sand.

Der Pharao hörte von dem Vorfall und wollte Mose töten. Da floh Mose vor ihm. Er kam in das Land Midian, zu einem Priester mit Namen Jitro. Er bot sich dem Jitro als Knecht an und hütete seine Herden. Jitro aber gab ihm seine Tochter Zippora zur Frau. Sie gebar ihm einen Sohn und beschnitt ihn, wie Gott es als Bundeszeichen angeordnet hatte.

Der Name Gottes: Ich-bin-da-für-euch

Mose weidete die Schafe und Ziegen seines Schwiegervaters Jitro, des Priesters von Midian. Eines Tages trieb er das Vieh über die Steppe hinaus und kam zum Gottesberg Horeb. Dort erschien ihm der Engel des Herrn in einer Flamme, die aus einem Dornbusch emporschlug. Mose schaute hin: Da brannte ein Dornbusch – und er verbrannte doch nicht. Mose sagte: Ich will dorthin gehen und mir die außergewöhnliche Erscheinung ansehen. Warum verbrennt denn der Dornbusch nicht?

Da rief Gott ihm aus dem Dornbusch zu: „Mose! Mose!" Er antwortete: „Hier bin ich." Der Herr sagte: „Komm nicht näher heran! Leg deine Schuhe ab; denn der Ort, wo du stehst, ist heiliger Boden!" Dann fuhr er fort: „Ich bin der Gott deines Vaters, der Gott Abrahams, der Gott Isaaks und der Gott Jakobs." Da verhüllte Mose sein Angesicht, denn er fürchtete sich, Gott anzuschauen.

Der Herr sprach: „Ich habe das Elend meines Volkes in Ägypten gesehen, ihre laute Klage über ihre Antreiber habe ich gehört. Ich kenne ihr Leid. Ich bin herabgestiegen, um sie der Hand der Ägypter zu entreißen und aus dem Land hinauszuführen in ein schönes, weites Land, in dem Milch und Honig fließen. Geh jetzt, ich sende dich zum Pharao. Führe du mein Volk, die Israeliten, aus Ägypten heraus!"

Mose antwortete Gott: „Wer bin ich, daß ich zum Pharao gehen und die Israeliten aus Ägypten herausführen könnte?" Gott aber sagte: „Ich bin mit dir! Ich habe dich gesandt! Als Zeichen dafür soll dir dienen: Wenn du das Volk herausgeführt hast, werdet ihr Gott verehren an diesem Berg!"

Da sagte Mose zu Gott: „Gut, ich werde also zu den Israeliten gehen und sagen: Der Gott eurer Väter hat mich zu euch gesandt. Da werden sie mich fragen: Wie heißt er? Was soll ich ihnen darauf sagen?" Da antwortete Gott dem Mose: „Ich bin Jahwe, der Ich-bin-da-für-euch. Sage den Israeliten: Der Ich-bin-da-für-euch hat mich gesandt. Sag zu ihnen, Jahwe, der Gott eurer Väter, der Gott Abrahams, der Gott Isaaks und der Gott Jakobs hat mich zu euch gesandt. Das ist mein Name für immer, und so wird man mich nennen, solange es Menschen gibt."

Gott gab dem Mose einen Stab in die Hand. Dann sprach er: „Dein Bruder Aaron wird dir helfen. Wenn du nicht gut genug reden kannst, wird er für dich reden." Und er trug Mose und seinem Bruder Aaron folgendes auf: „Dieser Monat soll der erste Monat unter den Monaten des Jahres sein. Am zehnten Tag soll jeder in Israel ein Lamm holen für seine Familie, für sein Haus. Es soll ein fehlerfreies, einjähriges, männliches Lamm sein, ein Junges von einem Schaf oder einer Ziege. Am Abend des vierzehnten Tages soll das Lamm geschlachtet werden. Nehmt etwas von dem Blut und streicht es an eure Türpfosten. Dann eßt das Lamm, noch in der gleichen Nacht. Ihr sollt es über Feuer braten und ungesäuertes Brot und Bitterkräuter dazu essen. Jeder nehme seinen Wanderstab in die Hand und ziehe einen Gürtel über die Hüften. Eßt in Eile! Denn in dieser Nacht werde ich die Ägypter bestrafen, euch aber werde ich verschonen. An diesem Tage sollt ihr fortan eure Befreiung feiern, eure Erlösung, als Fest zur Ehre des Herrn. Es soll das Pascha-Fest heißen."

Mose führt das Volk Israel in die Freiheit

Es geschah alles, wie der Herr dem Mose gesagt hatte. Der Pharao fürchtete Gott und ließ das Volk Israel ziehen. Doch schon bald tat es ihm leid; er ließ seine Streitwagen anspannen und nahm alle seine Krieger mit sich. Mit sämtlichen Streitwagen und allen Kriegern setzte er ihnen nach. Am Ufer des Schilfmeers holte er sie ein.

Als die Israeliten die Ägypter anrücken sahen, erschraken sie sehr und schrien zum Herrn. Sie sagten zu Mose: „Gab es denn keine Gräber in Ägypten, daß du uns zum Sterben in die Wüste geführt hast? Was hast du uns da angetan!" Mose aber sprach zum Volk Israel: „Fürchtet euch nicht! Bleibt stehen und seht zu, wie der Herr euch rettet! Der Herr kämpft für euch."

Der Herr sprach zu Mose: „Sag den Israeliten, sie sollen aufbrechen. Du aber, heb deinen Stab hoch, streck deine Hand aus über das Meer und spalte es. So werden die Israeliten auf trockenem Boden in das Meer hineinziehen." Mose streckte seine Hand über das Meer aus, und der Herr trieb die ganze Nacht das Meer durch einen starken Ostwind fort. Er ließ das Meer austrocknen, und das Wasser teilte sich: Die Israeliten zogen auf trockenem Boden in das Meer hinein. Die Ägypter setzten ihnen nach; alle Pferde des Pharao, seine Streitwagen und die Reiter zogen hinter ihnen her ins Meer hinein. Gott aber verwirrte das Herr der Ägypter und ließ sie nur schwer vorankommen. Da sagten sie: „Wir müssen vor Israel fliehen! Jahwe kämpft auf ihrer Seite gegen uns!"

Darauf sprach der Herr zu Mose: „Streck deine Hand aus über das Meer, damit das Wasser zurückflutet!" Mose streckte seine Hand aus über das Meer, und gegen Morgen flutete das Wasser zurück. So liefen die Ägypter auf der Flucht dem Wasser entgegen, und der Herr trieb das Heer der Ägypter mitten ins Meer. Das Wasser kam zurück und bedeckte Wagen und Reiter; nicht ein einziger Ägypter blieb übrig. Die Israeliten aber waren auf trockenem Boden durch das Meer hindurchgezogen. So rettete der Herr an jenem Tag Israel aus der Hand der Ägypter. Als Israel sah, daß der Herr mit mächtiger Hand an den Ägyptern gehandelt hatte, fürchteten sie den Herrn. Sie glaubten an den Herrn und an Mose, seinen Knecht.

Im Andenken an die Geschichte von der wunderbaren Rettung des schwachen Volkes Israel aus der starken Macht der Ägypter ist ein Danklied entstanden. Man sagt, Mose habe es mit den Israeliten gesungen. Auch eine Frau stand auf, Mirjam mit Namen, nahm eine Pauke zur Hand, und alle Frauen zogen mit Paukenschlag und Tanz singend hinter ihr her.

Ich singe dem Herrn ein Lied,
denn er ist hoch und erhaben:
Rosse und Wagen warf er ins Meer.

Meine Stärke ist der Herr,
ihm gilt mein Lied,
er ist für mich zum Retter geworden!

Er ist mein Gott, ich will ihn preisen,
rühmen will ich den Gott meiner Väter.
Er ist mein Krieger – Jahwe ist sein Name.

Wer ist wie du, Herr?
Wer ist wie du gewaltig und heilig?
Wen soll ich preisen, weil er Wunder vollbringt?

Du hast dein Volk gelenkt in deiner Güte,
du hast es erlöst
und machtvoll heimgeführt.

Das Volk Israel auf dem Weg durch die Wüste

Als die Israeliten den Ägyptern entronnen und trockenen Fußes durch das Schilfmeer gegangen waren, kamen sie in die Wüste Schur. Drei Tage zogen sie durch die Wüste Schur und fanden kein Wasser. Sie kamen nach Mara, doch das Wasser von Mara konnten sie nicht trinken, weil es bitter war. Da murrte das Volk gegen Mose und sagte: „Was sollen wir trinken?" Mose schrie zum Herrn, und der Herr zeigte ihm ein Stück Holz. Als er das Stück Holz ins Wasser warf, wurde das Wasser süß. Darauf sprach Gott zum Volk Israel:

„Wenn du auf die Stimme des Herrn, deines Gottes hörst, und wenn du tust, was in den Augen Gottes gut ist, werde ich dir keine Krankheiten schicken. Denn ich bin der Herr, dein Arzt." Sie wanderten von Mara weiter und kamen in eine Oase. Dort waren zwölf Quellen und siebzig Palmen. Da schlugen sie am Wasser ein Lager auf und blieben.

Nach ungefähr zwei Monaten brach die Gemeinde der Israeliten von der Oase auf und zog weiter. Sie kamen in die große Wüste Sin. Die ganze Gemeinde der Israeliten murrte in der Wüste Sin gegen Mose und Aaron. Sie sagten: „Wären wir doch in Ägypten durch die Hand des Herrn gestorben, als wir an den Fleischtöpfen saßen und Brot genug zu essen hatten! Ihr habt uns nur deshalb in diese Wüste geführt, um alle, die hier versammelt sind, an Hunger sterben zu lassen!" Da sprach der Herr zu Mose: „Ich will euch Brot vom Himmel regnen lassen." Mose und Aaron aber sprachen zu allen Israeliten: „Heute abend sollt ihr erfahren, daß es der Herr ist, der euch aus Ägypten geführt hat, und morgen werdet ihr die Herrlichkeit des Herrn schauen, denn er hat euer Murren gehört." So geschah es. Am Abend kamen Wachteln und bedeckten das Lager. Am Morgen aber lag eine Schicht von Tau rings um das Lager. Als sich der Tau gehoben hatte, lag auf dem Wüstenboden etwas Feines, Knuspriges, fein wie Reif, auf der Erde. Als die Israeliten das sahen, sagten sie zueinander: „Man hu?" – das heißt: „Was ist das?" Denn sie wußten nicht, was es war. Da sprach Mose: „Das ist das Brot, das der Herr euch zu essen gibt." Sie nannten das Brot Manna.

Die Israeliten zogen weiter durch die Wüste Sin, von Rastplatz zu Rastplatz. Ihr Durst war groß, und sie murrten erneut gegen Mose und sprachen: „Warum überhaupt hast du uns aus Ägypten herausgeführt? Um uns, unsere Söhne und unser Vieh verdursten zu lassen?" Mose schrie zum Herrn und sprach: „Was soll ich mit diesem Volk anfangen? Es fehlt nicht viel, und sie werfen mich mit Steinen tot." Da sprach der Herr: „Nimm deinen Stab und geh. Dort drüben auf dem Felsen am Horeb werde ich vor dir stehen. Dann schlag an den Felsen! Es wird Wasser herauskommen, und das Volk kann trinken." Mose tat vor den Augen Israels, wie der Herr sagte, und sie tranken das Wasser aus dem Felsen.

Als sie weiterzogen, stellte sich ihnen das feindliche Heer der Amalekiter in den Weg, um gegen Israel zu kämpfen. Da sagte Mose zu Josua: „Wähle Männer aus und zieh in den Kampf gegen die Amalekiter! Ich selber werde mich morgen auf den Gipfel des Hügels stellen und den Stab Gottes mitnehmen." Josua tat, was Mose ihm aufgetragen hatte, und kämpfte gegen die Amalekiter. Mose aber stieg mit Aaron und Hur auf den Gipfel des Hügels. Solange Mose seine Hand erhoben hielt, war das Volk Israel stärker; sooft er aber seine Hand sinken ließ, waren die Amalekiter stärker. Als ihm die Hände schwer wurden, holten sie einen Felsbrocken, schoben ihn unter Mose, und er setzte sich darauf. Aaron und Hur stützten seine Arme, der eine rechts, der andere links. So blieben seine Hände erhoben, bis die Sonne unterging. Josua konnte mit scharfem Schwert die Amalekiter besiegen. Mose aber baute dem Herrn einen Altar und nannte den Ort: „Jahwe ist meine Hilfe."

Der Bund Gottes mit Israel am Berg Sinai

Wie schon in den Stammväter-Geschichten, so wird auch in den Volks-Geschichten davon erzählt, daß Gott einen Bund mit den Menschen schließt. Das bedeutet: Gott verspricht den Menschen seine Freundschaft. Er sichert ihnen zu, gemäß seinem Namen Ich-bin-da-für-euch in guten und in schlechten Zeiten getreu auf der Seite des Menschen zu stehen. Das Volk verspricht, die Weisungen und Gebote Gottes zu befolgen und keinem anderen Gott zu dienen als Jahwe allein.
Aus den wenigen und einfachen Sätzen über den Bundesschluß am Berg Sinai haben die israelitischen Frommen im Lauf der Zeit umfangreiche Texte entwickelt, die viele weitere Gebote und Verbote, Regeln und Vorschriften enthalten. In der Mitte aber stehen „Die Zehn Gebote". Sie gelten – über Israel und die damalige Zeit hinaus – für alle Menschen und für alle Zeiten.

Im dritten Monat nach dem Auszug aus Ägypten kamen die Israeliten in der Wüste Sinai an. Sie schlugen ein Lager auf, gegenüber dem Berg.
 Da ließ Gott dem Volk durch Mose sagen: „Ihr habt gesehen, wie ich euch auf Adlerflügeln getragen und hierher zu mir gebracht habe. Jetzt aber: Wenn ihr auf meine Stimme hört und den Bund haltet, werdet ihr unter allen Völkern mein besonderes Eigentum sein." Mose rief die Ältesten des Volkes zusammen und trug ihnen vor, was der Herr gesprochen hatte. Das ganze Volk antwortete einstimmig: „Alles, was der Herr gesagt hat, wollen wir tun." Mose überbrachte dem Herrn die Antwort des Volkes. Da sprach der Herr: „Ich werde zu dir kommen in einer dichten Wolke. Das Volk soll hören, was ich mit dir rede, damit sie glauben. Ordne an, daß sie sich heute und morgen heilig halten und ihre Kleider waschen. Sie sollen sich für den dritten Tag bereithalten. Am dritten Tag wird nämlich der Herr vor den Augen des ganzen Volkes auf den Berg Sinai herabsteigen."

Am dritten Tag, im Morgengrauen, begann es zu donnern und zu blitzen. Schwere Wolken lagen über dem Berg, ein gewaltiger Hörnerschall erklang, und der Berg bebte. Das ganze Volk im Lager begann zu zittern. Mose führte sie aus dem Lager hinaus, Gott entgegen. Unten am Berg blieben sie stehen. Nur Mose stieg hinauf zum Herrn.

Dann sprach Gott alle diese Worte: „Ich bin der Herr, dein Gott, der dich aus Ägypten geführt hat, aus dem Sklavenhaus.

Du sollst neben mir keine anderen Götter haben. Du sollst dir kein Gottesbild machen und dich nicht vor anderen Göttern niederwerfen und sie anbeten. Denn ich allein bin der Herr, dein Gott.

Du sollst den Namen des Herrn, deines Gottes, nicht mißbrauchen.

Sei bedacht, den Sabbat zu heiligen. Sechs Tage darfst du arbeiten, der siebte Tag ist der Ruhetag. Der Sabbat ist dem Herrn, deinem Gott, geweiht.

Ehre deinen Vater und deine Mutter, so wirst du lange leben in dem Land, das der Herr, dein Gott, dir gibt.

Du sollst nicht morden.

Du sollst nicht die Ehe brechen.

Du sollst nicht stehlen.

Du sollst nicht falsch gegen deinen Nächsten aussagen.

Du sollst nicht nach der Frau deines Nächsten verlangen.

Du sollst nicht nach dem Haus deines Nächsten verlangen, nicht nach seinem Sklaven oder seiner Sklavin, nach seinem Rind oder seinem Esel oder nach irgend etwas, was deinem Nächsten gehört."

Nachdem der Herr zu Mose auf dem Berg Sinai all das gesagt hatte, übergab er ihm zwei steinerne Tafeln, auf die der Finger Gottes die Gebote geschrieben hatte. Eine Wolke bedeckte den Berg, und die Herrlichkeit des Herrn war anzusehen wie verzehrendes Feuer. Mose ging in die Wolke hinein und blieb vierzig Tage und vierzig Nächte auf dem Berg. Das ganze Volk aber hatte erlebt, wie es donnerte und blitzte, wie Hörner erschollen und der Berg rauchte. Sie hatten Angst und zitterten und hielten sich in der Ferne, vom Berg weg.

Die Israeliten machen sich einen Gott aus Gold

Als das Volk sah, daß Mose lange Zeit nicht vom Berg herabkam, versammelte es sich um Aaron und sagte: „Komm, mach uns Götter, damit sie vor uns herziehen! Denn dieser Mose, der Mann, der uns aus Ägypten heraufgeführt hat – wir wissen nicht, was mit ihm geschehen ist." Aaron antwortete: „Nehmt euren Frauen, Söhnen und Töchtern die goldenen Ringe ab, die sie an den Ohren tragen, und bringt sie her!" Da nahm das ganze Volk die goldenen Ohrringe ab und brachte sie zu Aaron, und er nahm sie entgegen. Dann zeichnete er mit einem Griffel eine Skizze und goß nach der Skizze ein Kalb. Da riefen alle: „Das sind deine Götter, Israel! Sie haben dich aus Ägypten heraufgeführt!" Als Aaron das sah, baute er vor dem Kalb einen Altar und rief aus: „Morgen ist ein Fest zur Ehre des Herrn!" Am folgenden Morgen standen sie zeitig auf, brachten Brandopfer dar und führten Tiere für das Heils-Opfer herbei. Das Volk setzte sich zum Essen und Trinken und stand auf, um sich zu vergnügen.

Da kehrte Mose vom Berg zurück; die zwei Tafeln hielt er in der Hand, die Tafeln, die Gott selbst gemacht hatte, auf beiden Seiten beschrieben, mit Gottes Schrift. Als Mose sich dem Lager näherte und das Kalb und den Tanz sah, entbrannte sein Zorn. Er schleuderte die Tafeln fort und zerschmetterte sie am Fuß des Berges. Dann packte er das Kalb, das sie aus Gold gemacht hatten, verbrannte es im Feuer und zerstampfte es zu Staub. Den Staub streute er in Wasser und gab es den Israeliten zu trinken. Die das goldene Kalb angebetet hatten, ließ er mit dem Schwert umbringen.

Das Ende des Zugs durch die Wüste

Später, so wird in der Bibel nachgetragen, wurden die Gesetzestafeln, die Mose im Zorn zerschmettert hatte, neu geschrieben und sorgfältig aufbewahrt. – Die Berichte in den Mose-Büchern über die Befreiung Israels enden damit, daß die Israeliten an die Grenze des Landes Kanaan kommen und es durch Kundschafter ausspähen lassen. Sie nennen es das „Land, in dem Milch und Honig fließen", ein Bildwort für die Fruchtbarkeit, den Reichtum und die Schönheit des Landes. Manchmal wird Kanaan auch „Das Gelobte Land" genannt, und zwar deshalb, weil Gott dem Volk Israel dieses Land wie in einem „Gelübde" versprochen habe.
Im nachfolgenden Buch Josua wird erzählt, wie es nach dem Tod des Mose weitergeht: Die Israeliten nehmen das Gelobte Land gewaltsam in Besitz und teilen es in zwölf Stammesgebiete auf.

Der Herr sprach zu Mose: „Schick einige Männer aus, sie sollen das Land erkunden, das ich den Israeliten geben will. Aus jedem Stamm eurer Väter sollst du einen Mann aussenden." Mose tat so und sprach zu ihnen: „Steigt hinauf ins Gebirge und seht, wie das Land Kanaan beschaffen ist. Erkundet,

ob das Volk, das darin wohnt, stark oder schwach ist, ob es klein ist oder groß. Seht, wie das Land beschaffen ist, in dem das Volk wohnt, ob es gut ist oder schlecht, fett oder mager, ob es dort Bäume gibt oder nicht. Bringt Früchte aus dem Land mit (es war gerade die Zeit der ersten Trauben). Erforscht auch, wie die Städte angelegt sind, in denen das Volk wohnt, ob sie offen oder befestigt sind. Zieht aus, habt Mut!"

Da rückten die Männer aus und durchzogen das Land, bis hinauf nach Hebron, und kamen in das Traubental. Dort schnitten sie eine Rebe mit Weintrauben ab und trugen sie zu zweit auf einer Stange, dazu auch einige Granatäpfel und Feigen. Nach vierzig Tagen machten sie sich auf den Heimweg. Sie kamen zu Mose und Aaron und zu der ganzen Gemeinde der Israeliten zurück in die Wüste Paran.

Die Männer berichteten ihnen, was sie erkundet hatten, und zeigten ihnen die Früchte des Landes. Sie sprachen zu Mose: „Wir kamen in das Land, in das du uns geschickt hast. Wir waren im Süden und im Gebirge, am Meer und am Jordan. Es ist wirklich ein Land, in dem Milch und Honig fließen! Das hier sind seine Früchte! Aber: Das Volk, das in dem Lande wohnt, ist stark, und die Städte sind befestigt und sehr groß. Wir können aber trotzdem hinaufziehen und das Land erobern; wir werden es gewiß bezwingen!"

Einige der Kundschafter, die nach Kanaan hinaufgegangen waren, aber sagten: „Wir können nichts gegen das Volk ausrichten; es ist stärker als wir." Und sie verbreiteten bei den Israeliten falsche Gerüchte über das Land und sprachen: „Das Land, das wir durchwandert und erkundet haben, ist ein Land, das die Menschen auffrißt! Alle Leute, die wir gesehen haben, sind großgewachsen, sogar Riesen haben wir gesehen. Wir selbst kamen uns klein vor wie Heuschrecken, und auch ihnen kamen wir klein vor wie Heuschrecken." Da erhob die ganze Gemeinde von Israel ein großes Geschrei, und das Volk weinte die ganze Nacht. Alle Israeliten murrten über Mose und Aaron und sprachen: „Wären wir doch in Ägypten gestorben oder wenigstens hier in der Wüste! Warum nur will uns der Herr in dieses Land bringen? Etwa damit wir durch das Schwert umkommen und unsere Frauen und Kinder eine Beute der Feinde werden? Wäre es nicht besser, nach Ägypten zurückzukehren?"

Josua aber sagte zu der Gemeinde der Israeliten: „Das Land ist überaus schön. Wenn der Herr uns wohlgesonnen ist und uns in das Land bringt, dann schenkt er uns ein Land, in dem Milch und Honig fließen. Lehnt euch nicht gegen den Herrn auf! Habt keine Angst vor den Leuten, die in Kanaan wohnen, sie werden unsere Beute! Der Herr ist mit uns!" Da zogen sie weiter, bis an den Jordan, dort, wo die Wüste endet und auf der anderen Seite das Land Kanaan beginnt.

Mose aber war auf den Berg Nebo gestiegen, der gegenüber von Jericho liegt. Der Herr zeigte ihm das ganze Land und sprach: „Das ist das Land, das ich Abraham, Isaak und Jakob verheißen habe mit dem Schwur: Deinen Nachkommen werde ich es geben. Ich habe es dich schauen lassen mit deinen Augen; selber aber wirst du nicht hineingehen." Danach starb Mose, der Knecht des Herrn, und man begrub ihn im Tal. Bis heute kennt niemand sein Grab. Die Israeliten beweinten Mose dreißig Tage lang. Von nun an war Josua ihr Führer.

Die Israeliten dringen in das Land Kanaan ein

Der Herr sprach zu Josua: „Mein Knecht Mose ist gestorben. Mach du dich auf den Weg und zieh über den Jordan hier, mit dem ganzen Volk in das Land, das ich ihnen, den Israeliten, geben werde. Jeden Ort, den euer Fuß betritt, gebe ich euch, wie ich es dem Mose versprochen habe. Wie ich mit Mose war, so will ich auch mit dir sein. Ich lasse dich nicht fallen und verlasse dich nicht."

Da brach Josua mit allen Israeliten auf; sie kamen bis an den Jordan und lagerten dort. Josua sagte: „Macht euch bereit, denn morgen wird der Herr mitten unter euch Wunder tun!" Am Morgen marschierten sie zum Jordanufer hinab, allen voran die Priester mit der Bundeslade. Als sie ihre Füße ins Wasser setzten, blieben die Fluten stehen, und das Wasser floß ab ins Tote Meer. Da zog das Volk Israel durch das trockene Jordanbett, hinüber ans andere Ufer bis vor die Stadt Jericho. Jericho aber war eine starke Festung, und die Stadttore waren verschlossen. Da sprach der Herr zu Josua: „Sieh her, ich gebe Jericho und seinen König mit allen seinen Kriegern in deine Hand. Das Volk soll um die Stadt herumziehen, jeden Tag einmal, sechs Tage lang. Am siebten Tag aber sollt ihr siebenmal um die Stadt ziehen, und eure Priester sollen die Hörner blasen. Wenn der Schall der Hörner ertönt, soll das Volk in lautes Kriegsgeschrei ausbrechen. Darauf wird die Mauer der Stadt in sich zusammenbrechen."

Am siebten Tag, als die Sonne aufging, brachen sie auf und zogen siebenmal um die Stadt. Als sie zum siebtenmal um die Stadt gezogen waren und die Priester die Hörner bliesen, rief Josua: „Jetzt! Erhebt das Kriegsgeschrei! Der Herr gibt die Stadt in eure Hand!" Da erhoben sie das Kriegsgeschrei, und die Mauern der Stadt stürzten in sich zusammen. Jeder drang dort, wo er gerade stand, in die Stadt ein, mit scharfem Schwert. So wurde die Stadt Jericho erobert. Auch andere befestigte Städte, die entlang der Grenze lagen, wurden von den Israeliten erobert. Dann zogen sie in Kanaan ein und nahmen das Land in Besitz.

Israel erkennt Gott als den einzigen Herrn an

Als Josua fühlte, daß er bald sterben würde, rief er die zwölf Stämme zusammen und hielt in der Stadt Sichem eine große Versammlung ab. Er sprach: „So spricht der Herr, der Gott Israels: Ich habe euch aus Ägypten befreit. Ich habe euch durch den Jordan geführt und die Stadt Jericho in eure Hand gegeben. Ich habe euch das Land Kanaan gegeben: Städte, die ihr nicht erbaut, Weinberge und Ölbäume, die ihr nicht gepflanzt habt. Fürchtet also den Herrn! Schafft die fremden Götter ab, und dient ihm allein!"

Dann sprach er weiter: „Heute müßt ihr euch entscheiden, wem ihr dienen wollt: Den Göttern der Völker Kanaans – oder Gott, dem Herrn. Ich habe mich schon entschieden: Ich und mein Haus, wir wollen dem Herrn dienen." Das Volk antwortete: „Das sei fern von uns, daß wir den Herrn verlassen und Göttern dienen! Denn der Herr war es, der uns aus dem Sklavenhaus Ägypten herausgeführt hat. Auch wir wollen dem Herrn dienen, denn er ist unser Gott!" Da schloß Josua an jenem Tag zu Sichem einen Bund zwischen Gott und dem Volk und schrieb die Gebote Gottes in ein Buch. Dann richtete er einen Denkmalstein auf, der Israel für immer an den Bund mit Gott erinnern sollte. Das Land Kanaan aber wurde im Norden und Süden, im Osten und Westen aufgeteilt in zwölf Gebiete und den zwölf Stämmen Israels zum Eigentum übergeben.

Danklied für Gottes weise Führung

Danket dem Herrn, denn er ist gütig –
seine Güte währt ewig.

Er allein tut die großen Wunder,
er hat den Himmel erschaffen in Weisheit,
die Erde fest gegründet über den Wassern,
Sonne und Mond hat er festgemacht –
seine Güte währt ewig.

Er hat Israel aus Ägypten befreit
mit starker Hand und erhobenem Arm,
in zwei Teile zerschnitt er das Schilfmeer
und führte sein Volk mitten hindurch –
seine Güte währt ewig.

Israel hat er durch die Wüste geführt,
Könige schlug er, mächtige Herrscher.
Ihr Land gab er Israel zum Besitz,
Israel, seinem Volk, seinem Knecht –
seine Güte währt ewig.

Danket dem Herrn, dem Herrn des Himmels –
seine Güte währt ewig.

Nach dem Tod des Josua vergessen die Israeliten ihr Versprechen: Sie folgen nicht mehr den Weisungen Gottes, sie achten den Freundschafts-Bund gering und dienen anderen Göttern. Sie geraten in die Hand feindlicher Völker, von denen sie unterjocht werden. In ihren Nöten rufen sie zum Herrn; sie sagen: Es ist der Herr, der uns auf diese Weise für unsere Treulosigkeit bestraft!

Manchmal gelingt es Helden, „Richter" genannt, Israel aus der Gewalt der Unterdrücker zu befreien. Doch nur kurz sind die Zeiten, in denen sich Israel wieder seinem Gott zuwendet. Immer wieder fallen sie von Jahwe ab. Die wechselvolle Zeit des Glaubens und Unglaubens, die Zeit der Freiheit und der Unterdrückung, der Siege und der Niederlagen dauert fast 200 Jahre. Aus der Richter-Zeit sind in der Bibel allerlei Heldensagen gesammelt worden, zum Beispiel vom Richter Gideon, der die Midianiter besiegt. Eine andere Geschichte aus dieser Zeit steht im „Buch Rut". Darin wird von einer jungen Frau erzählt, die aus einem fremden Land einwandert und Heimat findet im Volk Israel.

Von Gideon und seinem Sieg über die Midianiter

Einmal rückte das Heer der Midianiter gegen das Volk Israel heran, auf Kamelen, zahlreich wie ein Heuschreckenschwarm. Sie verwüsteten das Land und nahmen den Israeliten alles ab, was sie zum Leben brauchten. Da kam der Engel des Herrn und setzte sich unter eine Eiche, nahe bei einer Grube, in der ein junger Mann Getreide drosch. Der junge Mann hieß Gideon; er wollte den heimlich gedroschenen Weizen vor den Midianitern verstecken. Der Engel des Herrn sprach:

„Der Herr sei mit dir, du starker Held!" Gideon antwortete: „Ach! Ist der Herr wirklich mit uns? Warum hat uns denn so viel Unglück getroffen? Wo sind seine wunderbaren Taten geblieben, von denen uns unsere Väter erzählt haben? Sie haben uns erzählt: Der Herr hat uns aus Ägypten herausgeführt! Jetzt aber hat er uns verstoßen und uns den Midianitern ausgeliefert." Da wandte sich der Herr ihm zu und sprach: „Geh und befreie mit deiner Kraft Israel aus der Faust der Midianiter. Ich sende dich!" Gideon erwiderte: „Ach mein Herr, meine Familie ist klein, mein Stamm ist unbedeutend, und ich selbst bin schwach. Wie soll ich da Israel befreien?" Da sagte der Herr zu ihm:

„Du wirst Midian besiegen, denn ich bin mit dir. Du wirst sie alle schlagen, als wären sie ein einzelner Mann!"

Gideon aber fürchtete sich, den Befehl des Herrn auszuführen. Er bat den Herrn um ein Zeichen und sprach: „Wenn du Israel wirklich durch meine Hand retten willst, wie du gesagt hast – siehe: Ich lege frisch geschorene Wolle auf die Dresch-Tenne. Wenn in der Nacht der Tau fällt und allein die Wolle benetzt, ringsum aber alles trocken bleibt, dann weiß ich, daß du durch meine Hand Israel retten willst." Und es geschah: Als Gideon früh am Morgen aufstand, konnte er den Tau aus der Wolle wringen, eine ganze Schüssel voll; die Tenne ringsum aber war trocken. Da sprach Gideon: „Herr, zürne nicht, wenn ich dich noch einmal um ein Zeichen bitte. Diesmal soll allein die Wolle trocken bleiben, auf dem ganzen übrigen Boden aber soll Tau liegen." Und Gott tat, um was Gideon ihn gebeten hatte: In der folgenden Nacht blieb die Wolle trocken, der Boden der Tenne aber war naß vom Tau.

Da sammelte Gideon ein Heer um sich und zog aus gegen das Lager der Midianiter. Unterwegs sprach der Herr zu ihm: „Dein Heer ist zu groß! Später könnten die Israeliten sich rühmen und sagen: Wir haben die Midianiter geschlagen aus eigener Kraft! Darum rufe aus: Wer sich fürchtet und Angst hat, soll umkehren!" Da kehrten die meisten um. Doch der Herr sprach: „Es sind immer noch zu viele. Führe sie hinab an die Quelle. Ich will dir sagen, wer mit dir ziehen soll und wer nicht. Wer nämlich das Wasser mit der Zunge aufleckt wie ein Hund, den stelle auf eine Seite. Wer aber sich zum Trinken niederkniet, um mit der Hand zu schöpfen, den stell auf die andere Seite." Da leckten dreihundert Männer das Wasser mit der Zunge auf; die anderen knieten sich hin, um das Wasser mit der Hand zu schöpfen. Der Herr sprach zu Gideon: „Durch die dreihundert Männer, die das Wasser aufgeleckt haben, will ich euch aus der Faust der Midianiter retten. Die übrigen sollen nach Hause gehen."

In der Nacht sprach der Herr zu Gideon: „Steh auf und geh hinab zum Lager der Midianiter, denn ich habe sie in deine Hand gegeben." Gideon gab

seinen Leuten Widderhörner sowie Tonkrüge, in denen Fackeln versteckt waren. Dann sprach er: „Seht auf mich und macht alles so, wie ich es mache. Wenn wir angreifen, so ruft: Für den Herrn und für Gideon!" Als die Midianiter um Mitternacht gerade ihre neuen Wachen aufstellten, blies Gideon in sein Widderhorn. Da bliesen alle Israeliten in die Widderhörner und zerschlugen die Tonkrüge. In der linken Hand hielten sie die brennenden Fackeln, in der rechten die Widderhörner. Sie schrien: „Für den Herrn und für Gideon!", und jeder blieb an dem Platz, an dem er stand. Als die Midianiter im Lager das Geschrei und die Widderhörner hörten, fielen sie übereinander her und schlugen mit ihren Schwertern aufeinander ein. Alle, die am Leben blieben, flohen bis über den Jordan. Die Israeliten verfolgten sie und töteten viele.

Da sagte das Volk Israel zu Gideon: „Werde du unser Herrscher, und später dein Sohn und dein Enkel, denn du hast uns aus der Gewalt der Midianiter befreit!" Doch Gideon entgegnete ihnen: „Nicht ich will über euch herrschen, und auch nicht mein Sohn und mein Enkel. Der Herr allein soll über euch herrschen."

Von Rut, die aus der Fremde kam und Heimat fand im Volk Israel

In Moab, einem Nachbarland von Israel, lebte eine Frau mit Namen Noomi; sie war Witwe. Auch ihre Schwiegertochter, mit der sie zusammenwohnte, hatte keinen Mann mehr; die Schwiegertochter hieß Rut. Noomi stammte aus dem Volk Israel und verehrte Gott den Herrn. Rut aber stammte aus dem heidnischen Volk der Moabiter und kannte den Gott Israels nicht. Eines Tages machte sich Noomi auf den Weg, um heimzukehren zum Land der Israeliten, aus dem sie einst gekommen war. Sie küßte ihre Schwiegertochter Rut zum Abschied und sagte: „Bleib du hier in Moab, bei deinem Volk und bei den Göttern deines Volkes!" Rut aber antwortete: „Dränge mich nicht, dich zu verlassen! Wohin du gehst, da will auch ich hingehen. Wo du bleibst, da will auch ich bleiben. Dein Volk soll mein Volk sein, dein Gott soll mein Gott sein." Da gab Noomi nach, und sie gingen gemeinsam bis nach Betlehem.

In Betlehem wohnte ein reicher Bauer, dem viele Felder gehörten. Er hieß Boas. Eines Tages ging Rut aus, um Ähren zu sammeln, die auf den Feldern liegengeblieben waren. Da kam Boas hinzu und sagte: „Höre, meine Tochter! Geh auf kein anderes Feld, um Ähren zu sammeln, und wenn du Durst hast, komm und trink aus den Krügen meiner Knechte!" Da verneigte sich Rut vor Boas und sagte: „Wie habe ich deine Gunst verdient, da ich doch eine Fremde bin?" Boas antwortete: „Man hat mir berichtet, wie gut du zu deiner Schwiegermutter bist und wie du für sie sorgst; wie du sie begleitet hast und hierher gekommen bist zu einem Volk, das dir unbekannt war! Der Herr, der Gott Israels, zu dem du gekommen bist, um dich unter seinen Flügeln zu bergen, möge dir vergelten, was du Gutes getan hast, und dich reich belohnen." Und Boas ließ sie bei sich und den Knechten und Mägden essen und trinken und gab ihr so viel Gerste als Geschenk mit nach Hause, wie sie tragen konnte.

Als die Zeit der Ernte vorüber war, sprach Noomi, die Schwiegermutter, zu Rut: „Heute abend wird Boas auf dem Dreschplatz Gerste dreschen. Auf, wasch dich, salbe dich, zieh ein schönes Kleid an und geh hinauf zum Dreschplatz. Zeig dich niemandem bis zum Abend; nach dem Abendessen aber geh dorthin, wo Boas sich zum Schlafen niedergelegt hat, und leg dich zu seinen Füßen." Rut tat alles, was Noomi ihr riet. Boas legte sich am Ende des Kornhaufens zum Schlafen nieder. Um Mitternacht schrak er auf, denn er fand eine Frau zu seinen Füßen liegen. Er fragte: „Wer bist du?" Sie antwortete: „Ich bin Rut, deine Magd!" Da sprach Boas: „Gesegnet bist du vom Herrn, meine Tochter."

Einige Zeit danach nahm er Rut zu sich, und sie heirateten. Von nun an gehörte Rut, die Moabiterin, zum Volke Israel. Der Herr segnete sie; sie wurde schwanger und gebar einen Sohn. Da eilten die Nachbarinnen herbei und gaben ihm den Namen Obed. Sie sprachen: „Gepriesen sei der Herr" – und sie gratulierten Noomi zu ihrem Enkelkind. Noomi aber nahm das Kind auf ihren Arm und drückte es voll Freude an die Brust.

Von Obed stammt Isai ab, von Isai aber David, der König von Israel.

Aus den Geschichtsbüchern der Königszeit

In den Büchern, die heute am Anfang der Bibel stehen, sind Erzählungen unterschiedlicher Art gesammelt: Manche handeln von Ereignissen, die man vorsichtig schon „geschichtlich" nennen könnte. Andere Texte halten Erinnerungen und Vorstellungen fest, drücken sie in dichterischer Sprache aus und schmücken sie mit phantasievollen Wortbildern. – In den nun folgenden Büchern der Bibel aber kommen mehr und mehr Personen und Handlungen vor, für die man ziemlich genaue Jahreszahlen nennen kann. Es sind die Geschichtsbücher der israelitischen Könige.

Der bedeutendste unter den Königen in Israel ist David. Für uns Christen spielt David eine wichtige Rolle. Im Neuen Testament wird nämlich Jesus Christus „Sohn Davids" genannt. Er stammt – so sagt man von ihm – aus dem Hause und dem Geschlecht Davids; er ist, wie David, in Betlehem geboren. Oft heißt es: Jesus ist der Zweig oder das Reis „aus der Wurzel Jesse". Jesse (oder Isai) hieß Davids Vater.

Unter den Königen Saul, David und Salomo wird das Volk Israel berühmt in der ganzen damals bekannten Welt. Voll Stolz erzählen die Juden von ihren großen Königen: von Saul, der die Feinde Israels niederwarf und dem Land Frieden brachte; von David, der Jerusalem zur Hauptstadt machte und der zahlreiche schöne Lieder und Gebete schrieb; von Salomo, der den Tempel zu Jerusalem erbaute zum Ruhme des Herrn.

Doch bei allen Königen bewahrheitet sich das Wort, das die Bibel beim Beginn der Königszeit Gott in den Mund legt: „Die Israeliten haben mich verworfen! Ich soll nicht mehr ihr König sein!" Und wirklich: Die Könige wenden sich, bald weniger, bald mehr, von Jahwe ab und vergessen über ihrem vergänglichen Königtum das ewige Königtum Gottes. Sie lassen zu, daß neben dem Gottesdienst im Tempel an vielen anderen Orten des Reiches fremden Göttern gedient und geopfert wird. Der Bund mit Jahwe, dem einen und einzigen Gott, gerät allmählich in Vergessenheit.

Samuel hört die Stimme Gottes und wird Prophet in Israel

Am Anfang der Bücher von den Taten der drei großen Könige von Israel steht in der Bibel eine Kinder-Geschichte. Der alte, ehrwürdige Priester Eli und der junge, unbekannte Knabe Samuel, so wird erzählt, tun Dienst im Heiligtum zu Schilo. Da ruft Gott in der Nacht einen von beiden mit Namen: Samuel, das Kind. Als Samuel herangewachsen ist, hören die Leute in Israel auf seine Worte. Sie sagen: Samuel ist ein Gottesmann, Samuel ist ein Prophet.

In jenen Tagen hatten die Israeliten in der Stadt Schilo ein Heiligtum; der Priester des Heiligtums hieß Eli. Er war sehr alt, seine Augen waren schwach geworden, und er konnte nicht mehr sehen. Eli hatte einen Helfer, Samuel mit Namen. Er tat Dienst im Heiligtum zu Schilo und mußte in der Nacht Öl auf die Lampe gießen, damit sie nicht erlosch. Samuel war noch ein Kind.

    Eines Nachts geschah es, da rief der Herr den Samuel, und Samuel antwortete: „Hier bin ich." Dann lief er zu Eli und sagte: „Du hast mich gerufen? Hier

bin ich!" Eli erwiderte: „Ich habe dich nicht gerufen. Geh wieder schlafen." Da ging Samuel hin und legte sich wieder schlafen. Der Herr rief ihn ein zweites Mal: „Samuel!" Samuel stand auf und ging zu Eli und sagte: „Hier bin ich. Du hast mich gerufen." Eli antwortete: „Ich habe dich nicht gerufen, mein Kind. Geh wieder schlafen." Da rief der Herr den Samuel wieder, zum drittenmal. Er stand auf und ging zu Eli und sagte: „Hier bin ich, du hast mich gerufen."

Da merkte Eli, daß es der Herr war, der den Samuel gerufen hatte. Er sagte zu Samuel: „Geh, leg dich schlafen. Wenn er dich noch einmal ruft, dann antworte: Rede, Herr! Dein Diener hört!" Samuel ging hin und legte sich nieder. Da kam der Herr, trat zu ihm heran und rief wie die vorigen Male: „Samuel! Samuel!" Und Samuel antwortete: „Rede, Herr! Dein Diener hört!"

So wurde also in Schilo nicht der Priester Eli, sondern der Knabe Samuel von Gott mit Namen gerufen. Er wuchs heran und war ein Prophet des Herrn. Er richtete dem Volk die Worte des Herrn aus. Alles, was er im Namen des Herrn sprach, ging in Erfüllung. Sein Wort war geachtet beim ganzen Volk.

Die Israeliten wollen einen König

Eines Tages kamen die Ältesten von Israel nach Rama, wo Samuel wohnte, und sprachen zu ihm: „Setze einen König ein über Israel! Wir wollen von einem König regiert werden, so wie es bei allen anderen Völkern üblich ist!" Da betete Samuel zum Herrn, und der Herr sagte zu Samuel: „Sie haben mich verworfen! Ich soll nicht mehr ihr König sein! Treulos sind sie, seitdem ich sie aus Ägypten herausgeführt habe. Doch tu, was das Volk begehrt. Warne sie und mach ihnen klar, welche Rechte ein König über das Volk hat!"

Samuel sprach zu den Israeliten: „Das sind die Rechte eines Königs: Er wird eure Söhne zu Soldaten und Rüstungsarbeitern machen. Er wird eure Töchter in sein Haus holen, damit sie für ihn kochen, backen und Salben bereiten. Er wird euch eure besten Felder, Weinberge und Ölgärten wegnehmen und sie seinen Beamten geben. Eure Knechte und Mägde, alle jungen Leute und eure Esel: Alle müssen für den König arbeiten. Ihr werdet seine Sklaven sein!" Doch das Volk wollte nicht auf Samuel hören, sondern sagte: „Nein! Ein König soll über uns herrschen und unsere Kriege führen." Samuel trug alles dem Herrn vor, und der Herr sprach: „Höre denn auf ihre Stimme und setze ihnen einen König ein!" Da sagte Samuel zu den Israeliten: „Geht also heim, jeder in seine Stadt."

Saul, der erste König von Israel

Die Geschichte des ersten Königs von Israel beginnt fast wie ein Märchen: Ein Vater schickt seinen Sohn aus, die Esel zu suchen, die weggelaufen sind, und – so könnte man sagen – er findet eine Königskrone!
Trotz der großen Heldentaten, die der erste König begeht, nimmt es mit ihm ein schlimmes Ende.

Einst ging ein junger Mann aus, um Eselinnen zu suchen, die seinem Vater entlaufen waren. Der junge Mann hieß Saul; er war groß – einen Kopf größer als alle anderen – und schön: Kein Mann in Israel war schöner als er. Er durchzog mit seinem Knecht die ganze Gegend bis ins Gebirge, doch sie fanden die Eselinnen nicht. Da sagte Saul: „Laß uns umkehren. Schließlich macht sich mein Vater mehr Sorgen um uns als um die Tiere!" Der Knecht erwiderte: „Vor uns in der Stadt wohnt Samuel, der Prophet. Er ist angesehen beim Volk, was er sagt, trifft ein. Sollen wir nicht zu ihm gehen? Vielleicht kann er uns sagen, wo wir suchen sollen?" Saul sagte: „Dein Vorschlag ist gut. Komm, gehen wir zu ihm und nehmen ihm ein kleines Geschenk mit."

Am Tag davor aber war der Herr dem Samuel erschienen und hatte ihm gesagt: „Morgen schicke ich einen Mann zu dir, den sollst du zum König über das Volk Israel salben. Er soll mein Volk aus der Hand der Feinde befreien!" Israel wurde nämlich zu dieser Zeit von vielen feindlichen Nachbarvölkern bedroht.

Sie gingen, und unter dem Stadttor trafen Saul und der Prophet Samuel zusammen. Da sprach der Herr zu Samuel: „Das ist der Mann! Er ist es, der über Israel herrschen soll!" Saul aber kannte den Samuel nicht und fragte: „Kannst du mir sagen, wo der Prophet wohnt?" Samuel antwortete: „Ich bin der Prophet! Komm, du und dein Knecht, ihr sollt mit mir zu Abend essen. Mach dir keine Sorgen um die Eselinnen deines Vaters, sie sind gefunden. Vielmehr: Israel verlangt nach einem König – diese Ehre soll dir und deinem Hause zukommen." Saul antwortete: „Wie kannst du so etwas sagen! Bin ich nicht aus dem kleinsten aller Stämme Israels, ist meine Familie nicht die geringste unter allen Familien?"

Nachdem sie zu Abend gegessen hatten, legte Saul sich auf dem Flachdach schlafen. Früh am Morgen, als die Dämmerung anbrach, rief Samuel: „Saul, steh auf! Komm, gehen wir, ich will dich begleiten." Sie gingen vor das Stadttor, und Saul entließ seinen Knecht. Dann sprach Samuel zu ihm: „Bleib stehen. Ich will dir das Wort Gottes verkünden." Und er nahm einen Krug mit Salböl, goß das Öl auf das Haupt des Saul und küßte ihn. Er sprach: „Hiermit hat der Herr dich zum Fürsten über sein Volk gesalbt!" Dann rief er die Israeliten zusammen und stellte dem Volk den neuen König vor. Das Volk jubelte und rief: „Es lebe der König!"

König Saul handelt gegen die Weisungen des Herrn

Bald danach rüstete König Saul ein Heer aus und begann, gegen die Feinde Israels Kriege zu führen. Er schlug die Moabiter und Ammoniter, die Philister und die Edomiter und machte Israel stark und frei. Gegen wen er auch Krieg führte: Immer war das Heer der Israeliten siegreich. Einmal rückte Saul mit zweihunderttausend Israeliten zum Kampf aus gegen die Amalekiter. Der Herr befahl ihm: „Besiege den König der Amalekiter! Vernichte alles, was ihm gehört! Nichts sollst du am Leben lassen, weder Menschen noch Tiere." Nahe bei der ägyptischen Grenze trafen die Heere Amaleks und Israels aufeinander. Sauls Heer gewann den Kampf; doch Saul tat nicht, wie der Herr ihm befohlen hatte: Die besten Schafe und Rinder tötete er nicht, sondern schaffte sie beiseite. Zuletzt ließ er sich ein Siegesdenkmal bauen.

Da sprach der Herr zu Samuel, seinem Propheten: „Es reut mich, daß ich Saul zum König gemacht habe. Er achtet mich nicht und führt meine Befehle nicht aus." Da ging Samuel zu Saul. Als Saul ihn kommen sah, sagte er: „Siehe, ich habe die Amalekiter besiegt und die Befehle des Herrn ausgeführt!" Samuel antwortete: „Und was bedeutet das Blöken der Schafe, das ich da höre, und das Brüllen der Rinder?" Und er sprach: „Warum hast du dich auf die Beute gestürzt und getan, was dem Herrn mißfällt?" Saul verteidigte sich und sagte: „Das Volk wollte es so! Wir wollten nach dem Sieg ein Fest feiern und dem Herrn ein großes Schlacht- und Brandopfer darbringen!" Doch Samuel sprach: „Hat der Herr Gefallen an Schlacht- und Brandopfern? Will er nicht vielmehr Gehorsam gegen seine Gebote und Befehle? Wahrhaftig, Gehorsam ist besser als Opfer! Weil du aber gegen das Wort des Herrn verstoßen hast, verstößt dich der Herr als König. Du kannst nicht mehr lange König von Israel sein." Dann wandte Samuel sich traurig ab und sah Saul nie wieder.

Weil König Saul den Weisungen Gottes zuwidergehandelt hat, darf er nicht länger König von Israel sein. Samuel macht sich auf den Weg, einen neuen König für das Volk zu salben. Und wieder geschieht es, daß Gott nicht auf die starken und erfahrenen Männer schaut, sondern auf den Kleinsten unter den Brüdern, auf den Knaben David. Ihn salbt der Prophet im Namen des Herrn zum neuen König von Israel. Saul bleibt zwar noch eine Zeitlang auf dem Thron, doch alle sehen schon: David, das ist der kommende Herrscher über Israel.

David wird zum neuen König von Israel erwählt

Der Herr sprach zu Samuel: „Ich habe Saul als König von Israel verstoßen. Fülle dein Horn mit Öl, und mach dich auf den Weg. Ich sende dich nach Betlehem, zu einem Mann mit Namen Isai; einen seiner Söhne habe ich mir ausersehen." Samuel tat, was der Herr ihm befahl. Als er in Betlehem ankam, sagte er zu den Leuten: „Friede sei mit euch! Macht euch bereit, mit mir dem Herrn ein Opfer darzubringen." Da kamen sie aus ihren Häusern, auch Isai und seine Söhne.

Als Samuel den ältesten Sohn des Isai sah, dachte er: Das ist gewiß der Gesalbte des Herrn! Der Herr aber sprach zu Samuel: „Schau nicht auf seine Schönheit und Gestalt! Ich habe ihn nicht erwählt. Denn Gott sieht nicht auf das, worauf der Mensch sieht. Der Mensch schaut auf das, was er vor Augen hat, der Herr aber sieht das Herz." Da rief Isai den zweitältesten und stellte ihn Samuel vor. Doch Samuel sprach: „Auch ihn hat der Herr nicht erwählt." Auch beim dritten Sohn des Isai sagte Samuel: „Der Herr hat ihn nicht erwählt." So führte Isai ihm sieben von seinen Söhnen vor, aber Samuel sagte: „Der Herr hat keinen von diesen sieben erwählt."

Zuletzt fragte er: „Sind das alle deine Söhne?" Isai antwortete: „Der jüngste fehlt noch. Er hütet die Schafe." Samuel sagte: „Schick jemand hin, ihn zu holen." Da ließ Isai seinen Sohn holen: Es war David. David war rotblond, hatte schöne Augen und eine schöne Gestalt. Da sagte der Herr: „Auf, salbe ihn, denn er ist es!" Samuel nahm das Ölhorn und salbte David mitten unter seinen Brüdern. Von diesem Tag an war der Geist des Herrn mit David. Samuel aber brach auf und kehrte nach Rama zurück, wo er wohnte.

David am Hof des Königs Saul

Der Geist des Herrn war von nun an nicht mehr mit König Saul. Darum sagten seine Diener zu ihm: „Du siehst, ein böser Geist, den Gott geschickt hat, quält dich. Befiehl darum, daß wir einen Mann suchen, der Harfe spielt. Sobald dich der böse Geist überkommt, soll er auf der Harfe spielen; dann wird es dir wieder besser gehen." Saul antwortete: „Seht euch nach einem solchen Mann um, und bringt ihn her zu mir." Da sprach einer der Diener: „Ich kenne einen jungen Mann aus Betlehem, der Sohn des Isai, der Harfe spielen kann. Er kann gut Geschichten erzählen, auch ist er tapfer und ein guter Krieger. Er ist schön von Gestalt, und der Herr ist mit ihm." Da schickte Saul Boten zu Isai und ließ ihm sagen: „Schick mir deinen Sohn David!" Isai nahm einen Esel, auch Brot und einen Schlauch Wein sowie ein Ziegenböckchen und schickte seinen Sohn David zu Saul.

So trat David in den Dienst des Königs, und Saul gewann ihn sehr lieb. Er machte David zu seinem Waffenträger. Jedesmal, wenn der böse Geist den König befiel und ihn schwermütig machte, nahm David die Harfe und spielte. Dann fühlte Saul sich besser, und der böse Geist wich von ihm. Es war die Zeit, da Israel mit den Philistern im Krieg lag.

David besiegt Goliat im Namen des Herrn

Die Heere der Israeliten und der Philister standen sich auf zwei Bergen gegenüber, dazwischen lag ein Tal. Jeden Morgen kam ein Mann aus dem Philisterlager heraus, Goliat, ein Riese, drei Meter groß. Er trug einen Helm und einen Schuppenpanzer, ein Krummschwert und Beinschienen – alles aus schwerer Bronze. Sein Speer war ungewöhnlich lang und schwer. Vor ihm her ging ein Soldat, der seinen Schild trug. Vierzig Tage lang kam er und rief zu den Israeliten herüber: „Schickt mir doch einen Mann her! Wenn er mich im Zweikampf besiegt, sollen alle Philister eure Knechte werden; wenn ich aber ihn besiege, sollen die Israeliten unsere Knechte sein!" Die Israeliten hatten große Angst, auch Saul.

David hörte, wie der Philister das Heer der Israeliten verspottete und sprach zu Saul: „Laßt wegen dieses Philisters doch nicht den Mut sinken! Ich werde hingehen und mit ihm kämpfen." Saul erwiderte: „Du bist zu jung, um mit diesem erfahrenen Krieger zu kämpfen." David aber sagte: „Ich habe für meinen Vater die Schafe gehütet. Wenn ein Löwe kam oder ein Bär und ein Lamm wegschleppte, lief ich hinter ihm her, schlug auf ihn ein und riß ihm das Lamm aus den Zähnen. Und wenn er sich gegen mich aufrichtete, packte ich ihn an der Mähne und schlug ihn tot. Löwen und Bären habe ich erschlagen, und mit diesem unbeschnittenen Philister werde ich es genauso machen."

Da antwortete Saul: „Geh. Der Herr sei mit dir", und er zog David eine Rüstung an. Doch David legte sie wieder ab, denn er war an eine Rüstung nicht gewöhnt. Er nahm vielmehr seinen Stock und seine Schleuder, hängte seine Hirtentasche um und tat fünf glatte Steine hinein.

So kam David an die Stelle, an der sich die beiden Heere gegenüberstanden. Goliat trat ihm entgegen und rief: „Bin ich ein Hund, daß du mit einem Stock zu mir kommst? Komm nur näher! Ich werde dein Fleisch den Vögeln des Himmels und den Raubtieren vorwerfen." David rief zurück: „Du kommst zu mir mit Schwert und Speer. Ich aber komme zu dir im Namen des Herrn der Heere, des Gottes Israels, den du verhöhnt hast." Sie schritten aufeinander zu. Da griff David in seine Hirtentasche, nahme einen Stein heraus, schleuderte ihn los und traf den Philister an der Stirn. Der Philister fiel vornüber auf die Erde. David lief hin, nahm Goliats Schwert und hieb ihm den Kopf ab.

Als die Philister sahen, daß ihr starker Mann tot war, flohen sie. Die Israeliten aber erhoben das Kriegsgeschrei, griffen die Philister an und verfolgten sie bis an die Grenze.

Davids Freundschaft mit Jonatan

Als der Krieg gegen die Philister zu Ende war, zog das siegreiche israelitische Heer heim. Da kamen Frauen aus allen Städten dem König Saul mit lauten Rufen entgegen. Sie spielten auf Zimbeln und Handtrommeln, sie tanzten und sangen ein Freudenlied: „Saul hat Tausend erschlagen – David aber Zehntausend!" Darüber wurde Saul sehr zornig. Das Lied mißfiel ihm, und er sagte: „David geben sie Zehntausend, mir aber nur Tausend! Jetzt fehlt nur noch, daß sie ihn König nennen." Von diesem Tage an war Saul eifersüchtig auf David und traute ihm nicht mehr.

Gleich am Tag darauf kam wieder der böse Geist über Saul, so daß er in seinem Zimmer in Raserei geriet. David nahm die Harfe und spielte. Saul aber hatte schon einen Speer in der Hand. Er dachte bei sich: Ich will David an die Wand spießen!, und er warf zweimal mit dem Speer nach ihm, doch David wich ihm aus. Da fürchtete Saul sich vor David, denn er merkte, daß der Herr ihn verlassen hatte und nun mit David war. Darum entließ er ihn aus seinem Haus und machte ihn zum Heerführer. Der Herr war mit David; er wurde ein großer Kriegsheld, und ganz Israel liebte ihn. Saul aber haßte David und fürchtete ihn von Tag zu Tag mehr.

Eines Tages sprach er zu seinem Sohn Jonatan: „Ich habe beschlossen, David zu töten." Da wurde Jonatan traurig, denn David war sein bester Freund. Er lief zu David und sagte: „Mein Vater will dich töten! Morgen früh! Nimm dich also in acht und versteck dich. Ich werde mit meinem Vater reden und dir ein Zeichen geben, damit du weißt, wie er gegen dich gesonnen ist!" Am Morgen redete Jonatan mit seinem Vater Saul und sprach: „Was David im Kampf getan hat, war nützlich für dich und ganz Israel. Der Herr hat durch David dem Volk Israel Heil gebracht. Töte ihn nicht, denn er ist schuldlos." Da hörte Saul auf seinen Sohn Jonatan und sagte: „Ich schwöre: David soll nicht umgebracht werden." Jonatan rief David herbei und berichtete ihm alles. Da ging David an den Hof des Königs Saul zurück und sang und spielte für ihn wie früher.

Doch schon bald flammte der alte Haß gegen David im Herzen des Saul wieder auf. Er sprach zu seinem Sohn Jonatan: „Trau dem David nicht! Solange David lebt, bist du nicht sicher, ob er dir nicht den Königsthron wegnehmen wird, den du als mein Sohn erben sollst! Besser ist, du schickst jemand hin und läßt ihn festnehmen, denn er muß sterben." Jonatan aber ging heimlich zu David und meldete ihm alles. Da schlossen sie einen Freundschaftsbund. Sie küßten einander und weinten lange. Zuletzt sagte Jonatan:

„Geh in Frieden! Der Herr sei Zeuge für unseren Freundschaftsbund." Da ging David weg. Er irrte viele Jahre heimatlos in der Fremde umher, bis Saul sich in einer aussichtslosen Schlacht das Leben nahm. Und obwohl Saul ihm so viel Böses angetan hatte, stimmte er über Saul ein lautes Klagelied an und sang: „Israel, dein Stolz liegt erschlagen auf deinen Bergen! Töchter Israels, weint um Saul!"

David in der heiligen Stadt Jerusalem

Nach dem Tod Sauls wird David, der Gesalbte, von den Ältesten in Israel öffentlich zum König ausgerufen. Er unterwirft alle Feinde ringsumher und macht Jerusalem zur Hauptstadt des Reiches. Die Israeliten jubeln ihm zu und sagen: Nun ist endlich das ganze Land Kanaan in unserem Besitz, wie der Herr unseren Vätern Abraham, Isaak und Jakob verheißen hat!

Das größte Heiligtum des Volkes Israel war die Bundeslade, ein mit Engelfiguren und anderen Kostbarkeiten verzierter Schrein, den sie an vier Stangen durch die Wüste getragen hatten. In der Bundeslade wurden die Gesetzestafeln und ein Krüglein mit Manna aufbewahrt als Erinnerung an den Bund, den der Herr mit Israel am Sinai geschlossen hatte. In den Wirren der Richterzeit war die Heilige Lade in einem Dorf abgestellt und dort fast vergessen worden. Das Dorf hieß Baala. Als David König geworden war, versammelte er dreißigtausend Krieger und zog mit ihnen nach Baala.

Sie stellten die Lade Gottes auf einen neuen Wagen und brachten sie hinauf in die Hauptstadt Jerusalem. David und die Krieger tanzten und sangen, als sie vor dem Wagen mit der Lade herzogen. Sie bliesen die Widderhörner

und schrien vor Freude. Jedesmal, wenn sie sechs Schritte gegangen waren, schlachteten sie einen Stier und ein Kalb und opferten beides dem Herrn. David tanzte begeistert, mit Leib und Seele; er trug das Efod, ein kurzes Priestergewand aus Leinen. In Jerusalem angekommen, brachten sie die Bundeslade in ein Zelt, das David für sie errichtet hatte, und stellten sie in der Mitte des Zeltes auf. Dann brachte David vor der Lade Gott dem Herrn ein Opfer dar. Als er mit dem Opfer fertig war, segnete er das Volk Israel im Namen des Herrn der Heere, und ließ an alle Brot und Kuchen austeilen.

Die Frau des David hieß Michal, sie war eine Tochter Sauls. Michal hatte vom Fenster aus zugeschaut, wie die Lade Gottes nach Jerusalem hereingebracht wurde. Als sie sah, wie ihr Mann, der König David, vor dem Herrn hüpfte und tanzte, verachtete sie ihn in ihrem Herzen. Nach dem Fest ging sie ihm entgegen und sagte zu ihm: „Wie würdevoll hat sich heute der König von Israel benommen! Er hat sich vor den Augen der Mägde bloßgestellt, wie sich nur einer vom niedrigsten Gesindel bloßstellen kann!" David erwiderte: „Vor dem Herrn, der mich zum Fürsten über Israel gemacht hat, habe ich getanzt! Vor ihm will ich mich noch geringer machen als diesesmal! In meinen eigenen Augen will ich niedrig erscheinen." Michal aber, die David gescholten hatte, bekam bis zu ihrem Tod keine Kinder.

König David begeht ein großes Unrecht

Eines Abends ging David auf dem Flachdach seines Palastes hin und her. Da sah er eine Frau, die badete: Sie war sehr schön anzuschauen. David erkundigte sich, und man sagte ihm: „Das ist Batseba, die Frau des Urija." Da schickte David Boten zu ihr und ließ sie holen. Sie kam und schlief mit ihm, danach ging sie in ihr Haus zurück. Kurz darauf ließ sie David mitteilen: „Ich bin schwanger geworden."

Urija aber war Soldat in König Davids Heer. Da schrieb David an seinen Feldherrn folgenden Brief: „Stell den Urija in die vorderste Reihe, wo der Kampf am schlimmsten ist. Dann zieht euch von ihm zurück, so daß er allein dasteht und tödlich getroffen wird!" Der Feldherr tat, was David ihm befahl; als die Feinde angriffen, wurde Urija von einem Pfeil durchbohrt und fiel tot zur Erde. Der Feldherr meldete dem König, daß Urija tot sei, und der König antwortete: „Nimm die Sache nicht so ernst. Das Schwert frißt bald hier, bald dort." Als Batseba hörte, daß ihr Mann Urija tot war, hielt sie für ihn die Totenklage. Nach der Trauerzeit holte David sie zu sich in sein Haus. Sie wurde seine Frau und gebar ihm einen Sohn. Dem Herrn aber mißfiel, was David getan hatte.

Darum schickte der Herr den Propheten Natan zu David, und Natan sprach: „In einer Stadt lebten einst zwei Männer, der eine war reich, der andere arm. Der Reiche besaß viele Schafe und Rinder, der Arme aber besaß nichts als ein einziges Lämmchen, das er gekauft hatte. Er zog es auf, zusammen mit seinen Kindern. Es aß von seinem Brot, es trank aus seinem Becher, es lag in seinem Schoß und war für ihn wie eine Tochter. Da bekam der reiche Mann Besuch. Er brachte es nicht übers Herz, eines von seinen Schafen und Rindern zu schlachten, um es für seinen Besuch zuzubereiten. Er nahm vielmehr dem Armen das Lämmchen weg, ließ es schlachten und seinem Gast vorsetzen."

Da geriet David in heftigen Zorn über den Mann und sagte zu Natan: „So wahr der Herr lebt! Der Mann, der das getan hat, hat den Tod verdient! Er soll das Lamm vierfach ersetzen, weil er das getan hat und kein Mitleid hatte." Da sagte Natan zu ihm: „Du selbst bist dieser Mann! So spricht der Herr, der Gott Israels: Ich habe dich zum König gesalbt, ich habe dich aus der Hand des Saul errettet. Alles habe ich dir gegeben, das ganze Reich. Warum hast du die Gebote des Herrn verachtet und getan, was ihm mißfällt? Du hast den Urija mit dem Schwert erschlagen und dir seine Frau zur Frau genommen. Von nun an wird das Schwert nicht mehr von deinem Hause weichen!"

David bereut seine Sünde

Das Kind, das Batseba dem David geboren hatte, wurde schwer krank. David bereute, was er getan hatte. Er fastete streng und legte sich bei Nacht auf die bloße Erde. Seine Diener kamen zu ihm und wollten ihn überreden, von der Erde aufzustehen; doch David hörte nicht auf sie.

Am siebten Tage starb das Kind. Die Diener fürchteten sich, dem König zu sagen, daß sein Kind tot war. Sie sprachen zueinander: „Wir haben ihm zugeredet, als das Kind noch am Leben war, und er hat nicht auf uns gehört. Wie könnten wir ihm jetzt sagen: Dein Kind ist tot! Wer weiß, was für ein Unheil er dann anrichtet." David aber sah, wie sie miteinander flüsterten, und fragte: „Ist das Kind tot?" Sie antworteten: „Ja, es ist tot." Da sprach David zu den Dienern: „Ich kann das Kind nicht ins Leben zurückholen. Eines Tages aber, wenn ich gestorben bin, werde ich zu ihm hingehen." Und er erhob sich von der Erde, wusch sich, salbte sich, wechselte seine Kleider, ging hin und warf sich vor dem Herrn nieder. Der Herr aber ließ ihm durch den Propheten Natan sagen: „Ich habe dir deine Sünde vergeben."

Batseba gebar einen zweiten Sohn, und David gab ihm den Namen Salomo. Der Herr liebte Salomo; er ließ ihm durch seinen Propheten Natan den Beinamen „Jahwes Liebling" geben. Als Salomo herangewachsen war, tat David einen Schwur und sprach zu Batseba: „So wahr der Herr lebt, der mein Leben aus jeder Gefahr gerettet hat: Dein Sohn Salomo soll nach mir König sein und an meiner Stelle auf meinem Thron sitzen."

David wohnte in seinem Königshaus; der Herr hatte ihm Ruhe vor seinen Feinden verschafft, und an den Grenzen seines Reiches war Frieden. Da sagte David zu Natan: „Ich wohne in einem Palast aus Zedernholz, die Lade Gottes aber wohnt in einem Zelt!" Natan antwortete: „So spricht der Herr: Du willst mir ein Haus bauen aus Steinen und Zedernholz, damit ich darin wohne? Nicht du wirst mir ein Haus bauen, damit ich darin wohne, sondern ich, der Herr, werde dir ein Haus bauen, ein lebendiges Haus: Wenn deine Tage abgelaufen sind, werde ich einen von deinen Söhnen als König einsetzen, und sein Königtum wird durch mich ewig bestehen. Ich will ihm Vater sein, er wird mir Sohn sein. Ich werde immer auf seiner Seite sein." Da setzte sich David vor den Herrn hin und sagte: „Herr! Keiner ist dir gleich, und außer dir gibt es keinen Gott. Du hast deinem Knecht Glück verheißen, du hast das Haus Davids für immer gesegnet!"

Ein Lobgesang auf König David

„Ich habe meinen Bund geschlossen",
spricht der Herr,
„mit David, meinem erwählten Knecht.
Ihm hab ich geschworen auf ewig:
Deinem Haus gebe ich festen Bestand,
von Geschlecht zu Geschlecht
richte ich deinen Thron auf.
    Einen Helden habe ich zum König gekrönt,
      erhöht habe ich einen Mann aus dem Volke.
        David habe ich auserwählt, meinen Knecht,
          ihn habe ich gesalbt mit heiligem Öl.
            Für immer wird meine Hand ihn halten,
              und mein Arm wird ihn stark machen.
                Seine Feinde will ich zerschmettern,
                  die ihn hassen, schlage ich zu Boden.
                    Meine Treue und meine Liebe sind mit ihm,
                      in meinem Namen darf er sein Haupt erheben.
                        Ich mache ihn zu meinem erstgeborenen Sohn.
                          Er wird zu mir sprechen:
                            Mein Vater bist du!
                              Mein Gott!
                            Fels meines Heils!"

Wenn die Juden dieses Loblied singen, fragen sie: Wann wird denn endlich aus dem Hause David der Retter kommen, der Israel das Heil bringt?
Den Retter, auf den sie warten, nennen sie: Messias. Das Wort Messias bedeutet „Gesalbter".
Die Christen sagen: Der Retter aus dem Hause David, der allen Völkern das Heil bringt, ist schon gekommen, nämlich Jesus von Nazaret. Wir nennen ihn: Christus. Auch Christus heißt „der Gesalbte".

Salomo, der dritte König von Israel

Nach David wird sein Sohn Salomo König von Israel. Man weiß nicht, was man mehr an ihm loben soll: Seine Weisheit oder die große Pracht, mit der er in Jerusalem für den Herrn einen Tempel baut. Doch gegen Ende seines Lebens wird Salomo dem Herrn untreu. Er wendet sich von Gott ab. Er bricht den Bund. Sein Reich zerfällt.

Nachdem David seinen Sohn Salomo zum Nachfolger bestimmt hatte, setzten sie ihn auf das königliche Maultier und führten ihn an den Bach Gihon. Ein Priester, der mit dem Propheten Natan gekommen war, holte das Salbhorn aus dem Heiligen Zelt und salbte Salomo. Hierauf blies er das Widderhorn, damit das Volk von der Salbung erfahren sollte. Alle riefen: „Es lebe König Salomo!" Sie zogen mit ihm hinauf nach Jerusalem und spielten auf ihren Flöten. Sie waren voller Freude, so daß von ihrem Freudengeschrei die Erde bebte. Als Salomo sich auf den Königsthron gesetzt hatte, verneigte sich sein Vater David vor ihm und sprach: „Gepriesen sei der Herr, der Gott Israels! Er hat mir heute gewährt, daß mein Nachkomme auf dem Thron sitzt und daß meine Augen das noch sehen durften!" Kurz darauf starb David.

    Der Herr aber sprach zu Salomo im Traum: „Sprich eine Bitte aus, und ich werde sie dir gewähren." Salomo antwortete: „Herr, mein Gott, du hast jetzt deinen Knecht Salomo anstelle meines Vaters David zum König gemacht. Doch ich bin noch sehr jung und weiß nicht, wie ich mich als König verhalten soll. Verleihe daher deinem Knecht ein hörendes Herz, das Gutes von Bösem unterscheiden kann. Wie sonst könnte ich dieses mächtige Volk regieren?" Diese Bitte gefiel dem Herrn, und er antwortete: „Weil du gerade diese Bitte ausgesprochen hast und nicht um langes Leben und Reichtum oder um den Tod deiner Feinde, sondern um Einsicht gebeten hast, werde ich deine Bitte erfüllen. Siehe, ich gebe dir ein weises und verständiges Herz, so daß keiner vor dir war und nach dir kommen wird, der dir gleicht! Wenn du auf meinen Wegen gehst und meine Gebote befolgst, dann schenke ich dir ein langes Leben." Da erwachte Salomo aus seinem Traum.

    Salomo heiratete die Tochter des Pharao von Ägypten. Er wurde sehr reich; sein Thron war aus Elfenbein, ringsum mit Gold überzogen. Salomos Weisheit war groß: Er verfaßte dreitausend Sprichwörter und mehr als tausend Lieder, und er stellte Lehren auf über Tiere und Pflanzen. Von überall her kamen Fremde zu ihm, um ihn zu bewundern. Auch die Königin von Saba kam und stellte seine Weisheit mit Rätseln auf die Probe. Sie sprach: „Was ich in Saba über dich und deine Weisheit gehört habe, ist wirklich wahr! Deine Weisheit übertrifft alles, was man mir von dir berichtet hat. Gepriesen sei Jahwe, dein Gott, der an dir Gefallen fand und dich auf den Thron Israels setzte!" Und sie beschenkten einander reichlich.

Salomo baut den Tempel zu Jerusalem

An der Nordgrenze von Israel lag das Reich des Königs Hiram. König Hiram und König David waren Freunde gewesen. Eines Tages sandte Salomo Boten zu Hiram und ließ ihm sagen: „Du weißt, daß mein Vater David viele Kriege führen mußte und nicht dazu gekommen ist, dem Herrn, seinem Gott, ein festes Haus zu bauen. Jetzt aber hat der Herr mir Ruhe verschafft, es gibt keine Feinde und keine Kriegsgefahr mehr. Darum plane ich, dem Namen des Herrn, meines Gottes, ein Haus zu bauen. Er selbst hat meinem Vater David zugesagt: Salomo wird an deiner Stelle mir ein Haus bauen." Salomo schloß mit Hiram einen Vertrag: Hiram schickte auf Schiffen Steine und Holz an Salomo, und Salomo lieferte an Hiram Öl und Getreide.

In harter Fronarbeit bauten die Männer aus Israel am Tempel, dem Haus des Herrn; Salomo gönnte ihnen nur wenig Ruhe. Siebzigtausend Männer waren als Lastträger eingesetzt, achtzigtausend als Steinhauer. Dreißigtausend Israeliten mußten in den Wäldern und Steinbrüchen weit weg von ihren Familien bei König Hiram Dienst tun. Nach sieben Jahren war der Bau vollendet: Ein Tempel aus riesigen Steinquadern und aus Edelhölzern, mit Vorräumen, Hallen und Innenhöfen und mit dreigeschossigen Anbauten, ein wahrer Prachtbau: Viele Stellen waren mit Bronze und weithin sichtbarem Blattgold überzogen. Der wichtigste Raum – ein Raum ohne Fenster – war „das Allerheiligste". Dort sollte die Bundeslade aufgestellt werden.

Als der Tempelbau vollendet war, versammelte König Salomo die Priester und Ältesten des Volkes. Sie holten die Bundeslade aus dem Zelt, das einst David errichtet hatte, und brachten sie in den Tempel. Das ganze Volk zog in einer gewaltigen Prozession mit hinauf zum Tempel. Dort wurde die Bundeslade im Allerheiligsten aufgestellt. Da erfüllte die Herrlichkeit des Herrn in einer dichten Wolke den Tempel, und Salomo sprach: „Der Herr hat die Sonne an den Himmel gesetzt, er selber aber will im Dunkeln wohnen. Herr, ich habe dir ein fürstliches Haus gebaut, eine Wohnung für alle Zeit!" Darauf wandte der König sich zum Volk um und segnete alle, die versammelt waren. Er breitete seine Hände aus und sprach zum Herrn: „Himmel und Erde fassen dich nicht, wieviel weniger das Haus, das ich dir gebaut habe! Halte deine Augen offen über diesem Haus bei Tag und Nacht! Höre auf das Flehen deines Knechtes Salomo und auf die Bitten deines Volkes; erhöre alle, die hier zu dir beten." Dann feierten sie ein großes Fest, sieben Tage lang. Ganz Israel lobte den König und dankte Gott.

Der Herr sprach zu Salomo: „Ich habe das Haus geheiligt, das du gebaut hast. Mein Name wird auf ewig hier wohnen. Meine Augen und mein Herz werden hier weilen, allezeit. Wenn du vor mir lebst wie dein Vater David, wenn du meine Gebote befolgst – dann soll dein Königtum auf ewig bestehen, wie ich es deinem Vater David verheißen habe!"

Von der Weisheit Salomos

Einmal kamen zwei Frauen und traten vor den König. Die eine sagte: „Bitte, Herr, ich und diese Frau wohnen im selben Haus, und wir haben fast zur gleichen Zeit beide einen Sohn geboren. Nun starb der Sohn dieser Frau da während der Nacht, denn sie hatte ihn im Schlaf erdrückt. Sie stand mitten in der Nacht auf, nahm mir mein Kind weg, während ich schlief, und legte es zu sich ins Bett. Ihr totes Kind aber legte sie an meine Seite. Am Morgen stand ich auf, um mein Kind zu stillen; da war es tot. Als ich es aber genauer ansah, war es nicht mein Kind, das ich geboren hatte." Da rief die andere Frau: „Nein! Mein Kind lebt, und dein Kind ist tot." Doch die andere entgegnete: „Nein! Dein Kind ist tot, und mein Kind lebt!" So stritten sie vor dem König.

Da sprach der König: „Holt mir ein Schwert!" Man brachte ein Schwert herbei, und er entschied: „Schneidet das lebende Kind entzwei und gebt die eine Hälfte der einen Frau, die andere Hälfte der anderen!" Da regte sich die Mutterliebe in der Mutter des lebendigen Kindes, und sie bat den König: „Bitte, Herr, gebt ihr das lebende Kind, und tötet es nicht!" Doch die andere rief: „Es soll weder mir noch dir gehören! Zerteilt es." Da befahl der König: „Gebt jener das lebende Kind, und tötet es nicht; denn sie ist seine Mutter."

Ganz Israel hörte von dem Urteil, das der König gefällt hatte, und sie schauten mit Ehrfurcht zu ihm auf. Denn sie erkannten, daß die Weisheit Gottes in ihm war, wenn er Recht sprach.

Salomos Reich zerfällt

Salomo regiert ungefähr vierzig Jahre, dann geht es mit ihm und dem großen Königreich zu Ende. Zusammengefaßt erzählt die Bibel davon so:

Gott hatte den Israeliten gesagt: „Geht nicht zu fremden Völkern, um euch dort Frauen zu suchen, und laßt keine fremden Völker zu euch kommen, um deren Frauen zu heiraten! Sie werden eure Herzen ihren Göttern zuwenden!" Salomo aber hörte nicht auf das Gebot des Herrn; neben der heidnischen Königstochter von Ägypten hatte er viele andere Frauen und Nebenfrauen, die Göttinnen und Göttern anhingen. Sie verführten ihn, so daß sein Herz abtrünnig wurde und nicht mehr ungeteilt am Herrn hing. Er baute für seine Frauen und Nebenfrauen überall im Land Altäre.

Das mißfiel dem Herrn, und er sprach zu Salomo: „Weil du meinen Bund gebrochen und die Gebote nicht befolgt hast, die ich dir gegeben habe, werde ich dir das Königtum entreißen und es einem anderen geben." So geschah es. Einige Aufseher und Beamte wurden Salomo untreu und erhoben sich gegen ihn. Da kam ein Prophet; er trug einen neuen Mantel. Er nahm den Mantel von den Schultern und zerriß ihn in zwölf Stücke. Da wußten alle, die es sahen, daß das Volk Israel von nun an nicht mehr in einem einigen Reich lebte, sondern die zwölf Stämme getrennte Wege beschritten. Zwei Stämme – Juda und Benjamin – im Süden des Landes behielten Jerusalem als Hauptstadt; die zehn übrigen Stämme wohnten im Norden des Landes und machten Samaria zur Hauptstadt. So wurde das Reich Salomos aufgelöst, wie der Herr gesagt hatte, und wurde gespalten in ein Nordreich und ein Südreich.

Das Nordreich nannte man „Reich Israel"; es bestand noch 200 Jahre, dann wurde es von den Assyrern erobert. Das Südreich nannte man „Reich Juda"; es bestand 350 Jahre, dann wurde es von den Babyloniern erobert.

Von den Taten, Mahnreden und Verheißungen der Propheten

Wer durch Jerusalem geht, kommt auf einen Platz, der an einer 18 Meter hohen Mauer endet. Am Fuß der Mauer sieht man Männer stehen: Sie tragen Käppchen oder schwarze Hüte, manche haben Bärte und lange Haarlocken. Betend bewegen sie ihren Oberkörper nach vorn und zurück. Die Mauer heißt Westmauer und wird auch Klagemauer genannt. Vom Tempel, den einst Salomo erbaut hatte, ist nichts mehr zu sehen. Nur die Klagemauer, ein Rest aus den späteren mehrfach zerstörten und wieder aufgebauten Tempeln, steht da und erinnert an die großen Zeiten der Geschichte Israels.

Vom Bau des ersten Tempels bis zu seiner Zerstörung vergehen 400 Jahre. Aus dieser Zeit ist nicht viel Gutes vom Gottesvolk zu berichten. Dem Aufstieg Israels zu einem ruhmreichen Staat folgt nach dem Tod Salomos ein ruhmloser Abstieg: Das Reich wird in zwei Teile gespalten, in das Nordreich Israel und das Südreich Juda. Beide Teile werden meist von nichtswürdigen Königen regiert, die mehr an ihrem Wohlleben interessiert sind als an dem Bund, den Jahwe einst mit dem Volk geschlossen hat.

Wo ist das Volk, das versprochen hat, keine fremden Götter neben Jahwe zu haben und den Namen des Herrn heilig zu halten? Abtrünnige Priester haben sie eingesetzt, und auf den Höhen opfern sie dem fremden Gott Baal. Wo ist das Volk, das nach dem Gesetz des Mose nicht stehlen und nicht lügen wollte, nicht morden und nicht die Ehe brechen? Wohin man schaut, betrügen und belügen und übervorteilen sie einander.

In diesen schlimmen Zeiten stehen Propheten auf, unbestechliche und mutige Gottesmänner. Sie erinnern die Könige an Jahwe und rufen das Volk zur Umkehr. Doch die Propheten werden verlacht, geschmäht und verfolgt. Nur wenige hören auf ihre Worte und versuchen, Gott wohlgefällig zu leben. Erst als die Assyrer das Nordreich und die Babylonier das Südreich erobern und viele Juden weggeführt werden an die Flüsse von Babylon: Da klagen sie und flehen Gott an, er möge ihnen einen Retter senden.

Der Prophet Elija im Nordreich

Im Nordreich Israel herrscht König Ahab; er und seine Frau, die Königin Isebel, wenden sich vom Herrn ab. Sie regieren das Volk Israel nicht mehr nach den Geboten Gottes. So kommt es, daß auch das Volk den Bund vergißt, den Gott am Berge Sinai mit ihm geschlossen hat. Die meisten hängen dem Gott Baal an.
Von der Regierungszeit des Königs Ahab und der Königin Isebel geben uns die – viel später aufgeschriebenen – Elija- und Elischageschichten ein eindrucksvolles Bild. Vor allem an Elija kann man gut ablesen, was es bedeutet, ein Prophet Gottes in schwerer Zeit zu sein. Mit unerhörtem Mut tritt er dem gottlosen Königspaar und dem treulosen Volk Israel entgegen.

Elija kam zu König Ahab und sprach: „So wahr der Herr, der Gott Israels, lebt, in dessen Dienst ich stehe! In den folgenden Jahren sollen weder Tau noch Regen fallen, es sei denn, auf mein Wort hin!" Es geschah, wie Elija sagte: Tau und Regen fielen nicht mehr auf das Land, und es begann eine Dürrezeit. König Ahab aber und seine Frau, Königin Isebel, überlegten, wie sie Elija töten könnten.

Da sprach der Herr zu Elija: „Geh weg von hier, geh nach Osten, und versteck dich am Bach Kerit. Aus dem Bach sollst du trinken. Ich habe Raben befohlen, für dich zu sorgen." Elija ging weg und tat, was der Herr befohlen hatte. Er überquerte den Jordan und kam an den Bach Kerit; dort ließ er sich nieder. Da kamen Raben und brachten ihm Brot und Fleisch am Morgen und am Abend, und er trank aus dem Bach. Nach einiger Zeit aber trocknete der Bach aus, weil kein Regen fiel.

Da erging das Wort des Herrn an Elija: „Steh auf und geh in die Stadt Sarepta und bleibe dort! Ich habe dort einer Witwe befohlen, für dich zu sorgen." Elija machte sich auf den Weg und ging nach Sarepta. Als er in die Nähe des Stadttors kam, traf er eine Witwe, die Holz sammelte. Er sprach zu ihr: „Bring mir in einer Kanne etwas Wasser zum Trinken!" Als sie ging, um es zu holen, rief er ihr nach: „Bring mir auch einen Bissen Brot mit!" Da antwortete die Witwe: „So wahr der Herr, dein Gott, lebt: Ich habe nichts mehr im Haus als eine Handvoll Mehl im Topf und ein wenig Öl im Krug. Ich sammle hier ein paar Reiser Holz auf und gehe dann heim, um für mich und meinen Sohn etwas zu backen. Das wollen wir noch essen und dann sterben." Elija antwortete: „Fürchte dich nicht! Geh heim und tu, was du gesagt hast. Nur mache zuerst für mich ein kleines Gebäck, und bring es zu mir heraus. Danach kannst du für dich und deinen Sohn etwas backen. Denn so spricht der Herr, der Gott Israels: Der Mehltopf wird nicht leer werden und der Ölkrug wird nicht versiegen bis zu dem Tag, an dem der Herr wieder Regen auf die Erde sendet." Sie ging hin und tat, was Elija gesagt hatte. Der Mehltopf aber wurde nicht leer, und der Ölkrug versiegte nicht, wie der Herr durch Elija versprochen hatte. So hatte sie mit Elija und ihrem Sohn viele Tage zu essen.

Elija mietete im Haus der Witwe ein Zimmer im Obergeschoß. Eines Tages wurde der Sohn der Witwe krank und starb. Da sagte Elija: „Gib mir deinen Sohn", und er nahm ihn von ihrem Schoß. Dann trug er ihn hinauf in sein Zimmer und legte ihn auf sein Bett. Dann rief er zum Herrn und sprach: „Herr, mein Gott, willst du wirklich über die Witwe, in deren Haus ich wohne, Unheil bringen und ihren Sohn sterben lassen?" Danach streckte er sich dreimal über den toten Knaben aus, rief abermals zum Herrn und flehte ihn an: „Herr, mein Gott! Laß doch das Leben in diesen Knaben zurückkehren!" Der Herr erhörte das Gebet des Elija; das Leben kehrte in den Knaben zurück, und er lebte wieder auf. Elija nahm ihn, brachte ihn hinab und gab ihn der Mutter zurück mit den Worten: „Siehe, dein Sohn lebt!" Da sagte die Frau zu Elija: „Jetzt weiß ich, daß du ein Mann Gottes bist, und daß das Wort des Herrn in deinem Munde ist."

Elija begegnet dem Herrn am Gottesberg Horeb

In einer ausführlichen Erzählung wird in der Bibel berichtet, wie der Prophet mit starker Hand darangeht, das Volk Israel zum Glauben an Jahwe, den Einen Gott, zurückzuführen. Erbarmungslos läßt er dann die Priester des Baal ans Ufer des Baches Kischon führen und dort mit dem Schwert töten. – In diesen Tagen, so merkt die Bibel an, endet die Dürre, und Tau und Regen fallen wieder auf das Land.

Als Isebel hörte, daß Elija alle Propheten des Baal mit dem Schwert hatte töten lassen, schickte sie einen Boten zu Elija und ließ ihm sagen: „Die Götter sollen mich strafen, wenn ich dich nicht morgen um diese Zeit erschlagen habe!" Da bekam Elija Angst und lief weg, um sein Leben zu retten. Er floh bis an den Rand der Wüste; dort ließ er seinen Diener zurück. Er selbst ging noch eine Tagereise weiter, in die Wüste hinein. Schließlich setzte er sich unter einen Ginsterstrauch und wünschte sich den Tod. Er sprach: „Nun ist es genug, Herr. Nimm mein Leben von mir." Dann legte er sich nieder und schlief unter dem Ginsterstrauch ein.

Da rührte ihn ein Engel des Herrn an und sprach: „Steh auf und iß!" Als Elija aufwachte und um sich blickte, sah er neben seinem Kopf ein Brot, das in glühender Asche gebacken war, und einen Krug mit Wasser. Er aß und trank ein wenig und legte sich wieder hin. Doch der Engel des Herrn kam zum zweitenmal und sagte: „Steh auf und iß! Sonst wird der Weg, den du gehen mußt, zu weit für dich!" Da stand Elija auf und aß und trank, und er wanderte, gestärkt durch die Speise, die der Engel ihm gezeigt hatte, vierzig Tage und vierzig Nächte, bis er an den Gottesberg Horeb kam.

Am Abhang des Berges Horeb begab er sich in eine Höhle, um zu übernachten. Da erging das Wort des Herrn an ihn, und der Herr sprach: „Was willst du hier, Elija?" Er antwortete: „Mit Zorn und Eifer habe ich für den Herrn gekämpft, weil die Israeliten deinen Bund gebrochen, deine Altäre zerstört und deine Propheten getötet haben. Ich allein bin übriggeblieben, und nun trachten sie auch noch mir nach dem Leben!" Da sprach der Herr zu ihm: „Komm heraus. Stell dich auf den Berg vor den Herrn!"

Da kam ein starker, heftiger Sturm, der die Berge zerriß und die Felsen spaltete. Doch der Herr war nicht in dem Sturm. Nach dem Sturm kam ein Erdbeben. Doch der Herr war nicht in dem Erdbeben. Nach dem Erdbeben

kam ein Feuer. Doch der Herr war nicht in dem Feuer. Nach dem Feuer kam ein sanftes, leises Säuseln. Als Elija es hörte, verhüllte er mit seinem Mantel das Gesicht, trat hinaus und stellte sich in den Eingang der Höhle.

Da sprach der Herr zu ihm: „Geh den Weg durch die Wüste zurück und begib dich nach Damaskus. Dort sollst du einen neuen König salben, der über Israel herrschen soll. Elischa aber salbe zum Propheten, als deinen Nachfolger." Da ging Elija durch die Wüste zurück und traf Elischa. Er war ein Bauer und war gerade auf dem Feld, um mit zwölf Rindergespannen den Acker umzupflügen; er selbst pflügte mit dem zwölften. Da warf Elija im Vorbeigehen seinen Prophetenmantel über ihn. Sogleich hörte Elischa auf zu pflügen, verließ seine Rinder, lief Elija nach und sprach: „Laß mich noch hingehen und meinem Vater und meiner Mutter einen Abschiedskuß geben; dann will ich kommen und dir nachfolgen." Elija antwortete: „Geh hin, aber dann komm zurück. Bedenke, daß ich dir meinen Mantel übergeworfen habe!" Elischa ging heim und schlachtete zwei seiner Rinder; mit dem hölzernen Nackenjoch machte er Feuer und kochte das Fleisch. So bereitete er für seine Angehörigen ein Abschiedsmahl. Dann stand er auf und folgte Elija nach.

Die Taten des Propheten Elischa

Eines Tages gingen Elija und sein Jünger Elischa an den Jordan. Unterwegs sagte Elischa: „So wahr der Herr lebt, und so wahr du lebst: Ich gehe mit dir, überall hin, und verlasse dich nicht." So gingen beide miteinander. Sie kamen an den Jordan; da nahm Elija seinen Mantel, rollte ihn zusammen und schlug mit ihm auf das Wasser. Sogleich teilte sich das Wasser nach zwei Seiten, und sie schritten trockenen Fußes hinüber. Als sie ans andere Ufer gekommen waren, sagte Elija: „Sprich eine Bitte aus, die ich dir erfüllen soll, bevor ich von dir weggenommen werde." Elischa antwortete: „Ich bitte dich, mir deinen Geist zu vererben, als wäre ich dein erstgeborener Sohn!" Elija antwortete: „Wenn du siehst, wie ich von dir weggenommen werde, wirst du erhalten, um was du gebeten hast." Während sie noch miteinander redeten und weitergingen, erschien ein feuriger Wagen mit feurigen Pferden, fuhr hindurch und trennte die beiden voneinander. Elija fuhr im Wirbelsturm in den Himmel auf. Elischa sah es und rief: „Mein Vater! Mein Vater! Wagen Israels! Lenker des Wagens Israels!" Als er ihn nicht mehr sah, zerriß er seine Kleider. Dann hob er den Mantel auf, den Elija hatte fallen lassen, kehrte um und trat an das Ufer des Jordan. Er schlug mit dem Mantel des Elija auf das Wasser und rief: „Wo ist der Herr, der Gott des Elija?" Da teilte sich das Wasser, und Elischa ging hinüber. Man suchte Elija drei Tage lang, doch er wurde nirgends gefunden.

Einmal waren viele Leute um Elischa versammelt, die ihn hören wollten. Da kam ein Mann und brachte zwanzig Brote und einen Beutel mit Körnern. Elischa befahl seinem Diener: „Gib den Leuten das Brot zum Essen!" Der Diener antwortete: „Wie soll das geschehen, es sind hundert Männer." Elischa aber sprach: „Gib ihnen zu essen, denn so spricht der Herr: Sie werden essen und noch übriglassen." Da setzte der Diener ihnen die Brote vor. Sie aßen und ließen noch übrig, wie der Herr gesagt hatte.

Einige Zeit darauf kam aus dem Lande Syrien ein Feldherr zu Elischa. Der Feldherr hieß Naaman. Er war an Aussatz erkrankt, und niemand in Syrien hatte ihn heilen können. Als er in die Nähe des Hauses kam, in dem Elischa wohnte, und mit Pferd und Wagen anhielt, schickte Elischa seinen Diener zu ihm hinaus und ließ ihm sagen: „Geh und wasche dich siebenmal im Jordan, und du bist rein." Da wurde Naaman wütend und sagte: „Ich dachte, der Prophet würde zu mir herauskommen, den Namen des Herrn, seines Gottes anrufen, mit seiner Hand über die kranken Stellen an meinem Körper streichen und mich so von meinem Aussatz heilen. Sind nicht die Flüsse in Syrien

besser als alle Gewässer in Israel? Kann ich mich dort nicht waschen, um heil zu werden?" Und er wandte sich voll Zorn ab und wollte weggehen. Doch seine Diener redeten ihm zu und sagten: „Wenn der Prophet etwas Schwereres von dir verlangt hätte, würdest du es tun. Nun aber hat er nur gesagt: Wasche dich im Jordan." Da ging er denn zum Jordan hinab und tauchte siebenmal unter, wie ihm der Gottesmann befohlen hatte. Da wurde sein Leib gesund wie der Leib eines Kindes, und er war rein.

Da kehrte Naaman mit seinem Gefolge zu Elischa zurück, trat vor ihn hin und sprach: „Jetzt weiß ich, daß es nirgends auf der Erde einen Gott gibt, außer in Israel! Nimm zum Dank von deinem Knecht Naaman ein Geschenk an." Elischa entgegnete: „So wahr der Herr lebt, in dessen Dienst ich stehe: Ich nehme kein Geschenk an. Geh in Frieden."

Aus dem Buch Jona

In der Gegend des Flusses Tigris, etwa dort, wo heute der Irak ist, lag damals das mächtige Reich der Assyrer. Die Hauptstadt hieß Ninive. In Ninive spielt eine biblische Geschichte, die im „Buch Jona" aufgeschrieben ist. – Das kleine Buch Jona ist ein Buch zum Nachdenken und zum Schmunzeln; eine abenteuerliche und zugleich hintergründige Geschichte:
Ein Prophet mit Namen Jona soll zu den Leuten von Ninive gehen und ihnen im Namen des Herrn verkünden: „Wenn ihr weiter Böses tut, wird Gott euch bestrafen!" Die Niniviten hören auf das Wort des Jona, bekehren sich und lassen von ihrem bösen Tun ab. Da vergibt Gott ihnen und führt seine Drohung nicht aus.
Das begreift Jona nicht. Ist denn Jahwe nicht einzig und allein der Herr Israels, seines auserwählten Volkes? Warum kümmert er sich also um andere, die nicht zu Israel gehören, und ist gut zu ihnen? Ärgerlich wendet er sich ab und geht fort. Daß Gott ein Gott für alle Menschen ist – das will Jona nicht in den Kopf.

Das Wort des Herrn erging an Jona: „Mach dich auf den Weg, geh nach Ninive, in die große Stadt, und drohe ihr meine Strafe an. Denn ihre Schlechtigkeit ist bis zu mir heraufgedrungen." Jona machte sich auf den Weg, doch er ging nicht nach Ninive, sondern wollte nach Tarschisch fliehen, weit weg vom Herrn, bis ans Ende der Welt. Er ging also in den Hafen hinab; dort fand er ein Schiff, das nach Tarschisch fuhr. Er bezahlte das Fahrgeld und ging an Bord.

Doch der Herr ließ auf dem Meer einen gewaltigen Seesturm aufkommen, und das Schiff drohte auseinanderzubrechen. Die Matrosen gerieten in Furcht, und jeder schrie zu seinem Gott um Hilfe. Sie warfen Kisten und Kasten und Säcke ins Meer, damit das Schiff leichter wurde. Jona aber war in den untersten Raum des Schiffes hinabgestiegen, hatte sich hingelegt und schlief fest. Da ging der Kapitän zu ihm hinunter und sprach: „Wie kannst du schlafen! Steh auf, rufe deinen Gott an! Vielleicht denkt dieser Gott an uns, so daß wir nicht untergehen." Die Matrosen sagten zueinander: „Kommt, wir wollen das Los werfen, um zu erfahren, wer an diesem schlimmen Unheil schuld ist!" Sie warfen das Los, und es fiel auf Jona.

Da fragten sie ihn: „Sag, welchen Beruf hast du? Woher kommst du? Aus welchem Land, aus welchem Volk?" Jona antwortete: „Ich bin ein Hebräer und verehre Jahwe, den Gott des Himmels, der das Meer und das Festland gemacht hat." Und er erzählte ihnen, daß er vor Jahwe auf der Flucht war. Da

bekamen die Männer noch mehr Angst und sagten zu ihm: „Warum hast du das getan? Was sollen wir mit dir machen, damit das Meer sich beruhigt und uns verschont?" Denn der Wind wurde immer stürmischer.

Jona sprach zu ihnen: „Nehmt mich und werft mich ins Wasser, damit das Meer sich beruhigt und euch verschont. Denn ich weiß, daß dieser heftige Sturm durch meine Schuld über euch gekommen ist." Die Männer ruderten mit aller Kraft, um wieder ans Land zu kommen; doch vergebens, das Meer schlug immer stärker gegen ihr Schiff an. Da riefen sie zu Jahwe: „Ach Herr, laß uns nicht untergehen wegen Jona! Rechne uns das, was wir jetzt tun, nicht als Sünde an!" Und sie nahmen Jona und warfen ihn ins Wasser. Sogleich hörte das Meer auf zu toben. Da gerieten alle in große Furcht vor Jahwe, und sie brachten ihm ein Opfer dar. Der Herr aber schickte einen großen Fisch, der Jona verschlang. Drei Tage und drei Nächte war er im Bauch des Fisches. Er betete im Bauch des Fisches zum Herrn, seinem Gott, ein altes Bittgebet:

> In meiner Not rief ich zum Herrn,
> und er erhörte mich.
> Aus der Tiefe der Unterwelt schrie ich um Hilfe,
> und du, Herr, hörtest mein Rufen.
> Die Fluten umschlossen mich,
> deine Wellen und Wogen schlugen über mir zusammen.
> Das Wasser reichte mir bis an die Kehle,
> die Urflut umschloß mich.
> Ich dachte: Verstoßen bin ich aus deiner Nähe!
> Doch du holtest mich lebendig aus dem Grab,
> Herr, du mein Gott!

Da befahl der Herr dem Fisch, Jona ans Land zu speien. Dann sprach der Herr zum zweiten Mal zu ihm: „Mach dich auf den Weg, geh nach Ninive, in die große Stadt, und drohe ihr meine Strafe an." Da machte sich Jona auf den Weg, wie der Herr ihm befohlen hatte. Ninive war eine große Stadt, man brauchte drei Tage, um sie zu durchqueren.

Jona begann, in die Stadt hineinzugehen. Er ging einen Tag lang und rief: „Noch vierzig Tage, und Ninive ist zerstört!" Die Leute von Ninive glaubten, was Gott durch Jona ankündigte. Sie riefen ein Fasten aus, und alle, groß und klein, zogen Bußgewänder an. Auch der König stieg von seinem Thron, legte seinen Königsmantel ab, hüllte sich in Bußgewänder und setzte sich in Asche. Dann ließ er ausrufen: „Alle Menschen und Tiere, Rinder, Schafe, Ziegen, sollen nichts essen, nicht weiden und kein Wasser trinken. Sie sollen sich mit Bußgewändern bekleiden, Menschen und Tiere. Sie sollen laut zu Gott rufen, ein jeder soll umkehren und sich von seinen bösen Taten abwenden. Wer weiß – vielleicht reut es Gott, und er läßt ab von seinem Zorn, so daß wir nicht zugrundegehen." Und Gott sah, daß sie umkehrten und sich von ihren bösen Taten abwandten. Da reute ihn das Unheil, das er Ninive angedroht hatte, und er führte seine Drohung nicht aus.

Das gefiel Jona nicht, ganz und gar nicht, und er wurde zornig. Er betete zum Herrn und sprach: „Ach Herr, ich weiß, daß du ein gnädiger und barmherziger Gott bist, langmütig und reich an Erbarmen, und daß deine Drohungen dich reuen. Darum nimm mir jetzt lieber das Leben, Herr. Es ist besser für mich zu sterben als zu leben." Doch der Herr sprach zu ihm: „Warum bist du so zornig? Ist das recht von dir?"

Da verließ Jona die Stadt und setzte sich östlich von Ninive am Wegrand nieder. Gott aber ließ einen Strauch über Jona emporwachsen, der sollte seinem Kopf Schatten geben und seinen Ärger besänftigen. Jona freute sich sehr über den Strauch. Als aber nach der Nacht die Morgenröte kam, schickte Gott einen Wurm; der nagte an den Wurzeln, so daß der Strauch verdorrte. Dann

ging die Sonne auf, und Gott schickte einen heißen Ostwind. Die Sonne stach Jona auf den Kopf, so daß er fast ohnmächtig wurde. Da sprach er, wie schon am Tag zuvor: „Es ist besser für mich zu sterben als zu leben", und Gott antwortete wiederum: „Warum bist du so zornig? Ist das recht von dir, daß du zornig bist über den verdorrten Strauch?" Jona sagte: „Ja! Es ist recht von mir, daß ich zornig bin und mir den Tod wünsche."

Darauf sprach der Herr: „Dir ist es leid um den Strauch, für den du nicht gearbeitet, den du nicht großgezogen hast. Über Nacht war er da, über Nacht ist er weg. Und mir sollte es nicht leid sein um Ninive, die große Stadt, in der mehr als 120 000 Menschen leben, die nicht mal rechts und links unterscheiden können – und außerdem so viel Vieh?"

Aus dem Buch der Mahnreden des Propheten Amos

Das Nordreich Israel wird von Königen regiert, die den Bund nicht mehr achten, den der Herr mit Israel geschlossen hat. Sie spotten über die Gebote, sie vergessen, daß Gott sie einst aus Ägypten herausgeführt hat, hierher. Wie die Könige, so tun auch viele Männer und Frauen im Volk, vor allem die Reichen und Mächtigen, die Richter und die Geschäftsleute. Da tritt – für kurze Zeit – ein Schafzüchter mit Namen Amos im Nordreich als Prophet auf. Seine Mahnworte sind gesammelt und aufgeschrieben worden im „Buch Amos". Wenn man im Buch Amos blättert und auch nur einige wenige Sätze liest, kann man sich ungefähr vorstellen, wie es zu dieser Zeit in Israel zuging:

Sie trinken Wein aus großen goldenen Bechern, sie salben sich mit feinstem Öl, sie grölen zum Klang der Harfe und erfinden Lieder, als wären sie David. Die Kleinen treten sie in den Staub. Mit Gewalt und Unterdrückung machen sie sich reich, sie sammeln Schätze in ihren Palästen. Von den Ärmsten kassieren sie hohe Mieten ein, die Ernte belegen sie mit unerträglichen Steuern.

Wenn sie Gericht halten, geht es so zu: Ruft einer auf zu Gerechtigkeit, hassen sie ihn. Sagt einer die Wahrheit, verachten sie ihn. Den Propheten verbieten sie, aufzutreten und zu reden. Die Richter sind bestechlich: Arme, die nicht bezahlen können, weisen sie ab; Unschuldige verurteilen sie.

Wenn sie Markttag halten, geht es so zu: Sie machen die Maße kleiner und die Preise größer. Sie fälschen die Gewichte. Noch den Abfall des Getreides machen sie zu Geld. Sie kaufen die Ärmsten und Hilflosen als Sklaven auf für den Preis eines Paars Sandalen.

Doch so spricht der Herr: Ich hasse eure Feste, ich verabscheue sie. Ich kann eure Feiern nicht riechen! Wenn ihr mir Brandopfer darbringt, habe ich keinen Gefallen an euren Gaben. Wenn ihr mir kostbare, fette Heilsopfer darbringt, will ich sie nicht sehen. Weg mit dem Lärm eurer frommen Lieder! Ich will euer Harfenspiel nicht mehr hören. Sondern: Laßt Recht strömen wie Wasser, laßt Gerechtigkeit strömen wie einen nie versiegenden Bach! Sucht das Gute und nicht das Böse, dann werdet ihr leben, und der Herr der Heere wird bei euch sein. Haßt das Böse, und liebt das Gute!

Das Fest der Faulenzer ist nun vorbei. Wie von einem Schaf nur noch zwei Wadenknochen und der Zipfel eines Ohrs aus dem Rachen des Löwen herausschauen, so wird auch von den Söhnen Israels, die auf dem Sofa sitzen und in den Seidenbetten liegen, nichts Lebendiges übrigbleiben.

Am Schluß des Amos-Buches sind an die bitteren Mahnreden einige Worte des Herrn angefügt, die Israel doch noch Hoffnung und Trost zusprechen.

Ein Tag wird kommen, da richte ich die zerfallene Hütte Davids wieder auf und bessere ihre Risse aus. Ich richte ihre Trümmer auf und stelle alles wieder her wie in früheren Tagen. Dann wende ich das Schicksal des Volkes Israel. Sie werden die verwüsteten Städte wieder aufbauen und darin wohnen; sie werden Weinberge pflanzen und guten Wein trinken, Gärten werden sie anlegen und die Früchte der Gärten essen. Die Weinberge werden triefen von Wein, die Hügel werden von Wein überfließen, spricht der Herr.

In dieser Zeit waren die Assyrer ein mächtiges Volk geworden. Sie zogen mit ihren Heeren aus und eroberten viele Länder. Eines Tages griffen sie auch das Nordreich Israel an. Sie nahmen die Hauptstadt ein und führten viele Israeliten weg in die Verbannung, in die „Assyrische Gefangenschaft". Das war das Ende des Nordreiches.

Der Prophet Jesaja im Südreich

Im Südreich Juda geht es nicht anders zu, als es im Nordreich Israel zugegangen war. Die einen hängen Jahwe an und verehren ihn im Tempel, die anderen kehren ihm den Rücken und wenden sich dem Baal und anderen fremden Göttern zu. Von Jahr zu Jahr wachsen Ungerechtigkeit und Lieblosigkeit. Die Mächtigen am Königshof unterdrücken die kleinen Leute, die reichen Händler und Geschäftsleute betrügen die Armen und beuten sie aus. In dieser wirren Zeit lebt in Jerusalem ein Mann mit Namen Jesaja. Er erzählt, wie er eines Tages überraschend von Gott zum Propheten berufen und ausgesandt wird, den König und das Volk an den Bund mit Jahwe zu erinnern.

Im Todesjahr des Königs Usija sah ich den Herrn. Er saß auf einem hohen und erhabenen Thron. Der Saum seines Gewandes füllte den Tempel aus. Serafim-Engel waren über ihm. Jeder hatte sechs Flügel: Mit zwei Flügeln bedeckten sie ihr Gesicht, mit zwei Flügeln bedeckten sie ihre Füße, mit zwei Flügeln flogen sie. Sie riefen einander zu: „Heilig, heilig, heilig ist der Herr der Heere! Von seiner Herrlichkeit ist die ganze Erde erfüllt!" Bei ihrem lauten Ruf erbebten die Türschwellen, und der Tempel füllte sich mit Rauch.

Da sagte ich: „Weh mir, ich bin verloren! Denn ich bin ein Mann mit unreinen Lippen, und ich lebe in einem Volk mit unreinen Lippen. Nun haben meine Augen den König gesehen, den Herrn der Heere!" Da flog einer der Serafim-Engel zu mir. Er trug in seiner Hand eine glühende Kohle, die er mit einer Zange vom Altar genommen hatte. Er berührte meinen Mund und sprach: „Die glühende Kohle hat deinen Mund berührt, deine Schuld ist weggenommen, deine Sünde ist vergeben." Danach hörte ich die Stimme des Herrn, die sagte: „Wen soll ich senden?" Ich antwortete: „Hier bin ich. Sende mich!"

Das Südreich Juda gerät in große Not

In jenen Tagen kam ein König auf den Thron, der Ahas hieß. Er regierte das Südreich Juda von der Hauptstadt Jerusalem aus. Er ahmte die Greueltaten der Völker nach, die nicht an den Herrn glaubten. Auf Höhen und Hügeln und unter jedem großen Baum brachte er Schlacht- und Brandopfer dar; sogar seinen eigenen Sohn ließ er für den Götzen Moloch im Feuer verbrennen. Den Tempel von Jerusalem baute er um: Er ließ den Altar des Herrn zur Seite rücken und stellte einen neuen Altar auf, zu Ehren eines heidnischen Königs, mit dem er sich verbündet hatte.

Eines Tages meldete man dem König Ahas: „Zwei feindliche Heere haben sich gegen dich zusammengetan und nicht weit von Jerusalem ihr Lager aufgeschlagen." Als Ahas das hörte, zitterte sein Herz, und mit ihm zitterten die Herzen des ganzen Volkes, wie Bäume im Wind zittern. Ahas ging durch die Stadt, um zu kontrollieren, ob die Wasserleitung in Ordnung wäre, durch die Jerusalem von draußen her mit Trinkwasser versorgt wurde.

Da sprach der Herr zum Propheten Jesaja: „Geh zur ‚Straße der Wäscher' hinaus, dorthin, wo die Wasserleitung in den Oberen Teich mündet. Dort wirst du den König treffen. Sag zu ihm: Fürchte dich nicht. Bewahre Ruhe! Dein Herz soll nicht zittern wegen der beiden Heere. Sie sind in meinen Augen nichts als unnütze Holzknüppel, nichts als rauchende Fackelstummel. Sie planen zwar Böses gegen dich und sagen: Wir wollen gegen Juda ziehen, es an uns reißen und erobern! Doch so spricht der Herr: Das kommt nicht zustande, das wird nicht geschehen." Ahas aber hörte nicht auf Jesaja; er traute dem Wort des Herrn nicht, sondern ging hin und rief den König von Assyrien zu Hilfe gegen die beiden Heere, die Jerusalem belagerten.

Da ging Jesaja zu Ahas und sprach: „Erbitte vom Herrn, deinem Gott, ein Zeichen, was immer du willst, und sei es das schwierigste." Ahas erwiderte: „Ich will den Herrn um nichts bitten und ihn nicht auf die Probe stellen." Jesaja sprach: „So hört denn her, ihr alle, die ihr aus dem Hause Davids seid! Der Herr wird euch ein Zeichen geben. Siehe: Die Jungfrau wird empfangen und einen Sohn gebären. Und sie wird ihm den Namen geben: Immanuel, Gott-mit-uns."

Der König von Assyrien kam Ahas zu Hilfe; er besiegte die beiden feindlichen Heere und vertrieb sie. Doch dann besetzte er selber die Stadt Jerusalem und das ganze Südreich Juda. Die Bewohner mußten hohe Steuern an ihn zahlen; überall herrschte eine so große Not, wie sie lange nicht mehr erlebt worden war.

Jesaja kündet einen Retter an

Weder König Ahas noch das Volk verstanden den geheimnisvollen Spruch von der Jungfrau und dem Sohn. Da tritt Jesaja noch einmal vor das Volk mit einer neuen prophetischen Rede. Wie groß auch eure Not sein mag, sagt er, wie groß auch eure Schuld gegen Gott geworden ist – Jahwe wird euch die Treue halten. Wenn die Zeit erfüllt ist, wird er euch einen Retter senden, „ein Kind", das man ein Licht in der Finsternis nennen wird und einen Fürsten des Friedens.

Das Volk, das im Dunkeln lebt, sieht ein helles Licht,
über denen, die im Land der Finsternis wohnen,
strahlt ein Licht auf.
Jeder Stiefel, der dröhnend aufstampft,
jeder Soldatenmantel, mit Blut befleckt,
wird verbrannt, ein Fraß des Feuers.

Denn ein Kind ist uns geboren, ein Sohn ist uns geschenkt.
Die Herrschaft liegt auf seiner Schulter,
man nennt ihn:
Wunderbarer Ratgeber, Starker Gott,
Vater in Ewigkeit, Fürst des Friedens.
Seine Herrschaft ist groß,
und der Friede hat kein Ende.
Auf dem Thron seines Vaters David herrscht er über sein Reich.

Aus dem Baumstumpf des Isai wächst ein Reis hervor,
ein junger Trieb aus seinen Wurzeln bringt Frucht.
Der Geist des Herrn läßt sich nieder auf ihm:
Der Geist der Weisheit und der Einsicht,
der Geist des Rates und der Stärke,
der Geist der Erkenntnis und der Gottesfurcht.
Er richtet die Hilflosen auf,
er verschafft den Armen im Lande Recht.
Die Gewalttätigen schlägt er
mit dem Stock seines Wortes.

Der Prophet Jeremia

Hundert Jahre nach Jesaja geht ein anderer Prophet durch das Land: Jeremia, ein Priester aus Anatot. Er ermahnt die Könige des Südreichs Juda, umzukehren zum Herrn, ihrem Gott. Er stellt dem Volk vor Augen, was geschehen wird, wenn es sich nicht bekehrt – vergebens. Die Bosheit wächst, die Schlechtigkeit nimmt kein Ende.
Die Mahnreden des Jeremia sind in einem umfangreichen Buch aufgeschrieben; am Anfang dieses Buchs erzählt Jeremia, wie er von Gott zum Propheten berufen worden ist.

Der Herr sprach zu mir: „Noch ehe ich dich formte im Leib deiner Mutter, habe ich dich auserwählt. Noch ehe du aus dem Leib deiner Mutter herauskamst, habe ich dich geheiligt und dich bestimmt zum Propheten für die Völker." Da antwortete ich: „Ach Herr, mein Gott, ich bin ja noch so jung, ich kann doch nicht prophetisch reden!" Der Herr erwiderte mir: „Sag nicht: Ich bin noch zu jung. Wohin ich dich sende, dahin sollst du gehen. Was ich dir auftrage, das sollst du verkünden. Fürchte dich nicht vor den Menschen, denn ich bin mit dir." Dann streckte der Herr seine Hand aus, berührte meinen Mund und sprach: „Hiermit lege ich meine Worte in deinen Mund. Gürte dich, tritt hin vor das Volk, und verkünde alles, was ich dir sagen werde!"

Da ging Jeremia nach Jerusalem hinauf, und der Herr sprach zu ihm: „Stell dich an das Tor des Tempels und rufe aus: Hört das Wort des Herrn, ihr alle aus Juda, die ihr durch dieses Tor eintretet, um den Herrn anzubeten. Ihr sollt nicht sagen: Der Tempel des Herrn, der Tempel des Herrn, der Tempel des Herrn ist hier! Ihr sollt vielmehr von Grund auf euer Leben ändern: Hört auf, die Fremden zu unterdrücken! Seid gerecht gegen Arme und Schwache! Lauft nicht den fremden Göttern nach! Ihr mordet und stehlt, ihr brecht die Ehe, ihr schwört falsch und opfert dem Baal – und dann kommt ihr hierher und tretet im Tempel vor mein Angesicht! Ist denn mein Haus eine Räuberhöhle? Macht nur so weiter, dann werde ich Jerusalem verfluchen und euch alle verstoßen!"

Als die Priester, die falschen Propheten und das ganze Volk die Worte hörten, die Jeremia am Tempeltor ausrief, ergriffen sie ihn und sprachen: „Jetzt mußt du sterben! Warum weissagst du im Namen des Herrn, Jerusalem wird verwüstet und das Volk wird ausgerottet werden?" Jeremia entgegnete: „Der Herr hat mich gesandt, damit ich als Prophet gegen den Tempel, gegen die Stadt und gegen das Volk alle diese Worte rede. Wenn ihr euer Leben ändert

und auf die Stimme des Herrn, eures Gottes, hört, wird er das Unheil nicht über euch kommen lassen, das ich euch angedroht habe. Ihr habt mich in der Hand; macht mit mir, was ihr für richtig haltet. Doch wenn ihr mich tötet, kommt mein Blut über Jerusalem und über euch alle."

Da zögerten sie, und einige sagten: „Hat dieser Mann wirklich den Tod verdient? Haben uns nicht früher schon andere Propheten ermahnt? Er hat zu uns im Namen des Herrn, unseres Gottes, geredet!" Und sie ließen Jeremia gehen.

Jerusalem wird zerstört

Vieles von dem, was der Prophet Jeremia angekündigt hatte, wird bald Wirklichkeit. Der König von Babylon rückt mit seinem Heer heran und erobert Jerusalem. Viele Bewohner des Südreichs werden gefangen und weggeschleppt. Jeremia bleibt in Jerusalem und schreibt an die Gefangenen in Babylon viele herzliche Trostbriefe. In einem dieser Briefe sagt er:

„Seht, es werden Tage kommen, spricht der Herr, in denen ich mit euch allen – mit dem Haus Israel und mit dem Haus Juda – einen neuen Bund schließe. Dieser Bund wird nicht so sein, wie ich ihn mit euren Vätern geschlossen habe, als ich sie bei der Hand nahm, um sie aus Ägypten herauszuführen. Diesen Bund haben sie gebrochen, obwohl ich ihr Herr bin. Der Bund, den ich nach diesen Tagen neu mit Israel schließe, wird so sein: Ich lege mein Gesetz in sie hinein und schreibe es auf ihr Herz – nicht mehr auf steinerne Tafeln. Ich werde ihr Gott sein, und sie werden mein Volk sein. Alle, groß und klein, spricht der Herr, werden mich erkennen. Ich verzeihe ihnen die Schuld, und an alle ihre Sünden denke ich nicht mehr."

Der König von Babylon hält Jerusalem und das ganze Südreich besetzt; er ernennt einen König, der in seiner Abwesenheit in Jerusalem regieren soll. Der König heißt Zidkija. Doch der König von Babylon ist mit seinem Unterkönig Zidkija nicht zufrieden. Seine Geduld ist am Ende. Er plant einen neuen und diesmal letzten Angriff auf Jerusalem.

Einmal ging Zidkija heimlich zu Jeremia und sprach zu ihm: „Ich bin gekommen, um dich nach einem Wort des Herrn zu fragen – verschweig mir nichts!" Jeremia erwiderte: „Wenn ich rede, wirst du mich töten lassen. Wenn ich dir rate, hörst du nicht auf mich." Da schwor der König und sprach: „So wahr der Herr lebt, der uns das Leben geschenkt hat: Ich töte dich nicht, und ich gebe dich nicht in die Hände derer, die dich gern töten möchten!" Hierauf sprach Jeremia: „So spricht der Herr, der Gott der Heere: Wenn du freiwillig hinausgehst zu den Heerführern von Babylon, dann ist dein Leben gerettet, du bleibst am Leben, du und deine Familie, und Jerusalem wird verschont. Gehst du aber nicht hinaus zu den Heerführern, dann wird die Stadt den Babyloniern ausgeliefert. Sie werden sie in Brand stecken, und du wirst der Hand der Feinde nicht entrinnen. Höre auf die Stimme des Herrn, die aus mir spricht!" Zidkija dachte über die Worte Jeremias nach und sagte: „Bitte, erzähle meinen Beamten nichts von unserem geheimen Gespräch."

Da griffen die Babylonier an, rissen Lücken in die Stadtmauer und drangen an mehreren Stellen in Jerusalem ein. Zidkija floh in der Nacht und kam bis in die Nähe von Jericho. Dort holten ihn die Soldaten ein, nahmen ihn gefangen und brachten ihn vor den König von Babylon. Der König von Babylon ließ vor den Augen des Zidkija seine Söhne und die vornehmsten Leute aus dem Südreich Juda niedermetzeln. Dem Zidkija ließ er die Augen ausstechen; er wurde in Fesseln gelegt und nach Babel gebracht, in die Hauptstadt des Reiches. Dort schmachtete er im Gefängnis bis zu seinem Tode.

Die Soldaten aber wüteten in Jerusalem: Sie steckten den Palast des Zidkija in Brand. Dann rissen sie die Mauern von Jerusalem ab und raubten den Tempel aus. Sie töteten alle, die sie antrafen, Männer und Frauen, und schonten keinen. Die großen und kleinen Geräte des Tempels, die Tempelschätze und die Schätze des Königshauses und aller Beamtenhäuser wurden nach Babel verschleppt. Zuletzt brannten sie den Tempel, das Haus Gottes, nieder. Wer sich versteckt hatte und dem Schwert entkommen war, wurde in die Hauptstadt Babel gebracht; die Zahl der Gefangenen betrug 5000 Männer, Frauen und Kinder. In Babel mußten sie dem König als Sklavinnen und Sklaven dienen. So ging das Wort des Herrn in Erfüllung, das er durch den Mund des Propheten Jeremia verkündigt hatte: „Seht, ich bringe über Jerusalem und die Nachbarstädte all das Unheil, das ich angedroht habe, weil ihr nicht auf meine Worte hören wolltet."

Ungefähr 350 Jahre hatte das Südreich bestanden; nun ist das Ende da. Jerusalem ist zerstört, der Tempel geplündert und niedergebrannt, die Menschen sind hingemordet oder in die Verbannung geführt. Das schöne Land, das Gott einst dem Abraham verheißen und in das er das Volk Israel nach dem langen Wüstenzug geführt hatte, liegt verwüstet da, verlassen, verödet.

Tröstliche Erzählungen aus einer trostlosen Zeit

Damals – es gab in unserem Land noch keine Städte, noch kein Buch und kein Bild, weder ein Lied, das uns überliefert wäre, noch ein Gedicht –, damals, da standen im Orient schon Staaten und Städte in Blüte, die eine jahrtausendealte Geschichte hinter sich hatten. Wir staunen heute über das, was die Forscher ans Tageslicht gebracht haben: Königspaläste, Bibliotheken, goldenes Gerät, Stadttore mit farbigen Figuren, Fundamente von Türmen, Ruinen von Häusern, die mit Heizung ausgestattet waren, mit Wasserleitungen und Bädern.

Mit solchen großen Reichen und hochentwickelten Kulturen hatte auch das kleine Volk Israel zu tun: In der Gefangenschaft lernen sie die Assyrer und Babylonier und deren fremdartige Religion kennen. Die biblischen Geschichten aus dieser Zeit künden davon, wie schwer es den Juden gemacht wurde, im fremden Land am Bund mit Jahwe festzuhalten.

Assyrien geht unter. Babylon wird von den Persern unterworfen. Der Perserkönig Kyrus gibt den Juden die Freiheit und läßt sie in ihr Land zurückkehren. Sie bauen Jerusalem und den Tempel wieder auf und erleben ruhige, glückliche Zeiten. Doch dann fällt eines Tages Alexander der Große über den Orient her und macht Jerusalem zu einer nichtswürdigen griechischen Provinzstadt. Die Juden dürfen ihren Glauben nicht mehr frei ausüben. Soldaten entweihen und schänden den Tempel. Aus diesen trostlosen Zeiten wird in der Bibel vom heldenhaften Widerstand jüdischer Rebellen berichtet, und von Männern und Frauen, die lieber in den Tod gehen, als das Gesetz des Mose zu übertreten.

Nach den Griechen kommen die Römer. Sie machen das Land zu einem Teil ihres riesigen Weltreichs und nennen es Palästina. Die Juden müssen hart arbeiten und hohe Steuern bezahlen. Immer lauter wird ihr Ruf nach einem Retter, einem Befreier, nach dem gerechten König, den einst die Propheten im Namen Gottes verheißen haben. Wann wird er kommen? Wer wird es sein?

Tobit in der Assyrischen Verbannung

In der Assyrischen Gefangenschaft lebt ein frommer Jude mit Namen Tobit. Im „Buch Tobit" erzählt er aus seinem Leben: Wie er sein Brot mit den Armen teilt und vielen Juden hilft, die das harte Los der Gefangenschaft mit ihm erleiden. Tobit erzählt:

Einst wurde in meiner Familie gefeiert und ein Festmahl gehalten. Ich setzte mich zu Tisch; als ich aber die vielen Speisen sah, sagte ich zu meinem Sohn Tobias: „Geh zu den Juden hinaus, und wenn du einen Armen findest, der dem Herrn treugeblieben ist, so bring ihn hierher. Ich warte auf dich und werde nicht essen, bevor du zurück bist." Da ging Tobias hinaus, doch schon bald kam er zurück und rief: „Auf dem Marktplatz liegt ein Jude, den jemand erwürgt hat!" Da sprang ich auf, noch bevor ich etwas gegessen hatte, holte den Toten und versteckte ihn bis zum Abend in einer Hütte. Als die Sonne untergegangen war, schaufelte ich ein Grab und begrub den Toten heimlich. Einen Juden zu begraben, den die Assyrer umgebracht hatten, war aber streng verboten.

Nachdem ich den Toten begraben hatte, legte ich mich draußen an der Mauer zum Schlafen nieder. Ich deckte mich zu; nur mein Gesicht ließ ich unbedeckt, ohne auf die Vögel zu achten, die in der Mauer ihre Nester hatten. Da ließ ein Sperling seinen warmen Kot fallen, in meine offenen Augen. Sofort bildeten sich weiße Flecken, und ich erblindete. Kein Arzt konnte mir helfen. Ich wurde sehr traurig, und in meinem Schmerz betete ich zum Herrn: „Herr, du bist gerecht. Alle deine Wege und Taten erzählen von deiner Barmherzigkeit und Wahrheit. Unsere Väter haben nicht auf dich gehört, darum hast du uns den Feinden zur Plünderung ausgeliefert und uns in Gefangenschaft und Tod geführt. Wir haben deine Gebote nicht gehalten und den Weg der Wahrheit verlassen. Herr, denk an mich, und blicke auf mich herab. Strafe mich nicht für meine Sünden und Fehler, wende deine Augen nicht ab von mir!"

Tobias, der Sohn des Tobit und der Hanna

Eines Tages rief Tobit seinen Sohn Tobias zu sich und sagte zu ihm: „Mein Sohn! Wenn ich gestorben bin, begrabe mich. Laß deine Mutter nicht im Stich, sondern ehre sie, solange sie lebt, und mach ihr keinen Kummer. Denke alle Tage an den Herrn, unseren Gott, und hüte dich, mein Sohn, zu sündigen und seine Gebote zu übertreten! Sei gerecht, solange du lebst. Hast du viel, so gib reichlich; hast du wenig, so zögere nicht, auch mit dem Wenigen Gutes zu tun. Wende deinen Blick niemals ab, wenn du einen Armen siehst, dann wird Gott auch seinen Blick nicht von dir abwenden. Zahle allen, die für dich arbeiten, ihren Lohn noch am selben Tag aus!" Zuletzt schärfte Tobit seinem Sohn ein, er solle keine Frau aus einem Volk heiraten, das den wahren Gott nicht verehrt, sondern eine Frau aus dem Volk der Juden. Dann sprach Tobit: „Und jetzt will ich dir noch etwas sagen: Ich habe vor langer Zeit einem Verwandten mit Namen Gabael in der Stadt Rages eine große Geldsumme gegeben, die er für uns aufbewahren sollte. Hab also keine Angst, mein Sohn, weil wir arm geworden sind – du hast ein großes Vermögen!"

Tobias antwortete: „Ich will alles tun, Vater, was du mir gesagt hast. Doch: Wie soll ich das Geld holen? Ich kenne Gabael nicht." Da gab ihm der Vater einen Schuldschein und sagte: „Suche jemand, der mit dir auf die Reise geht. Ich will ihm Lohn zahlen für seine Mühe." Da ging Tobias auf die Suche und fand Rafael; Rafael aber war ein Engel, Tobias wußte es nicht. Er stellte ihn sei-

nem Vater vor, und auch der Vater ahnte nicht, daß Rafael ein Engel war. Sie einigten sich über den Reiselohn, und Tobit sprach zu seinem Sohn: „Mach dich fertig zur Reise! Ich wünsche euch alles Gute auf den Weg. Gott, der im Himmel wohnt, wird euch auf eurer Reise behüten!" Da brachen die beiden auf, und der Hund des jungen Tobias lief mit. Hanna, die Mutter des Tobias, aber weinte beim Abschied sehr.

Gegen Abend kamen sie an den Fluß Tigris, und Tobias wollte im Wasser baden. Da schoß ein Fisch aus dem Wasser hoch und wollte ihn verschlingen. Der Engel rief Tobias zu: „Pack ihn!" Da packte Tobias zu und warf den Fisch ans Ufer. Der Engel sagte: „Schneide den Fisch auf, nimm seine Galle heraus und bewahre sie gut auf!" Tobias tat, was der Engel sagte. Dann brieten sie den Fisch und aßen ihn. Als sie anderntags weiterwanderten, fragte Tobias den Engel: „Mein Bruder, wozu soll die Galle des Fisches gut sein?" Rafael antwortete: „Wenn jemand weiße Flecken in den Augen hat, soll man seine Augen mit der Galle bestreichen; so wird er geheilt." So reisten sie weiter, und nach einiger Zeit kamen sie in die Nähe der Stadt Ekbatana.

Tobias und Sara heiraten

Der Engel sprach zu Tobias: „Heute werden wir bei einem Mann übernachten, der Raguel heißt und mit deinem Vater verwandt ist. Er hat eine Tochter mit Namen Sara, eine schöne und kluge junge Frau. Ich will mit dem Vater reden, daß er dir seine Tochter zur Frau gibt." Als sie sich dem Haus des Raguel näherten, kam Sara heraus und begrüßte sie. Sie erwiderten ihren Gruß, und Sara führte sie zu ihren Eltern hinein.

Da sagte Raguel zu seiner Frau: „Wie sehr gleicht doch der junge Mann meinem Vetter Tobit!", und er fragte die beiden: „Woher seid ihr, liebe Brüder?" Sie antworteten: „Wir sind aus einem Stamme Israels, der in der Nähe von Ninive in der assyrischen Gefangenschaft lebt." Da fragte Raguel: „Kennt ihr meinen Vetter Tobit?" Sie sagten: „Wir kennen ihn." Er fragte weiter: „Geht es ihm gut?" Sie antworteten: „Er lebt, und er ist gesund" – und Tobias sagte: „Er ist mein Vater."

Da sprang Raguel auf, umarmte Tobias und weinte vor Freude. Er segnete ihn und sprach: „Du bist der Sohn eines guten und edlen Mannes!" Als Tobias erzählte, daß sein Vater blind geworden sei, wurde Raguel traurig und weinte; auch seine Frau und seine Tochter Sara brachen in Tränen aus.

Man nahm die beiden Gäste herzlich auf. Sie schlachteten einen Widder und rüsteten ein reiches Mahl zu. Bevor sie sich zu Tische setzten, bat Tobias den Rafael: „Mein Bruder, bring doch zur Sprache, worüber du unterwegs mit

mir geredet hast, damit die Sache zu einem glücklichen Ende kommt!" Da teilte der Engel dem Raguel alles mit, worüber sie unterwegs geredet hatten. Raguel sagte zu Tobias: „Iß und trink, und laß es dir wohl sein! Du sollst meine Tochter heiraten. Sie ist von nun an nach Recht und Gesetz deine Frau. Der barmherzige Gott schenke euch viel Glück!" Er ließ seine Frau und seine Tochter rufen, nahm Sara bei der Hand und gab sie Tobias zur Frau. Dann nahm er ein Blatt Papier, schrieb den Ehevertrag auf, und man setzte das Siegel darunter. Darauf begannen sie mit dem Mahl.

Raguel veranstaltete für Sara und Tobias ein großes Hochzeitsfest, das vierzehn Tage dauern sollte. Da rief Tobias den Rafael zu sich und sagte zu ihm: „Mein Vater zählt die Tage, und wenn ich zu lange wegbleibe, wird er sich Sorgen machen. Nimm also einen Knecht und zwei Kamele, und reise in der Zwischenzeit nach Rages, um bei Gabael das Geld abzuholen!" Da reiste Rafael nach Rages und legte Gabael den Schuldschein vor. Gabael holte den Geldsack und gab ihn Rafael; dann schloß er sich Rafael an, und sie reisten beide nach Ekbatana zur Hochzeitsfeier.

Nach vierzehn Tagen, als das Fest vorüber war, küßte Raguel seine Tochter Sara; er segnete sie und seinen Schwiegersohn Tobias. Dann sprach er: „Meine lieben Kinder, der Gott des Himmels möge euch segen und euch, noch bevor ich sterbe, viele Kinder schenken!" Auch Saras Mutter segnete die beiden und wünschte ihnen viel Glück. Raguel gab dem Tobias die Hälfte seines Vermögens mit auf die Heimreise: Sklaven, Vieh und Geld.

Rafael, der Engel, der mit Tobias ging

Als sie in die Nähe von Ninive kamen, ließen Tobias und Rafael die anderen zurück und eilten voraus, den Eltern entgegen. Hanna sah sie von weitem kommen; sie lief zu Tobias, umarmte ihn, weinte laut und rief: „Ich habe dich wiedergefunden, mein Kind; jetzt kann ich ruhig sterben." Auch Tobit wollte seinem Sohn entgegengehen, doch er stolperte über die Türschwelle. Tobias sprang zu ihm hin und fing ihn auf. Dann strich er ihm von der Galle des Fisches auf die Augen und sagte: „Keine Angst, Vater!" Tobit rieb sich die Augen, weil sie brannten; doch schon bald begannen die weißen Flecken sich aus den Augenwinkeln abzulösen, und er konnte wieder sehen. Er fiel seinem Sohn um den Hals und sagte unter Tränen: „Sei gepriesen, Gott! Gepriesen sei dein heiliger Name! Gepriesen seien alle deine heiligen Engel!" Und Tobias erzählte alles, was sich auf der langen Reise ereignet hatte.

Dann gingen sie hinaus ans Stadttor, Sara entgegen. Tobit war voll Freude und lobte Gott, und alle staunten, daß er wieder sehen konnte. Er segnete seine Schwiegertochter Sara und sprach: „Sei willkommen, meine Tochter! Gott hat dich zu uns geführt." Bei allen Verwandten und Bekannten des Tobit war große Freude. Noch einmal wurde die Hochzeit gefeiert, sieben Tage lang.

Während sie noch feierten, sagte Tobit: „Nun wollen wir dem Mann, der dich begleitet hat, seinen Lohn auszahlen." Tobias sagte: „Vater, es schadet nichts, wenn ich ihm die Hälfte von all dem gebe, was ich aus der Stadt Rages von unseren Verwandten mitgebracht habe." Tobit erwiderte: „Ja, er hat es verdient." Sie riefen also Rafael herbei, und Tobias sagte: „Nimm die Hälfte von allem, was ich mitgebracht habe!"

Da nahm der Engel die beiden beiseite und sprach: „Preist Gott und lobet ihn! Gebt ihm die Ehre und erzählt allen, was er für euch getan hat! Denn Gott ist es, der mich zu euch gesandt hat. Ich bin Rafael, einer von den Sieben Engeln, die vor die Majestät Gottes hintreten dürfen und die Gebete der Frommen zu ihm emportragen."

Da erschraken sie und fielen voll Furcht vor ihm nieder. Rafael aber sprach: „Friede sei mit euch! Fürchtet euch nicht! Preist Gott und dankt ihm in Ewigkeit!" Dann befahl der Engel ihnen, alles, was geschehen war, in ein Buch zu schreiben. Als sie sich erhoben, sahen sie ihn nicht mehr. Da gingen sie hin und verkündeten überall, welch große und wunderbare Dinge Gott getan hatte und daß ihnen der Engel des Herrn erschienen war. Tobias sprach:

„Gelobt sei Gott, der in Ewigkeit lebt,
sein Königtum sei gepriesen!
Ich verkünde den Herrn im Land der Verbannung,
ich bezeuge seine Macht und seine Größe.
Er mache die Gefangenen wieder froh
und schenke denen, die in Elend leben, seine Liebe!
Wohl denen, die betrübt waren über die harten Strafen –
sie werden sich freuen!
Denn Jerusalem wird wieder aufgebaut,
aus Edelsteinen werden Jerusalems Mauern sein,
die Türme und Mauern aus reinem Gold.
Halleluja wird man singen in allen Gassen,
und den Lobpreis Gottes anstimmen."

Daniel in der Babylonischen Gefangenschaft

Nicht alle Juden, die der König von Babylon in die Verbannung geschleppt hat, müssen als Sklaven arbeiten und unter den Lasten stöhnen, die sie zu tragen haben. Einige vornehme Männer werden an den Königshof geholt und zu Beratern und Traumdeutern gemacht. Zu ihnen gehört der Prophet Daniel.

König Belschazzar von Babel veranstaltete einmal ein festliches Gastmahl für die Großen seines Reiches. Tausend Große waren zu dem Gastmahl eingeladen, und mit den Tausend trank er Wein bis tief in die Nacht. Als der König betrunken war, ließ er die goldenen und silbernen Gefäße holen, die von den Babyloniern aus dem Tempel zu Jerusalem geraubt und in die königlichen Schatzkammern gebracht worden waren. Man holte die Gefäße, füllte sie mit Wein und stieß an auf die babylonischen Götter aus Gold und Silber, aus Bronze, Eisen, Holz und Stein. Dann trank der König, und mit ihm tranken die tausend Großen des Reiches samt ihren Frauen und Nebenfrauen Wein aus den heiligen Gefäßen.

Da erschienen die Finger einer Menschenhand und schrieben gegenüber dem Leuchter etwas auf die weiß getünchte Wand des Palastes. Der König sah den Rücken der Hand, als sie schrieb. Da erbleichte er, und seine Gedanken erschreckten ihn. Seine Glieder wurden schwach, und ihm schlotterten die Knie. Er schrie laut, man solle seine Wahrsager und Sterndeuter holen. Da

kamen alle Weisen, doch sie waren nicht imstande, die Schrift zu lesen und dem König zu sagen, was das Geschriebene bedeutete. Da sprach die Königin: „In deinem Reiche gibt es einen Mann, in dem der Geist der heiligen Götter wohnt; er heißt Daniel. Laß ihn rufen, er wird dir die Deutung geben!"

Daniel wurde vor den König gebracht, und der König sagte zu ihm: „Du bist also einer von den verbannten Juden, die als Gefangene aus Juda hierhergebracht worden sind? Ich hörte, daß du Deutungen geben und schwierige Fragen lösen kannst. Wenn du die Schrift lesen und mir deuten kannst, was die Worte besagen, sollst du in Purpur gekleidet werden, um den Hals eine goldene Kette tragen und als ‚Der Dritte' in meinem Reich herrschen!"

Daniel erwiderte: „Behalte deine Gaben, oder schenk sie einem anderen. Die Schrift jedoch will ich für den König lesen und deuten. Du hast dich gegen den Herrn des Himmels erhoben und die Geräte aus dem Tempel herbeischaffen lassen. Du und deine Großen, ihre Frauen und Nebenfrauen, ihr habt aus den heiligen Bechern Wein getrunken. Du hast die selbstgemachten Götter gepriesen, die weder sehen noch hören können und keinen Verstand haben. Den Gott aber, der dein Leben in seiner Hand hat und dem alle deine Wege gehören, den hast du nicht verherrlicht. Darum hat er diese Hand geschickt und diese Schrift geschrieben. Das Geschriebene heißt: Gezählt – gewogen – geteilt. Und das ist die Deutung: Gezählt hat Gott die Tage deiner Herrschaft und macht ihr eine Ende. Gewogen wurdest du auf der Waage des Lebens, und du wurdest zu leicht befunden. Geteilt wird dein Reich und den Feinden übergeben."

Noch in derselben Nacht wurde Belschazzar, der König von Babel, getötet. An seiner Stelle nahm ein anderer König mit dem Namen Darius seinen Thron ein.

Daniel bleibt Gott, dem Herrn, treu

König Darius fand es für gut, 120 Verwalter einzusetzen und über das babylonische Reich zu verteilen. Über die 120 Verwalter stellte er drei oberste Beamte; zu ihnen gehörte Daniel. Er war der geschickteste und weiseste von allen, ein außergewöhnlicher Geist war in ihm. Darum beschloß der König, ihn zum allerhöchsten Minister des ganzen Reiches zu machen. Da wurden die Verwalter und die obersten Beamten neidisch und suchten einen Grund, Daniel anzuklagen und aus dem Weg zu schaffen. Sie gingen zu König Darius, bedrängten ihn und sprachen: „König Darius, der du ewig leben mögest, wir raten dir: Erlaß ein Gesetz und setze folgendes Gebot in Kraft: Jeder, der innerhalb von dreißig Tagen an irgendeinen Gott oder Menschen außer an dich, o König, ein Gebet richtet, der soll in die Löwengrube geworfen werden. Laß dieses Gebot aufschreiben und unterzeichne es eigenhändig!" Der König tat, was die Beamten ihm rieten.

Als Daniel von dem Gebot des Königs erfuhr, ging er in sein Haus. In seinem Zimmer waren die Fenster nach der Richtung offen, wo in der Ferne Jerusalem lag. An diesen Fenstern kniete er dreimal am Tag nieder und richtete sein Gebet und seinen Lobpreis an seinen Gott, ganz so, wie er es gewohnt war. Da schlichen jene Männer herein und fanden Daniel, wie er zu seinem Gott betete und flehte. Sie eilten zum König und sagten: „O König! Hast du nicht ein Gebot erlassen, nach dem jeder, der innerhalb von dreißig Tagen an irgendeinen Gott oder Menschen außer an dich, o König, ein Gebet richtet, in die Löwengrube geworfen werden soll?" Der König antwortete: „Ja, diese Anordnung steht fest nach Recht und Gesetz." Da berichteten sie, was sie gesehen hatten: „Daniel, einer von den verschleppten Juden, achtet nicht auf dich und dein Gebot, o König. Dreimal am Tag verrichtet er sein Gebet an seinen Gott." Als der König das hörte, war es ihm sehr peinlich, und er dachte nach, wie er seinen Freund Daniel retten könnte. Bis zum Sonnenuntergang redete er mit den Männern, um ihn freisprechen zu können, doch sie bestürmten ihn und sagten: „Bedenke, o König, daß jedes Gesetz, das der König erläßt, unabänderlich ist!"

Da befahl der König, Daniel herzubringen, und man warf ihn in die Löwengrube. Der König sagte zu ihm: „Möge dein Gott, dem du so treu dienst, dich erretten!" Dann nahm man einen großen Stein und wälzte ihn auf die Öffnung der Löwengrube. Der König versiegelte den Stein mit seinem Siegel und mit den Siegeln seiner Fürsten.

Dann ging er heim in seinen Palast. Er fastete die ganze Nacht; er ließ sich keine Speisen bringen und fand keinen Schlaf. Früh am Morgen, als es gerade hell wurde, stand der König auf und ging in großer Eile zur Löwengrube. Als er sich der Grube näherte, rief er mit lauter Stimme: „Daniel, du Diener des lebendigen Gottes! Hat dein Gott, dem du so treu dienst, dich von den Löwen erretten können?" Daniel erwiderte ihm: „O König, der du ewig leben mögest: Mein Gott hat seinen Engel gesandt und den Rachen der Löwen verschlossen. Sie haben mir nichts zuleide getan. Denn in den Augen Gottes und auch vor dir, o König, bin ich ohne Schuld."

König Darius war darüber hoch erfreut und befahl, Daniel aus der Löwengrube herauszuziehen. Man zog Daniel aus der Löwengrube heraus und fand nicht die geringste Spur einer Verletzung an ihm, denn er hatte seinem Gott vertraut. Der König aber ließ die Männer herbeiholen, die Daniel verklagt hatten, und ließ sie in die Löwengrube werfen. Sie waren noch nicht am Boden der Grube angelangt, da stürzten sich die Löwen auf sie und zermalmten ihnen alle Knochen.

Daraufhin schrieb König Darius an alle Völker der Erde: „Friede sei mit euch in Fülle! Hiermit ordne ich an: Im ganzen Gebiet meines Reichs soll man erzittern vor dem Gott Daniels und sich vor ihm fürchten! Denn er ist der lebendige Gott, der da lebt in Ewigkeit. Sein Reich wird niemals untergehen, seine Herrschaft hat kein Ende. Er rettet und befreit, er wirkt Zeichen und Wunder im Himmel und auf Erden! Er hat den Daniel aus den Tatzen der Löwen errettet."

Ein Klagelied der verbannten Juden

Groß ist das Heimweh der Juden in der Verbannung, groß ist ihre Sehnsucht nach dem fernen Jerusalem. Immer wieder erzählen sie ihren Kindern vom Berg Zion, den sie verlassen mußten und auf dem der Tempel stand und die Heilige Stadt.

> An den Strömen von Babel, da saßen wir
> und weinten, wenn wir an Zion dachten.
> Wir hängten unsere Harfen an die Weidenbäume
> in jenem Land.
> Dort verlangten von uns die Zwingherren Lieder,
> unsere Peiniger verlangten, wir sollten jubeln:
> „Los, singt uns Lieder vom Zion!"
> Wie könnten wir singen die Lieder des Herrn,
> fern, auf fremder Erde?
> Wenn ich dich je vergesse, Jerusalem,
> dann soll mir die rechte Hand verdorren!
> Die Zunge soll mir klebenbleiben am Gaumen,
> wenn ich an dich nicht mehr denke,
> wenn ich Jerusalem nicht
> zu meiner höchsten Freude erhebe!

Manchmal, wenn die Aufseher nicht in der Nähe sind und sie sich unbeobachtet fühlen, setzen sie das Lied fort und singen so:

> Herr! Vergiß nicht,
> was uns die Feinde angetan haben,
> an dem Tag, da sie Jerusalem zerstörten!
> Sie sagten damals: „Reißt Jerusalem nieder,
> bis auf den Grund reißt es nieder!"
> Babel, du Zerstörerin!
> Wohl dem, der dir heimzahlt,
> was du uns angetan hast!
> Wohl dem, der deine Kinder packt
> und sie gegen die Felsenwand schmeißt!

„Es gibt keinen anderen Gott, der retten kann!"

Der bedeutendste König von Babylon hieß Nebukadnezzar. Auch aus seiner Regierungszeit steht eine Geschichte im Danielbuch: Nebukadnezzar verlangt, daß alle in seinem Reich die babylonischen Götter anbeten sollen. Das ist für die gefangenen Juden eine große Versuchung; sie müssen sich entscheiden, ob sie in der Verbannung Jahwe treu bleiben und ihm allein dienen wollen.

Einst ließ König Nebukadnezzar ein goldenes Standbild machen – dreißig Meter hoch – und mitten in der Ebene vor der Stadt Babel aufstellen. Dann rief er alle Großen seines Reiches zusammen, sie sollten zur Einweihung des Standbildes kommen, das er errichtet hatte. Da versammelten sich alle Großen des Reiches zur Einweihung des Standbildes und stellten sich vor dem Standbild auf. Ein Herold trat auf und rief mit gewaltiger Stimme: „Ihr Männer aus allen Völkern, Nationen und Sprachen, hört den Befehl! Sobald ihr den Klang der Hörner und Pfeifen, der Lauten und Zithern und der anderen Instrumente hört, sollt ihr niederfallen und das goldene Standbild anbeten, das König Nebukadnezzar errichtet hat! Wer aber nicht niederfällt, wird noch zur selben Stunde in den glühenden Feuerofen geworfen." Als die Männer aus allen Völkern, Nationen und Sprachen den Klang der Instrumente hörten, fielen sie sogleich nieder und beteten das goldene Standbild an.

 Da gingen einige Babylonier zum König und sprachen: „O König, mögest du ewig leben. Du hast doch den Befehl gegeben, daß jeder niederfallen und das goldene Standbild anbeten müsse, das du errichtet hast? Nun sind da einige Juden, die du zu Verwaltern von Provinzen gemacht hast, die dich mißachten: Sie verehren deine Götter nicht und beten das goldene Standbild nicht an." Und sie nannten dem König drei Namen. Da befahl der König voll Zorn und Wut, die drei Männer sofort herbeizuholen. Man führte sie also vor den König, und der König sprach zu ihnen: „Ist es wahr? Ihr verehrt meine Götter nicht und betet das goldene Standbild nicht an, das ich in der Ebene vor Babel habe aufstellen lassen? Also, wenn ihr bereit seid anzubeten, jetzt, sofort, ist es gut. Betet ihr aber nicht an, dann werdet ihr noch in dieser Stunde in den glühenden Feuerofen geworfen. Welcher Gott kann euch dann noch retten aus meiner Gewalt?" Die drei Männer antworteten: „Wir haben es nicht nötig, darauf zu antworten. Wenn überhaupt jemand, so kann nur unser Gott, den wir verehren, uns retten."

 Da wurde König Nebukadnezzar noch wütender, und sein Gesicht verzerrte sich vor Zorn. Er befahl, den Feuerofen siebenmal stärker zu heizen, als

man ihn gewöhnlich heizte. Die stärksten Soldaten aus seinem Heer mußten kommen und die drei Männer fesseln und in den glühenden Feuerofen werfen. Sie fesselten sie und warfen sie hinein in ihren Mänteln und Mützen und ihren übrigen Kleidungsstücken. Die Flammen schlugen fünfzehn Meter hoch oben aus dem Ofen heraus und verbrannten die Soldaten und alle Heizer, die sich in der Nähe des Ofens befanden.

Die drei Männer aber gingen mitten in den Flammen umher und lobten den Herrn mit lauter Stimme. Der Engel des Herrn war nämlich herabgestiegen zu ihnen in den Ofen; er trieb die Flammen des Feuers oben zum Ofen hinaus und machte das Innere des Ofens so, als wehte ein Morgenwind. Das Feuer berührte sie nicht, es tat ihnen nichts zuleide und belästigte sie nicht. Die drei Männer rühmten Gott, wie aus einem Munde, mit den Worten:

„Gepriesen bist du, Herr, Gott unserer Väter,
gelobt und gepriesen in Ewigkeit,
gepriesen sei dein heiliger Name!

Preist den Herrn, alle Werke des Herrn,
preist ihn, ihr Himmel,
preist ihn, ihr Engel,
preist ihn, ihr Wasser am Himmel,
preist ihn, Sonne, Mond und Sterne!

Regen und Tau, preist den Herrn,
all ihr Winde, preist den Herrn,
Feuer und Glut, preist den Herrn,
Frost und Hitze, preist den Herrn,
Tau und Regen, Eis und Schnee, preist den Herrn!

Die Erde preise den Herrn,
Berge und Hügel sollen preisen den Herrn,
Quellen, Flüsse, Meere,
Meerestiere und Vögel,
wilde Tiere, zahme Tiere,
preist den Herrn!

Alle Menschen, preist den Herrn,
ihr Israeliten, preist den Herrn,
ihr Demütigen und Frommen,
verehrt und preist den Herrn!

Er hat uns der Unterwelt entrissen,
er hat uns errettet aus der Macht des Todes,
er hat uns aus dem glühenden Ofen befreit.
Sagt Dank dem Herrn, denn er ist gütig,
seine Güte währet in Ewigkeit."

Da erschrak der König Nebukadnezzar. Er sprang auf und fragte seine Hofleute: „Haben wir nicht drei Männer gefesselt ins Feuer geworfen?" Sie antworteten: „Gewiß, o König!" Er erwiderte: „Ich sehe aber vier Männer frei im Feuer umhergehen, und sie sind unversehrt. Der vierte sieht aus wie ein Göttersohn!" Und er ging zur Tür des Feuerofens und rief: „Ihr Diener des höchsten Gottes kommt heraus!" Da kamen sie heraus, und alle sahen, daß das Feuer kein Haar an ihnen gekrümmt hatte. Nicht einmal ihre Mäntel waren versengt, und keiner roch nach Brandgeruch.

Da rief der König Nebukadnezzar: „Gepriesen sei der Gott dieser Männer! Er hat seinen Engel gesandt und seine Diener gerettet. Im Vertrauen auf ihren Gott haben sie lieber meinen Befehl mißachtet und ihr Leben riskiert, als daß sie irgendeinen anderen Gott verehrten und anbeteten als ihren eigenen. Es gibt keinen anderen Gott, der auf diese Weise retten kann!" Von da an sorgte der König dafür, daß es den drei Männern in der babylonischen Gefangenschaft gut ging.

Das Ende der Gefangenschaft

An der Grenze von Babylon liegt das Land der Perser. Alle Völker zittern vor den starken, wilden Heeren der Perser. Ihr König heißt Kyrus. Er kommt und erobert Babylon, und er macht die Bewohner zu seinen Untertanen.
Da dürfen die Juden aufatmen, denn Kyrus beendet ihre Gefangenschaft. Er läßt alle Juden in Babylon frei, und sie dürfen heimkehren nach Juda, heim auf den Berg Zion, heim nach Jerusalem.

Im ersten Jahr der Regierung des Königs Kyrus von Persien sollte sich erfüllen, was der Herr durch den Propheten Jeremia verkündet hatte. Darum erweckte der Herr den Geist des Königs Kyrus von Persien, und Kyrus ließ in seinem ganzen Reich mündlich und schriftlich folgenden Befehl bekanntmachen: „So spricht der König Kyrus von Persien: Der Herr, der Gott des Himmels, hat mir alle Reiche der Welt verliehen. Er hat mir aufgetragen, ihm in Jerusalem im Lande Juda ein Haus zu bauen. Jeder, der zum Volk der Juden gehört, soll nach Jerusalem hinaufziehen und das Haus des Herrn, des Gottes Israels, aufbauen. Denn er ist der Gott, der in Jerusalem wohnt."

Der König gab den Juden die Geräte des Hauses des Herrn zurück, die bei der Zerstörung Jerusalems von den Babyloniern aus dem Tempel weggeschleppt worden waren: Goldene und silberne Opferschalen, Räucherpfannen und goldene Becher – insgesamt 5400 Geräte, die für den Gottesdienst im Tempel gebraucht wurden. So machten sich die Juden auf den Weg und zogen heim in das Land Juda, jeder in seine Stadt. Damals sangen sie:

„Als der Herr unser hartes Los wendete,
als er unsere Gefangenschaft beendete,
da waren wir alle wie Träumende.
Da war unser Mund voll Lachen
und unsere Zunge voll Jubel.
Da sagten die anderen Völker:
Der Herr hat an ihnen Großes getan!
Ja! Großes hat der Herr an uns getan,
fröhlich sind wir.
Wir gingen hin in Tränen –
wir kommen zurück mit Jubel."

Die Juden bauen ihren Tempel wieder auf

Sieben Monate vergingen – da wohnten die Israeliten wieder in den alten Städten und Dörfern, in denen sie vor der Vertreibung gelebt hatten. Eines Tages versammelten sie sich einmütig in Jerusalem. Dort beschlossen sie, den Altar des Gottes Israels wieder aufzubauen, damit sie dort wieder Brandopfer darbringen könnten nach dem Gesetz des Mose. Danach begannen sie, Fundamente für einen neuen Tempel zu legen. Alle kräftigen jungen Männer mußten mitarbeiten. Als die Fundamente für den Tempel des Herrn gelegt waren, kamen die Priester und Leviten in ihren Gewändern heraus und gingen auf die Straße, um mit Trompeten und Zimbeln den Herrn zu preisen mit den Gebeten und Gesängen, die einst König David für den Gottesdienst verfaßt hatte. Sie sangen: „Lobet und preiset den Herrn, denn er ist gütig, und seine Liebe zu Israel währt ewig!" Das ganze Volk erhob ein Jubelgeschrei zum Preise des Herrn, weil das Fundament für das Haus des Herrn gelegt war. Viele alte Leute waren dabei, die noch den früheren Tempel vor der Zerstörung gesehen hatten; sie weinten vor Freude. Aber man konnte vor lauter Jubel ihr Weinen kaum hören, so laut war das Geschrei des Volkes, und der Lärm war weithin zu hören.

Ein neuer Anfang in Jerusalem

Die Israeliten, die heimgekehrt waren aus der Verbannung, bauten den Tempel wieder ganz neu auf und feierten mit ihren Priestern voll Freude die Einweihung. Bei der Einweihungsfeier brachten sie dem Herrn ein Opfer dar: Stiere und Widder, Lämmer und Ziegenböcke. Sie wählten Priester und Leviten aus, die mit ihnen nach dem Gesetz des Mose künftig den Gottesdienst feiern sollten. Danach, am vierzehnten Tag des ersten Monats, begingen die Heimgekehrten das Paschafest, das das Volk Israel zum erstenmal gefeiert hatte in der Nacht, da der Herr sie aus der Knechtschaft Ägyptens befreite. Sie aßen das Paschalamm und ungesäuerte Brote und feierten sieben Tage lang, denn der Herr hatte sie froh gemacht.

Das ganze Volk versammelte sich geschlossen auf dem Platz vor dem „Wassertor" und bat den Schriftgelehrten Esra, das Buch mit dem Gesetz des Mose zu holen. Da ging Esra hin und brachte das Gesetzbuch vor die Versammlung der Juden; zu der Versammlung gehörten alle Männer und alle Frauen von Israel, sowie die Jungen und Mädchen, die das Gesetz schon verstehen konnten.

Vom frühen Morgen bis zum Mittagessen las Esra aus dem Gesetzbuch vor. Er stand auf einer Kanzel aus Holz, die man eigens dafür errichtet hatte. So stand er da, höher als das Volk. Als er das Gesetzbuch vor aller Augen öffnete, erhoben sich alle. Esra las vor und pries den Herrn, den großen Gott; darauf antworteten alle mit erhobenen Händen: „Amen! Amen!" Sie verneigten sich vor dem Herrn und fielen mit dem Gesicht auf die Erde. Die Helfer des Esra erklärten den Leuten das Gesetz, Abschnitt für Abschnitt, so daß alle das Vorgelesene verstehen konnten.

Alle weinten und waren gerührt, als sie die Worte des Gesetzes des Herrn hörten. Da sprachen Esra und seine Helfer: „Weint nicht. Heute ist ein heiliger Tag zu Ehren des Herrn, eures Gottes. Geht vielmehr und haltet ein Freudenmahl! Trinkt süßen Wein und teilt mit denen, die nichts haben. Macht euch keine Sorgen mehr, denn die Freude des Herrn ist eure Stärke!"

Da gingen die Leute in die Berge und holten Zweige von wilden und veredelten Ölbäumen, von Myrten und Palmen, und bauten sich Hütten: Die einen auf ihren flachen Dächern, die anderen in ihren Höfen, wieder andere im Vorhof des Tempels, auf dem Platz am Wassertor oder vor anderen Toren. Alle bauten Laubhütten und wohnten darin, sieben Tage lang. Nachdem die sieben Tage vorüber waren, gingen sie in den neuen Tempel und feierten einen Dankgottesdienst.

Die Juden werden erneut unterdrückt

Unter der Herrschaft der Perser geht es den Juden gut: Sie dürfen wieder wie früher im Tempel Opfer darbringen und das Jahr hindurch ungehindert beten und ihre Feste für Jahwe feiern. Doch dann geht die Zeit der Perser zu Ende. Sie werden von den Griechen angegriffen und aus dem Land getrieben. Jerusalem wird eine griechische Stadt, das Land Juda eine griechische Provinz.
Von Soldatentruppen, die von Israels Gott nichts wissen wollen, wird der Tempel geplündert und entweiht. Im Tempel Jahwes bringen sie Opfer dar für Zeus, den obersten ihrer Götter! Da tun sich tapfere Juden zusammen und erheben sich zum Aufstand.

In dieser Zeit trat ein Priester auf mit Namen Mattatias. Als er das gotteslästerliche Treiben im Lande Juda und in der Stadt Jerusalem sah, sagte er: „Ach! Warum bin ich geboren, daß ich erleben muß, wie man mein Volk vernichtet und die heilige Stadt zerstört? Ohnmächtig muß ich zuschauen, wie Jerusalem in die Gewalt der Feinde gefallen ist, wie die heilige Stätte Fremden in die Hände fiel! Seht, unser Heiligtum, das unsere Zierde und unser Reichtum war, liegt verödet da; fremde Völker haben es entweiht. Wozu leben wir noch?" Und Mattatias und seine Söhne zerrissen ihre Gewänder, zogen dunkle Bußkleider an und fielen in tiefe Trauer.

Da taten sich viele Juden zu einer großen Schar zusammen, gingen aus Jerusalem weg und zogen sich in ein Höhlengebiet in der nahegelegenen Wüste zurück. Als die Griechen das hörten, folgten sie den frommen Juden mit einer starken Truppe nach. Sie stellten sich vor den Höhlen auf und machten sich bereit zum Kampf. Der Anführer der Truppe rief: „Jetzt ist noch Zeit! Kommt heraus und tut, was der König verlangt, dann bleibt ihr am Leben." Die Juden aber wußten, daß der König verlangte, sie sollten gegen die Gebote des Herrn verstoßen; darum erwiderten sie: „Wir kommen nicht heraus und tun nicht, was der König verlangt." Da begannen die Soldaten den Kampf. Sie drangen in die Höhlen ein und töteten alle jüdischen Männer mit ihren Frauen und Kindern, zusammen etwa 1000 Menschen. Auch das Vieh brachten sie um.

Als man dies dem Mattatias und seinen Söhnen meldete, hielten sie für die Toten eine große Trauerfeier ab. Viele Männer kamen zusammen, bewaffneten sich und schlossen sich zu einer starken Streitmacht zusammen. Mattatias war ihr Feldherr und zog ihnen voran. Ringsumher schlugen sie die Feinde

Israels; wer übrigblieb, mußte in die Nachbarländer fliehen, um sein Leben zu retten. Mattatias zog mit seiner Streitmacht durch das ganze Land Juda und noch über die Grenzen hinaus. Sie rissen die Altäre nieder, die von den Heiden errichtet worden waren.

Als Mattatias gestorben war, trat sein Sohn Judas an seine Stelle und führte den Kampf gegen die Griechen weiter; er hatte den Beinamen: Der Makkabäer, das bedeutet „Der Hammer". Alle, die mit Mattatias gezogen waren, zogen jetzt mit seinem Sohn Judas. Freudig kämpften sie für Israel. Schrecken befiel die Völker ringsum, und viele Griechen fürchteten sich vor Judas, dem Makkabäer, und seinen Anhängern.

Von Helden und Märtyrern in dunklen Zeiten

Schlimmes wird von dieser Zeit aus der Stadt Jerusalem berichtet. Viele Juden verlieren ihren Stolz und passen sich den Bräuchen der Fremden an. Sie vergessen den Freundschaftsbund, den der Herr mit ihnen geschlossen hat. Wenn man die Priester des Herrn sucht, so liest man in Berichten aus dieser Zeit, so findet man sie nicht im Tempel, sondern auf dem Sportplatz. – Es gelingt den aufständischen Juden unter Judas, dem Makkabäer, zwar, Jerusalem zurückzuerobern und den entweihten Tempel zu reinigen – doch alles immer nur für eine kurze Zeit.
Es kommt schließlich so weit, daß die jüdische Religion ganz verboten und daß der Tempel geschlossen wird. Man zwingt die Juden, an den heidnischen Gottesdiensten und Prozessionen teilzunehmen und – was den Juden nach dem Gesetz des Mose besonders streng verboten ist – „Unreines" zu essen. Wer sich widersetzt, wird gefangen, gefoltert, getötet.

In dieser Zeit lebte ein jüdischer Schriftgelehrter mit Namen Eleasar; er war unter den treugebliebenen Juden hoch angesehen. Eleasar war sehr alt und hatte ein schönes Gesicht. Diesen ergriffen die Soldaten, sperrten ihm gewaltsam den Mund auf und wollten ihn zwingen, Schweinefleisch zu essen. Eleasar aber wollte diese Schande nicht zulassen; freiwillig schritt er auf die Folterbank zu und spuckte das Schweinefleisch aus. Einige von den Folterknechten, die bei dem gesetzwidrigen Opfermahl Dienst taten und Eleasar von früher her kannten – sie waren ja Juden wie er –, nahmen ihn heimlich beiseite und redeten ihm zu, er solle sich doch anderes Fleisch besorgen, Fleisch, das man als Jude essen dürfe, und solle es so zubereiten, daß man es von Schweinefleisch nicht unterscheiden könnte. Er solle so tun, als äße er Opferfleisch, wie es der König befohlen habe. Wenn er es so mache, würde er dem Tod entrinnen, und weil sie seine alten Freunde wären, würden sie ihn nicht so arg foltern.

Eleasar aber sagte, ohne lange zu überlegen: „Schickt mich ruhig hinab in die Unterwelt. Wer so alt ist wie ich, soll sich nicht verstellen. Viele jungen Leute könnten sonst glauben, Eleasar sei mit seinen neunzig Jahren noch zu den Heiden übergelaufen. Wenn ich heuchelte, nur um ein paar Monate länger zu leben, würde ich die Jungen irreleiten, mir selbst aber in meinem Alter Schimpf und Schande antun. Ich will jetzt sterben wie ein Mann und der Jugend ein leuchtendes Beispiel dafür sein, wie man mutig und aufrecht für das Gesetz des Herrn den Tod auf sich nimmt."

Da schlug die Freundlichkeit der Folterknechte in Feindschaft um, denn was er gesagt hatte, hielten sie für Wahnsinn. Sie prügelten ihn zu Tode; im Sterben rief er: „Mein Leib leidet qualvoll unter euren Schlägen, meine Seele aber erträgt alles mit Freuden, weil ich den Herrn liebe." So starb er, ein Beispiel der Treue für jung und alt.

Ein andermal geschah es, daß man sieben Brüder mit ihrer Mutter vor den König schleppte. Der König wollte sie zwingen, Schweinefleisch zu essen. Einer der Brüder sprach: „Eher sterben wir, als daß wir die Gesetze unserer Väter übertreten!" Da wurde der König zornig und befahl, Pfannen und Kessel heiß zu machen. Er ließ den Sprecher von den Folterknechten quälen und in eine glühende Pfanne werfen; seine Brüder und seine Mutter mußten dabei zusehen. Die Brüder und die Mutter aber sprachen einander Mut zu. Sie sagten: „Gott, der Herr, schaut auf uns!"

Da ließ der König den zweiten der sieben Brüder vorführen. Er sprach, während er gefoltert wurde: „Du nimmst uns dieses Leben, der König der Welt aber wird uns auferwecken." Auch den dritten und alle anderen Brüder ließ der böse König von den Henkern übel zurichten und töten. Einer von ihnen sprach im Sterben: „Gott hat uns die Hoffnung gegeben, daß er uns wieder auferweckt. Darauf warten wir gelassen, wenn wir von Menschenhand sterben müssen." Als die Reihe an den Jüngsten kam, flüsterte die Mutter ihm zu: „Kind! Neun Monate habe ich dich in meinem Schoß getragen, drei Jahre habe ich dich gestillt. Bis heute habe ich dich ernährt, erzogen und gepflegt. Ich bitte dich, mein Kind, schau auf zum Himmel und blicke hin auf die Erde und auf alles, was darin ist. Bedenke, daß Gott das alles aus dem Nichts erschaffen hat und auch das Menschengeschlecht so entstanden ist! Fürchte also diesen Henker nicht! Zeige dich deiner Brüder würdig! Nimm den Tod an, damit ich dich einst zur Zeit des Erbarmens zusammen mit deinen Brüdern wieder bei mir habe."

Kaum hatte die Mutter so gesprochen, da rief der Jüngste aus: „Worauf wartet ihr? Dem Befehl des Königs gehorche ich nicht, ich höre vielmehr auf das Gesetz, das unseren Vätern durch Mose gegeben worden ist. Ich gebe, wie meine Brüder, Leib und Leben hin für die Gesetze unserer Väter." Da wurde der König zornig und ließ auch ihn unter großen Qualen töten.

Zuletzt, nach ihren sieben Söhnen, wurde auch die Mutter umgebracht.

Israel hofft auf einen gerechten, von Gott gesandten König

Die Zeit der Unterdrückung geht weiter: Nach den Griechen kommen die Römer, nehmen das Land Israel in Besitz und beuten es aus. Die Armen werden noch ärmer, alle müssen hohe Steuern bezahlen. Was für ein hoffnungsloses, trauriges Leben! Die Juden flehen den Herrn an, er möge ihnen doch endlich einen gerechten König senden, einen großen König wie David.

Verleih du, o Gott, einem König dein Richteramt!
Einem Königssohn gib deine Gerechtigkeit!
Er soll dein Volk regieren in Gerechtigkeit
und die Armen durch gerechtes Urteil.

Den Gebeugten im Volk wird er Recht verschaffen,
Hilfe wird er den Kindern der Armen bringen,
retten wird er den, der um Hilfe schreit,
den Armen, der keinen Helfer hat.
Den Unterdrücker aber wird er zermalmen.

Die Feinde sollen sich vor ihm beugen,
Staub lecken sollen sie zu seinen Füßen!
Alle fremden Könige müssen ihm huldigen,
alle Völker müssen ihm dienen.

Es lebe der König!
Solange Sonne und Mond scheinen werden,
soll er herrschen von Meer zu Meer,
vom Strom bis an die Grenzen der Erde.
Glücklich preisen sollen ihn alle Völker,
in ihm sollen sie sich segnen.

Könige werden kommen
von Tarschisch und den Inseln,
von Saba und Seba kommen sie mit Geschenken.

Gepriesen sei der Herr, der Gott Israels,
er allein tut Wunder.
Gepriesen sei sein Name in Ewigkeit,
seine Herrlichkeit erfülle die Erde!
Amen! Ja Amen!

Als die Römer 60 Jahre im Land sind, wird in Betlehem, mitten in der Nacht, Jesus geboren. Außer einigen Hirten bemerkt niemand etwas von seiner Geburt. Später, als Jesus erwachsen ist, ruft er ein paar Männer zu sich; sie gehen mit ihm, erst zwölf, dann immer mehr. Sie hören, was er den Menschen zu sagen hat, und sehen die Zeichen und Wunder, die er im Namen Gottes tut. Manche sagen: „Das ist er! Er soll unser König sein, der herrscht von Meer zu Meer, vom Strom bis an die Grenzen der Erde!" Seine Freunde fragen: „Sag, bist du es, der da kommen soll? Oder müssen wir noch warten, auf einen anderen?"

Eines Tages gehen sie hinauf nach Jerusalem, wo die Burg der verhaßten Römer steht. Da freuen sich seine Freunde und fragen ihn: „Wirst du jetzt das alte, mächtige Reich unseres Vaters David wiederherstellen?"

Doch gerade das will Jesus nicht. Er will ein anderes Reich herstellen: Ein Reich der Wahrheit und des Lebens, ein Reich der Heiligkeit und der Güte, ein Reich der Gerechtigkeit, der Liebe und des Friedens. Dieses Reich, das er verkündet, für das er lebt und für das er schließlich in den Tod geht, nennt er Reich Gottes.

Aus dem Neuen Testament

Texte vom Kommen des Messias Jesus Christus

„Als die Zeit erfüllt war, sandte Gott seinen Sohn, geboren von einer Frau" – so heißt der älteste Satz, den wir von der Geburt Jesu kennen. Man findet ihn in einem der Briefe des Apostels Paulus. Doch die Christen gaben sich schon bald mit dieser sehr knappen Aussage nicht zufrieden. Sie wollten mehr über die Herkunft des von Gott gesandten Jesus Christus hören.

Da setzt sich ein Mann mit Namen Lukas hin, ungefähr im Jahre 80, und schreibt ein kleines Buch: das Lukas-Evangelium. Gott selbst, so beginnt Lukas seinen Text, kündigt durch seinen Engel die Geburt des Messias an, und die ersten, die von der Geburt des Messias erfahren, sind arme, namenlose Hirten aus der Gegend von Betlehem. – Zehn Jahre nach Lukas schreibt ein anderer Mann, der Evangelist Matthäus, weitere Geschichten von der Geburt und den frühen Jahren Jesu auf: von den weisen Sterndeutern aus dem Osten, von der Flucht der Jesus-Familie nach Ägypten und von ihrer Rückkehr nach Nazaret. Die Hirten des Lukas waren Juden, die Weisen des Matthäus waren Nicht-Juden. Für alle Menschen – für das Volk Israel und für die Völker der Erde – ist der von Gott gesandte Retter und Heiland gekommen.

Nach all dem, was die beiden Evangelisten in ihrer farbenprächtigen Sprache von Maria und Josef und dem Jesuskind, von den Hirten und den Sterndeutern aufgeschrieben haben, sind nun fast 2000 Jahre vergangen. Und noch immer wird in der ganzen Welt der Geburtstag von Jesus als „Weihnachtsfest" gefeiert. Oft stehen dabei die frommen Lieder, der bunt geschmückte Tannenbaum und die Weihnachtsgeschenke im Mittelpunkt. Wichtig ist aber, daß die eigentliche Weihnachtsbotschaft nicht zu kurz kommt: „Heute ist euch der Retter geboren!" Denn nicht nur damals wurde er geboren, und dann – vergessen und vorbei. Vielmehr: Heute ist er geboren, und das heißt wörtlich und wirklich: Jetzt. Hier. Überall. Für alle. Immer wieder aufs neue.

Gott läßt durch seinen Engel eine frohe Botschaft verkünden

Ist Jahwe, der Ich-bin-da-für-euch, wirklich noch da-für-uns? Hat Gott uns vergessen und verlassen? So fragen die Juden in den Tagen ihrer großen Not. Lukas erzählt in den ersten Kapiteln seines Evangeliums, daß Gott sein Volk keineswegs vergessen und verlassen hat. Er sendet seinen Engel zu einer jungen Frau in Nazaret und läßt ihr sagen: Du sollst die Mutter eines Kindes werden, das meinem Volk und allen Menschen zu Hilfe kommen wird. Man wird das Kind Sohn des Höchsten nennen, König auf dem Thron des David. Als der „Sohn des Höchsten" geboren wird, findet man ihn nicht im Königspalast zu Jerusalem; klein und hilflos liegt er bei den Armen und Geringen in Betlehem, auf Heu und Stroh, in Windeln gewickelt, in einem Futtertrog. Schafhirten kommen und staunen.

In jener Zeit wurde der Engel Gabriel von Gott gesandt in eine Stadt in Galiläa mit Namen Nazaret, zu einer Jungfrau. Sie war verlobt mit einem Mann, der Josef hieß und aus dem Hause David stammte. Der Name der Jungfrau war Maria.

Der Engel trat bei ihr ein und sprach: „Sei gegrüßt! Du bist voll der Gnade, der Herr ist mit dir!" Maria erschrak bei seinem Wort und dachte nach, was dieser Gruß bedeutete. Da sagte der Engel zu ihr: „Fürchte dich nicht, Maria! Denn du hast Gnade gefunden bei Gott. Siehe, du wirst ein Kind empfangen,

einen Sohn wirst du gebären, dem sollst du den Namen Jesus geben. Er wird ein Großer sein und Sohn des Höchsten genannt werden. Gott, der Herr, wird ihm den Thron seines Vaters David geben, und er wird König sein über das Haus Jakob, in Ewigkeit. Seine Herrschaft wird kein Ende haben." Maria sagte zu dem Engel: „Wie soll das geschehen, da ich doch mit keinem Mann zusammenlebe?" Der Engel antwortete ihr: „Heiliger Geist wird über dich kommen, und die Kraft des Höchsten wird dich überschatten. Darum wird das Kind heilig und Sohn Gottes genannt werden. – Auch Elisabet, deine Verwandte, hat einen Sohn empfangen, obwohl sie schon sehr alt ist und ‚die Unfruchtbare' genannt wird. Denn: Für Gott ist nichts unmöglich." – Da sprach Maria: „Siehe, ich bin die Magd des Herrn. Mit mir soll geschehen, wie du gesagt hast." Danach ging der Engel von ihr fort.

Maria aber machte sich in diesen Tagen auf den Weg und eilte in eine Stadt in den Bergen von Judäa. Sie ging in das Haus ihrer Verwandten und begrüßte Elisabet. Als Elisabet den Gruß der Maria hörte, hüpfte das Kind, das sie im Leib trug. Da wurde Elisabet von heiligem Geist erfüllt und rief mit lauter Stimme: „Gesegnet bist du, mehr als alle anderen Frauen, und gesegnet ist die Frucht deines Leibes! Wer bin ich, daß die Mutter meines Herrn zu mir kommt? In dem Augenblick, als ich deinen Gruß hörte, hüpfte das Kind vor Freude in meinem Leib. Selig bist du, denn du hast geglaubt, daß sich an dir erfüllen wird, was der Herr verheißen hat!" Da sagte Maria:

> „Meine Seele preist die Größe des Herrn,
> und mein Geist jubelt über Gott, meinen Retter!
> Denn auf die Niedrigkeit seiner Magd hat er geschaut.
> Siehe, von nun an preisen mich selig alle Geschlechter.
> Denn der Mächtige hat Großes an mir getan,
> und sein Name ist heilig.
>
> Er erbarmt sich von Geschlecht zu Geschlecht
> über alle, die ihn fürchten.
> Er vollbringt mit seinem Arm mächtige Taten,
> er zerstreut, die in ihren Herzen voll Hochmut sind.
> Er stürzt die Mächtigen vom Thron
> und erhöht die Niedrigen.
> Die Hungernden beschenkt er mit seinen Gaben,
> die Reichen läßt er leer ausgehen."

Maria blieb ungefähr drei Monate bei Elisabet, dann kehrte sie nach Hause zurück.

Jesus wird in Betlehem geboren

In diesen Tagen ging ein Befehl aus vom Kaiser Augustus, die ganze bewohnte Welt sollte aufgeschrieben werden. Da machten sich alle Bewohner des Reiches auf, ein jeder in die Stadt, aus der seine Vorfahren stammten.

So zog auch Josef von der Stadt Nazaret in Galiläa hinauf in das Land Judäa, in die Stadt Davids, die Betlehem heißt; denn er war aus dem Haus und dem Geschlecht Davids. Dort wollte er sich aufschreiben lassen, zusammen mit Maria, die mit ihm verheiratet war und ein Kind erwartete. Als sie dort waren, erfüllte sich die Zeit, daß sie das Kind gebären sollte, und sie gebar ihren Sohn, den Erstgeborenen. Sie wickelte ihn in Windeln und legte ihn in eine Krippe, weil in der Herberge kein Platz für sie war.

In derselben Gegend lagerten Hirten im Freien und hielten Nachtwache bei ihren Herden. Da trat ein Engel des Herrn zu ihnen, und die Herrlichkeit des Herrn umstrahlte sie. Sie wurden von großer Furcht befallen. Der Engel sprach zu ihnen: „Fürchtet euch nicht! Denn siehe, ich verkünde euch eine große Freude, eine Freude für das ganze Volk: Heute ist euch in der Stadt Davids der Retter geboren; es ist der Messias, der Christus, der Herr. Und das soll für euch das Zeichen sein: Ihr werdet ein Kind finden, das in Windeln gewickelt in einer Krippe liegt." Und plötzlich waren bei dem Engel große himmlische Scharen, die lobten Gott und sprachen:

> „Ehre sei Gott in der Höhe
> und Friede auf Erden den Menschen seiner Gnade!"

Als die Engel von ihnen zum Himmel zurückgegangen waren, sagten die Hirten zueinander: „Laßt uns nach Betlehem gehen, um zu sehen, was uns der Herr kundgetan hat!" Sie eilten nach Betlehem und fanden Maria und Josef und das Kind, wie es da in der Krippe lag. Als sie es sahen, berichteten sie, was ihnen über das Kind gesagt worden war. Alle, die es hörten, staunten über die Worte der Hirten. Maria aber behielt alle diese Dinge in ihrem Herzen und bedachte sie. Dann kehrten die Hirten zurück; sie rühmten und lobten Gott für alles, was sie gesehen und gehört hatten.

Als acht Tage vorüber waren und das Kind beschnitten werden sollte, gab man ihm den Namen Jesus, wie der Engel gesagt hatte, noch bevor das Kind im Schoß der Mutter empfangen worden war.

Weise kommen aus fernen Ländern und verehren Jesus

Nach Lukas hat auch der Evangelist Matthäus Geschichten von der Geburt Jesu geschrieben. Die Geburtsgeschichten des Matthäus sind märchenhaft-schön und zugleich auch schrecklich: Weise Männer, so erzählt Matthäus, kommen von weit her, um dem neugeborenen König zu huldigen. Sofort danach müssen Jesus, Maria und Josef fliehen vor König Herodes, der um seine alleinige Macht besorgt ist. Damit hat Matthäus schon manches aus dem Lebensweg des Jesus vorwegerzählt: Er wird Freunde haben und Feinde, man wird ihn verehren und verfolgen…

Als Jesus zur Zeit des Königs Herodes in Betlehem im Lande Juda geboren worden war, siehe, da kamen weise, sternkundige Männer aus dem Osten nach Jerusalem und fragten: „Wo ist der neugeborene König der Juden? Wir haben gesehen, wie sein Stern aufging, und sind gekommen, ihm die Ehre zu erweisen." Als der König Herodes das hörte, erschrak er und ganz Jerusalem mit ihm. Er rief alle Hohenpriester und Schriftgelehrten zusammen und erkundigte sich bei ihnen, wo der Messias geboren werden sollte. Sie antworteten ihm: „Zu Betlehem in Judäa. Denn so steht es beim Propheten: Du Betlehem im Lande Juda, du bist keineswegs die unbedeutendste unter den führenden Städten von Juda; denn aus dir wird ein Fürst hervorgehen: Der Hirt meines Volkes Israel!"

Da rief Herodes die sternkundigen Weisen heimlich zu sich und ließ sich von ihnen die genaue Zeit sagen, zu der ihnen der Stern erschienen war.

Dann schickte er sie nach Betlehem und sagte: „Geht und forscht sorgfältig nach dem Kind, und wenn ihr es gefunden habt, berichtet es mir, damit auch ich hingehe und ihm huldige." Nach diesen Worten des Königs machten sie sich auf den Weg. Und siehe, der Stern zog vor ihnen her bis zu dem Ort, wo das Kind war; dort stand er still. Als sie den Stern sahen, wurden sie von sehr großer Freude erfüllt. Sie gingen in das Haus und sahen das Kind und Maria, seine Mutter. Da fielen sie nieder und huldigten ihm. Dann holten sie ihre Geschenke hervor und brachten ihm Gold, Weihrauch und Myrrhe als Gaben dar. Weil ihnen aber im Traum geboten wurde, nicht zu Herodes zurückzukehren, zogen sie auf einem anderen Weg in ihr Land zurück.

Jesus muß vor der Macht des Herodes fliehen

Als die Weisen gegangen waren, erschien dem Josef im Traum ein Engel des Herrn und sprach: „Steh auf, nimm das Kind und seine Mutter, und flieh nach Ägypten! Bleibe dort, bis ich dir etwas anderes sage; denn Herodes wird das Kind suchen, um es zu töten." Da stand Josef auf und floh in der Nacht mit dem Kind und der Mutter Maria nach Ägypten. Dort blieb er bis zum Tod des Herodes. Denn es sollte sich erfüllen, was der Herr durch den Propheten gesprochen hat: „Aus Ägypten habe ich meinen Sohn gerufen."

Als Herodes merkte, daß die Weisen ihn getäuscht hatten, wurde er zornig. Er ließ in Betlehem und der ganzen Umgebung alle Kinder töten, die jünger waren als zwei Jahre, entsprechend der Zeit, die er von den Sterndeutern erfahren hatte. Da erfüllte sich das Wort des Propheten Jeremia: „Ein Geschrei war zu hören in Rama, lautes Weinen und Klagen. Die Mütter weinten um ihre Kinder und wollten sich nicht trösten lassen, denn sie waren dahin."

Als Herodes gestorben war, erschien dem Josef in Ägypten ein Engel des Herrn im Traum und sagte: „Steh auf, nimm das Kind und seine Mutter, und zieh in das Land Israel, in das Gebiet von Galiläa! Denn die Leute, die dem Kind nach dem Leben trachteten, sind tot." Da stand er auf und zog mit dem Kind und der Mutter Maria in das Land Israel und ließ sich in der Stadt Nazaret nieder. Denn es sollte sich erfüllen, was durch die Propheten gesagt wurde: „Er wird Nazoräer genannt werden: Mann aus Nazaret."

Der zwölfjährige Jesus bei den Lehrern im Tempel

Mit ungefähr zwölf Jahren werden – noch heute – die jüdischen Knaben in die Gemeinde der Erwachsenen aufgenommen. Bei der „Bar-Mizwa"-Feier dürfen sie zum erstenmal vor den erwachsenen Männern aus den Heiligen Schriften vorlesen. Lukas erzählt, wie Jesus mit zwölf Jahren zum erstenmal mit hinaufziehen darf nach Jerusalem und wie er die Lehrer im Tempel in Erstaunen versetzt, mit klugen Fragen und gescheiten Antworten.

Jesu Eltern pilgerten jedes Jahr zum Paschafest hinauf nach Jerusalem. Auch als Jesus zwölf Jahre alt geworden war, zogen sie hinauf, wie es Brauch war. Nachdem die Festtage zu Ende waren, machten sie sich auf den Heimweg. Der junge Jesus aber blieb in Jerusalem, ohne daß seine Eltern es merkten. Sie meinten, er sei irgendwo bei den Pilgern, und reisten eine Tagesstrecke weit; dann suchten sie ihn bei ihren Verwandten und Bekannten. Als sie ihn nicht fanden, kehrten sie nach Jerusalem zurück und suchten ihn dort.

Nach drei Tagen fanden sie ihn. Er saß mitten unter den Lehrern, hörte ihnen zu und stellte ihnen Fragen. Alle, die ihn hörten, waren erstaunt über seine Einsicht und seine Antworten. Als seine Eltern ihn sahen, waren sie bestürzt, und seine Mutter sagte zu ihm: „Kind! Wie konntest du uns das antun? Siehe, dein Vater und ich haben dich voll Angst gesucht." Er aber sprach zu ihnen: „Warum habt ihr mich gesucht? Wußtet ihr nicht, daß ich im Haus meines Vaters sein muß?" Doch sie verstanden nicht, was er damit sagen wollte. Dann kehrte er mit ihnen nach Nazaret zurück und war ihnen gehorsam. Er wuchs heran, und seine Weisheit nahm zu. Er fand Gefallen bei Gott und den Menschen. Seine Mutter aber bewahrte alles, was geschehen war, in ihrem Herzen.

Der Prophet Johannes weist auf Jesus hin

Aus den 30 Jahren, in denen Jesus in Nazaret heranwächst und ein Mann wird, liegen uns in der Bibel keine Berichte über ihn vor. Kurz bevor er an die Öffentlichkeit tritt und unter den Menschen zu wirken beginnt, steht ein Mann mit Namen Johannes am Jordan-Ufer; er ruft die Leute auf, ihr Leben zu ändern, denn, so lautet seine Predigt: Bald werdet ihr das Heil schauen, das von Gott kommt! Lukas erzählt:

Es geschah im fünfzehnten Jahr der Regierung des Kaisers Tiberius. Zu dieser Zeit war Pontius Pilatus Stellvertreter des Kaisers in Judäa; Hannas und Kajaphas waren die Hohenpriester. Da erging in der Wüste der Ruf Gottes an Johannes, den Sohn des Zacharias und der Elisabet. Und Johannes ging in die Gegend am Jordan und verkündete: „Bekehrt euch! Laßt euch taufen, damit eure Sünden vergeben werden!" So erfüllte sich, was im Buch der Reden des Propheten Jesaja geschrieben steht:

„Eine Stimme ruft in der Wüste:
Bereitet dem Herrn den Weg! Ebnet ihm die Straßen!
Jede Schlucht soll aufgefüllt, jeder Berg und Hügel abgetragen werden!
Was krumm ist, soll gerade, was uneben ist, soll ebener Weg werden!
Alle Menschen sollen das Heil sehen,
das von Gott kommt."

Das Volk zog in Scharen zu Johannes hinaus, um sich von ihm taufen zu lassen. Sie fragten: „Was sollen wir tun?" Er antwortete ihnen: „Wer zwei Gewänder hat, gebe dem eins davon, der keines hat. Wer zu essen hat, der teile ebenso." Die Leute fragten einander, ob Johannes vielleicht der verheißene Messias sei. Da sprach er zu ihnen: „Ich taufe euch mit Wasser; es wird aber einer kommen, der größer ist als ich, und ich bin nicht wert, ihm die Schuhriemen zu lösen. Er wird euch mit dem heiligen Geist taufen." Mit diesen und vielen anderen Worten redete er zu ihnen.

Zusammen mit dem ganzen Volk kam auch Jesus und ließ sich taufen. Während er betete, ging der Himmel auf, und der heilige Geist kam auf ihn herab, anzusehen wie eine Taube. Eine Stimme aus dem Himmel sprach: „Du bist mein geliebter Sohn! An dir habe ich Gefallen." Jesus war dreißig Jahre alt; da trat er auf und begann öffentlich zu wirken. Man hielt ihn für den Sohn Josefs. Bevor er zu den Leuten ging, um sie zu lehren, zog er sich in eine Wüste zurück. Dort betete und fastete er.

Die Botschaft vom Reich Gottes

„Die bedeutendste Persönlichkeit der Weltgeschichte ist nur etwa 30 Jahre alt geworden, hat sich nie weiter als 150 Kilometer von ihrem Wohnsitz entfernt, lebte in einem Gebiet, das kleiner ist als Schleswig-Holstein – und hat doch unsere Kultur völlig verändert."

Wenn man mit Kultur den Sinn des menschlichen Lebens und Zusammenlebens meint, dann stimmt dieser einfältige Satz, den man vor einiger Zeit auf einem Kalenderblatt lesen konnte, haargenau. Der in seiner Zeit und seiner Heimat verkannte Jesus von Nazaret hat mehr und Befreienderes für die Menschen getan als alle weitgereisten Entdecker, Feldherren und Welteroberer, die vor ihm und nach ihm lebten. Das Reich nämlich, das Jesus verkündete, war nicht ein vergängliches, machtstrotzendes Reich, sondern es war und ist das unvergängliche Reich der Wahrheit, der Gerechtigkeit, der Liebe und des Friedens.

Im ersten Satz, den die Evangelisten aus der Botschaft Jesu überliefert haben, ruft er dieses Reich aus; er nennt es „Das Reich Gottes". In seinen Reden, vor allem in der Bergpredigt, beschreibt er, wie er sich das Reich Gottes vorstellt und wünscht: Nicht die Großen und Mächtigen, sondern die Kleinen und Schwachen, die Armen und Trauernden, die Friedensstifter und die Reinen werden die ersten Bürger des Reiches Gottes sein. Die Gesetze, die im Reich Gottes gelten, heißen: Dienen, Lieben, Helfen, Teilen. In vielen Gleichnissen ruft Jesus seine Hörer auf, sich anzustrengen, damit das Reich Gottes Wirklichkeit wird, denn es ist wertvoll wie eine Perle, wie ein vergrabener Schatz, wie eine reiche Ernte im Herbst. Mit eindrucksvollen Wundergeschichten verdeutlichen die Evangelisten diese neue Botschaft, die von Galiläa ausgeht, dem „Gebiet, das kleiner ist als Schleswig-Holstein" – und die dann im Lauf der Geschichte wirklich „unsere Kultur völlig verändert" hat.

Das Leben und die Botschaft Jesu – von der Berufung der ersten Jünger angefangen bis zu seinem Tod und seiner Auferstehung – wird im folgenden mit ausgewählten Texten aus dem Evangelium des Markus wiedergegeben. Nur hin und wieder kommt ein ergänzender Text aus einem anderen Evangelium hinzu; solche eingeschobenen Texte, die nicht von Markus stammen, sind dann jeweils gekennzeichnet.

Jesus ruft Männer zu sich, die ihm als Jünger nachfolgen

Johannes wurde ins Gefängnis geworfen; da ging Jesus nach Galiläa und verkündigte die Frohe Botschaft von Gott: „Die Zeit ist erfüllt und das Reich Gottes ist nahe. Bekehrt euch und glaubt an das Evangelium!"

Als Jesus am See von Galiläa entlangging, sah er Simon und Andreas, den Bruder des Simon. Sie warfen gerade auf dem See ihr Netz aus, denn sie waren Fischer. Da sagte er zu ihnen: „Kommt, folgt mir nach! Ich werde euch zu Menschenfischern machen." Ohne zu zögern, ließen sie ihre Netze liegen und folgten ihm. Als er ein Stück weiterging, sah er Jakobus, den Sohn des Zebedäus, und seinen Bruder Johannes. Auch sie waren im Boot und richteten ihre Netze her. Sofort rief er sie, und sie ließen ihren Vater Zebedäus mit seinen Tagelöhnern im Boot zurück und folgten Jesus.

Jesus bei der Hochzeit zu Kana

Auch der Evangelist Johannes erzählt von der Berufung der ersten Jünger. Mit einigen seiner Jünger geht Jesus nach Kana zu einer Hochzeitsfeier. Johannes schreibt: Was Jesus bei der Hochzeit zu Kana tat, könnte man „den Anfang seiner Zeichen und Wunder" nennen. Darum soll hier, vor den weiteren Markus-Texten, die Hochzeitsgeschichte des Johannes stehen.

Am dritten Tag war eine Hochzeit zu Kana in Galiläa, und Jesu Mutter war dort. Auch Jesus war zu der Hochzeit eingeladen, und seine Jünger. Als der Wein ausging, sagte Maria zu Jesus: „Sie haben keinen Wein mehr!" Jesus erwiderte: „Frau! Was willst du von mir? Meine Stunde ist noch nicht gekommen." Seine Mutter sagte zu den Dienern: „Tut, was er euch sagt!"

Nun standen dort sechs steinerne Wasserkrüge, wie sie bei den Juden für die Reinigung üblich waren; jeder Krug faßte zwei bis drei Maß. Jesus sagte zu den Dienern: „Füllt die Krüge mit Wasser." Und sie füllten sie, bis oben. Er sprach zu ihnen: „Schöpft jetzt davon, und bringt es dem, der für Essen und Trinken zu sorgen hat!" Sie brachten es ihm. Er kostete das Wasser, das zu Wein geworden war, doch wußte er nicht, woher der Wein kam. Die Diener aber, die das Wasser geschöpft hatten, wußten es. Da rief er den Bräutigam herein und sagte zu ihm: „Jeder setzt zuerst den guten Wein vor, und erst wenn die Gäste berauscht sind, den geringeren. Du aber hast den guten Wein bis jetzt zurückgehalten!" – Dies tat Jesus zu Kana in Galiläa; es war der Anfang seiner Zeichen. So schien etwas auf von seiner Herrlichkeit, und seine Jünger glaubten an ihn. Darauf zog er nach Kafarnaum, er, seine Mutter, seine Brüder und seine Jünger.

Jesus heilt die Schwiegermutter des Petrus und andere Kranke

Wir nehmen den unterbrochenen Bericht des Markus wieder auf: Jesus ist in Kafarnaum (manchmal nennt man Kafarnaum „seine Stadt") und besucht dort die Synagoge. Von Kafarnaum aus beginnt er, zu den Menschen seiner Heimat zu predigen und vielen Gutes zu tun.

Sie verließen die Synagoge und gingen zusammen mit Jakobus und Johannes in das Haus des Simon und Andreas. Dort lag die Schwiegermutter des Simon-Petrus mit Fieber zu Bett, und sie sprachen mit Jesus über sie. Er ging zu ihr, faßte sie an der Hand und richtete sie auf. Da wich das Fieber von ihr, und sie bewirtete sie. Als es Abend wurde und die Sonne gesunken war, brachte man alle Kranken und Besessenen zu Jesus: Die ganze Stadt war vor der Haustür versammelt. Und er heilte viele, die an verschiedenen Krankheiten litten, und trieb viele Dämonen aus.

In der Frühe, als es noch dunkel war, stand er auf und ging in eine einsame Gegend, um zu beten. Simon und die anderen, die bei ihm waren, eilten ihm nach. Als sie ihn fanden, sagten sie: „Alle suchen dich!" Er antwortete: „Laßt uns von hier weggehen in die Nachbarorte. Ich will auch dort predigen, denn dazu bin ich gekommen." Und er zog in ganz Galiläa umher, lehrte in den Synagogen und trieb böse Geister aus.

Jesus heilt einen Gelähmten und vergibt ihm die Sünden

Als Jesus ein paar Tage danach wieder in Kafarnaum war, sprach es sich rund, daß er dort in einem Haus sei. Da versammelten sich so viele Leute, daß nicht einmal mehr Platz vor der Tür war; und er verkündete ihnen das Wort Gottes. Da brachte man einen Gelähmten zu ihm, der von vier Männern getragen wurde. Wegen der großen Menge der Leute konnten sie ihn aber nicht bis zu Jesus bringen. Da deckten sie dort, wo Jesus war, das Dach ab und ließen den Gelähmten auf seiner Tragbahre durch die Dachöffnung herab. Als Jesus ihren Glauben sah, sagte er zu dem Gelähmten: „Mein Sohn! Deine Sünden sind dir vergeben."

Einige Schriftgelehrte aber, die dort saßen, dachten im stillen: Wie kann dieser Mensch so reden? Er lästert Gott! Wer kann Sünden vergeben außer Gott? Jesus merkte, was sie dachten, und sprach zu ihnen: „Was denkt ihr da? Was ist leichter: Zu dem Gelähmten zu sagen: Deine Sünden sind dir nachgelassen!, oder zu sagen: Steh auf, nimm deine Tragbahre, und geh umher? – Ihr sollt aber sehen, daß der Menschensohn die Vollmacht hat, auf Erden Sünden zu vergeben." Und er sprach zu dem Gelähmten: „Ich sage dir: Steh auf! Nimm deine Tragbahre, und geh nach Haus!" Der Mann stand sofort auf, nahm seine Tragbahre und ging vor ihren Augen nach Haus. Da gerieten alle außer sich. Sie priesen Gott und riefen: „So etwas haben wir noch nie gesehen!"

Jesus wählt zwölf Apostel aus

Einmal saß Jesus beim Essen, und Zöllner und Sünder saßen dabei und aßen mit ihm; denn es waren schon viele, die Jesus nachfolgten. Als die Schriftgelehrten, die zu der Partei der Pharisäer gehörten, sahen, daß er mit Zöllnern und Sündern aß, sagten sie zu den Jüngern: „Warum ißt er mit Zöllnern und Sündern?" Jesus hörte es und sagte zu ihnen: „Nicht die Gesunden brauchen den Arzt, sondern die Kranken! Ich bin gekommen, die Sünder zu rufen, nicht die Gerechten."

Und Jesus stieg auf einen Berg und rief die zu sich, die er erwählt hatte, und sie kamen. Da setzte er die Zwölf ein, die er bei sich haben und als Apostel aussenden wollte. Sie sollten predigen und mit seiner Vollmacht böse Geister austreiben. Die Zwölf, die er er einsetzte, waren: Simon, dem er den Namen Petrus gab, Jakobus, der Sohn des Zebedäus, und Johannes, der Bruder des Jakobus; ihnen gab er den Beinamen „Donnersöhne". Dazu Andreas, Philippus, Bartholomäus, Matthäus, Thomas, Jakobus, der Sohn des Alphäus, Thaddäus, Simon, der Kanaanäer, und Judas, der ihn verraten hat.

Jesus sandte sie zu jeweils zweien aus, gab ihnen Macht über die unreinen Geister und gebot ihnen, außer einem Wanderstab nichts auf den Weg mitzunehmen: kein Brot, keine Vorratstasche, kein Geld im Gürtel, kein zweites Hemd und an den Füßen nur Sandalen. Und er sagte weiter zu ihnen: „Bleibt in dem Haus, in das ihr einkehrt, so viele Tage, bis ihr den Ort wieder verlaßt. Wenn euch ein Ort nicht aufnimmt und man euch nicht hören will, dann geht weiter und schüttelt den Staub von den Füßen, zum Zeugnis gegen sie." Da machten sich die Zwölf auf den Weg, riefen die Leute zur Umkehr auf, trieben viele böse Geister aus, salbten Kranke mit Öl und heilten sie. Als sie zurückkehrten und sich wieder bei Jesus versammelt hatten, erzählten sie ihm alles, was sie getan und gelehrt hatten.

Der Evangelist Lukas ergänzt später, was nicht bei Markus geschrieben steht:

In der folgenden Zeit wanderte Jesus von Stadt zu Stadt und von Dorf zu Dorf und verkündete das Evangelium vom Reiche Gottes. Die Zwölf begleiteten ihn, außerdem auch einige Frauen: Maria, genannt Maria Magdalena, Johanna, die Frau des Chuzas, eines Beamten des Königs Herodes, Susanna und noch viele andere. Sie unterstützten Jesus und die Jünger mit dem Geld, das sie besaßen.

Vom Leben im Reich Gottes: Die Bergpredigt

Jesus lehrt nicht nur auf den Straßen und Plätzen, nicht nur in der Synagoge. Einmal steigt er in ein Boot und spricht zu den Leuten vom Boot aus: Die „Seepredigt". Ein andermal lehrt er in der Ebene: Die „Feldrede". Solche Reden und andere Rede-Teile sammelt der Evangelist Matthäus und faßt sie zusammen. Jesus, so schreibt er, steigt auf einen Hügel am Ufer des Sees Gennesaret und spricht dort zu den Leuten: Die „Bergpredigt".
Aus der Bergpredigt kann man lernen, was das Reich Gottes ist, wie es im Reich Gottes zugeht, was Menschen, die zum Reich Gottes gehören möchten, tun und lassen sollen.

Die Seligpreisungen

Als Jesus die vielen Menschen sah, stieg er auf einen Berg. Er setzte sich, und seine Jünger traten zu ihm. Dann begann er zu reden und lehrte sie:

Selig, die arm sind vor Gott, denn ihnen gehört das Himmelreich.
Selig die Trauernden, denn sie werden getröstet werden.
Selig, die keine Gewalt anwenden, denn ihnen wird das Land gehören.
Selig, die hungern und dürsten nach Gerechtigkeit, denn sie werden satt werden.
Selig die Barmherzigen, denn sie werden Erbarmen finden.
Selig, die ein reines Herz haben, denn sie werden Gott schauen.
Selig, die Frieden stiften, denn sie werden Söhne Gottes heißen.
Selig, denen man nachstellt um der Gerechtigkeit willen, denn ihnen gehört das Himmelreich.
Selig seid ihr, wenn ihr um meinetwillen beschimpft und verfolgt werdet und man euch alles mögliche Böse nachsagt. Freut euch, jubelt! Denn euer Lohn im Himmel wird groß sein. Denn so wurden schon vor euch die Propheten verfolgt.

Nicht töten und verfluchen, sondern vergeben

Jesus bringt eine neue Lehre. „Ihr habt gehört, daß zu den Alten gesagt wurde..." – so leitet er oft seine Lehr-Sätze ein, und fährt fort: „Ich aber sage euch...". Damit erklärt er die alten Gesetze und Gebote nicht für ungültig. Er knüpft vielmehr an die Gebote des Alten Testaments an und entwickelt sie weiter – man könnte sagen: zu Leitsätzen für das Leben im Reich Gottes.

Ihr habt gehört, daß zu den Alten gesagt worden ist: Du sollst nicht töten; wer jemand tötet, soll vor Gericht gestellt werden. Ich aber sage euch: Jeder, der seinem Bruder auch nur zürnt, soll vor Gericht gestellt werden! Wer zu seinem Bruder sagt: Du Dummkopf, soll dem Urteil des Hohen Rats unterworfen sein. Wer aber zu ihm sagt: Du gottloser Narr, der soll dem Feuer der Hölle verfallen sein.

Wenn du deine Opfergabe zum Altar bringst und dir unterwegs einfällt, daß dein Bruder etwas gegen dich hat, so laß deine Gabe dort vor dem Altar liegen. Geh und versöhne dich zuerst mit deinem Bruder, dann komm und opfere deine Gabe. Schließ ohne Zögern Frieden mit deinem Gegner, solange du noch mit ihm auf dem Weg bist.

Nicht schwören, sondern wahrhaftig reden

Ihr habt gehört, daß zu den Alten gesagt worden ist: Du sollst keinen Meineid schwören. Du sollst halten, was du dem Herrn geschworen hast. Ich aber sage euch: Schwört überhaupt nicht. Schwört nicht beim Himmel, denn er ist Gottes Thron, und nicht bei der Erde, denn sie ist der Schemel seiner Füße, auch nicht bei Jerusalem, denn es ist die Stadt des großen Königs. Auch bei deinem Haupt sollst du nicht schwören, denn du kannst kein einziges Haar schwarz oder weiß machen. Vielmehr: Euer Ja sei ein Ja, euer Nein sei ein Nein. Alles andere ist böse.

Liebe zu den Feinden

Ihr habt gehört, daß gesagt worden ist: Du sollst deinen Nächsten lieben und deinen Feind hassen. Ich aber sage euch: Liebt eure Feinde. Betet für die, die euch verfolgen, damit ihr Söhne eures Vaters im Himmel werdet; denn er läßt seine Sonne aufgehen über Bösen und Guten, er läßt regnen auf Gerechte und Ungerechte. Denn wenn ihr nur die liebt, die euch lieben, welchen Lohn könnt ihr dafür erwarten? Wenn ihr nur eure Brüder grüßt, was ist daran so Besonderes? Ihr sollt vielmehr vollkommen sein, denn auch euer himmlischer Vater ist vollkommen.

Nicht über andere richten

Richtet nicht, damit ihr nicht gerichtet werdet! Denn wie ihr richtet, werdet ihr gerichtet werden. Mit dem Maß, mit dem ihr meßt, wird euch gemessen werden. Warum siehst du den Splitter im Auge deines Bruders, aber den Balken in deinem Auge beachtest du nicht? Wie kannst du zu deinem Bruder sagen: Laß mich den Splitter aus deinem Auge herausziehen – und dabei steckt in deinem Auge ein Balken? Du Heuchler! Zieh zuerst den Balken aus deinem Auge, dann kannst du versuchen, den Splitter aus dem Auge deines Bruders zu ziehen.

Vom Beten

Wenn du betest, geh in dein Zimmer, und schließ die Tür hinter dir zu. Dann bete zu deinem Vater, der im Verborgenen ist. Dein Vater, der auch ins Verborgene schaut, wird es dir vergelten. So sollt ihr beten:

> Vater unser im Himmel, geheiligt werde dein Name!
> Dein Reich komme.
> Dein Wille geschehe, wie im Himmel, so auf Erden.
> Unser tägliches Brot gib uns heute.
> Und vergib uns unsere Schuld,
> wie auch wir vergeben unseren Schuldigern.
> Und führe uns nicht in Versuchung,
> sondern erlöse uns von dem Bösen.

Wenn ihr den Menschen ihre Verfehlungen vergebt, dann wird euer himmlischer Vater auch euch vergeben. Wenn ihr aber den Menschen nicht vergebt, dann wird euer Vater eure Verfehlungen auch nicht vergeben.

Die Goldene Regel

Alles, was ihr von den anderen erwartet, das tut auch für sie!
Darin besteht das Gesetz und die Propheten.

Die falsche und die richtige Sorge

Ich sage euch: Sorgt euch nicht um euer Leben und darum, daß ihr etwas zu essen habt. Auch nicht um euren Leib und darum, daß ihr etwas zum Anziehen habt. Ist nicht das Leben wichtiger als die Nahrung und der Leib wichtiger als die Kleidung? Seht euch die Vögel an: Sie säen nicht, sie ernten nicht, sie sammeln keine Vorräte – euer himmlischer Vater ernährt sie. Seid ihr nicht viel mehr wert als sie? Und was sorgt ihr euch um eure Kleidung? Schaut euch die Lilien auf dem Feld an: Sie arbeiten nicht und weben nicht. Doch ich sage euch: Selbst Salomo in all seiner Pracht war nicht so gekleidet wie eine von ihnen. Wenn aber Gott schon das Gras so prächtig kleidet, das heute auf dem Feld steht und morgen ins Feuer geworfen wird – um wieviel mehr dann euch, ihr Kleingläubigen? Euer Vater im Himmel weiß, was ihr alles braucht. Euch soll es vielmehr zuerst um das Reich Gottes und um Gerechtigkeit gehen; dann wird euch alles andere dazugegeben werden.

Jesus spricht vom Reich Gottes in Gleichnissen

Wenn Jesus in die Städte und Dörfer von Galiläa kommt, laufen die Leute zusammen, um ihn zu hören. Oft redet er in Gleichnissen zu ihnen: Er spricht vom Sämann und von der Saat, vom Kornbauern und seiner Scheune, vom Fischefangen und Schafehüten. Alle Leute verstehen ihn, weil er das Reich Gottes mit wohlbekannten Ereignissen aus ihrem Alltag vergleicht. – Alle vier Evangelisten haben Gleichnisse von Jesus aufgeschrieben.

Der Sämann und die Saat

Das Wort Gottes, das Jesus verkündet, trifft manchmal auf taube Ohren, manchmal wird es gehört und wieder vergessen. Bei denen aber, die es hören und sich danach richten, bewirkt es Gutes: Es bringt „viele Frucht".

Einmal lehrte Jesus wieder am See, und eine große Menschenmenge versammelte sich um ihn. Er bestieg deshalb ein Boot, das im Wasser lag, und setzte sich. Die Menschen aber standen am Ufer, und er sprach lange zu ihnen. Er lehrte sie in Gleichnissen. Er sagte zu ihnen: „Hört! Ein Sämann ging aufs Feld, um zu säen. Und als er säte, fiel ein Teil der Körner auf den Weg, und die

Vögel des Himmels kamen und fraßen sie. Ein anderer Teil fiel auf felsigen Boden, wo es nur wenig Erde gab, und ging sofort auf; als aber die Sonne hochstieg, wurde die Saat versengt, und weil sie keine Wurzeln hatte, verdorrte sie. Wieder ein anderer Teil fiel in Dornen, und die Dornen wuchsen und erstickten die Saat, und sie brachte keine Frucht. Ein anderer Teil schließlich fiel auf guten Boden und brachte Frucht; die Saat ging auf und vermehrte sich und trug dreißigfach, sechzigfach, hundertfach." Und Jesus sprach: „Wer Ohren hat zum Hören, der höre!"

Und er sagte: „Versteht ihr dieses Gleichnis nicht? Der Sämann sät das Wort Gottes. Auf guten Boden ist das Wort bei denen gesät, die es hören und aufnehmen und Frucht bringen."

Das Senfkorn und der Sauerteig

Mit den Gleichnissen vom Senfkorn und vom Sauerteig macht Jesus den Leuten, die ihm zuhören, Mut: Wenn es auch zunächst nur wenige sind, die sich an seinen Worten orientieren, so wächst ihre Schar doch immer mehr. Aus der kleinen Gemeinde der Glaubenden kann das große Reich Gottes werden, „das Himmelreich", wie Matthäus meistens sagt.

Jesus erzählte ihnen noch ein Gleichnis und sagte: „Mit dem Himmelreich ist es wie mit einem Senfkorn, das ein Mann auf seinen Acker säte. Es ist das kleinste von allen Samenkörnern. Sobald es aber herangewachsen ist, ist es größer als die anderen Gewächse und wird zu einem Baum, so daß die Vögel des Himmels kommen und in seinen Zweigen wohnen."

Und noch ein Gleichnis erzählte er ihnen: „Mit dem Himmelreich ist es wie mit einem Stück Sauerteig, den eine Frau unter drei Anteile Mehl mischte, bis das Ganze durchsäuert war."

Dies alles sagte Jesus den vielen Leuten durch Gleichnisse; er redete nur in Gleichnissen zu ihnen, damit sich das Wort des Propheten erfüllte: Ich will meinen Mund auftun und in Gleichnissen reden, ich will verkünden, was bisher verborgen war.

Der Schatz, die Perle, der reiche Bauer und das Netz

Mit dem Gleichnis vom Schatz im Acker und von der Perle deutet Jesus an, wie wertvoll „das Himmelreich" ist. Es wird zwar geschenkt und gefunden – wie ein vergrabener Schatz und eine kostbare Perle – doch sollen die Menschen sich mühen und es mit Eifer suchen. Der reiche Kornbauer sucht es nicht, er denkt nur an sich und seinen Wohlstand. Wer sich aber bemüht, gut zu sein, zu helfen und zu teilen, der wird „in das Himmelreich eingehen" und nicht „weggeworfen" werden wie ein fauler Fisch.

Jesus sprach: „Mit dem Himmelreich ist es wie mit einem Schatz, der in einem Acker vergraben war. Ein Mann entdeckte ihn, grub ihn aber wieder ein. Und in seiner Freude verkaufte er alles, was er besaß, und erwarb den Acker. – Auch ist es mit dem Himmelreich wie mit einem Kaufmann, der wertvolle Perlen suchte. Als er eine besonders kostbare Perle fand, verkaufte er alles, was er besaß, und kaufte sie."

Jesus sagte zu den Leuten: „Gebt acht und hütet euch vor der Habsucht!" Und er erzählte ihnen ein Gleichnis: „Die Felder eines Mannes ließen eine gute Ernte erwarten. Da begann er zu überlegen: Was soll ich tun? Ich weiß nicht, wo ich meine Ernte unterbringen soll! Schließlich sagte er: So will ich es machen: Ich werde meine Scheunen abreißen und größere bauen; dort will ich all mein Getreide und alle meine Vorräte unterbringen. Dann kann ich zu mir selber sagen: Nun hast du einen großen Vorrat, der für viele Jahre reicht. Ruh dich aus, iß und trink und laß dir's gut gehen! Da sprach Gott zu ihm: Du Narr! Noch in dieser Nacht wird dein Leben von dir zurückgefordert. Wem wird dann all das gehören, was du aufgehäuft hast? So geht es jedem, der nur für sich selbst Schätze sammelt, aber vor Gott nicht reich ist."

Und weiter sprach er: „Mit dem Himmelreich ist es wie mit einem Netz, das man ins Meer warf, um Fische aller Art zu fangen. Als es voll war, zogen es die Fischer ans Ufer. Sie setzten sich, lasen die guten Fische aus und legten sie in Körbe. Die schlechten aber warfen sie weg. So wird es auch am Ende der Welt sein: Die Engel werden kommen und die Bösen von den Gerechten trennen und in das Feuer werfen. Dort werden sie heulen und mit den Zähnen knirschen."

Das verlorene Schaf, das verlorene Geldstück

Jesus weiß, daß die Menschen zuweilen das Gute, das sie eigentlich tun möchten, nicht tun, und daß sie das Böse, das sie nicht tun wollen, doch tun. Sie gehen in die Irre wie ein Schaf, sagt Jesus, das von seiner Herde und seinem Hirten wegläuft; sie gehen verloren, wie man ein Geldstück verliert. Doch Gott geht den Verirrten nach und sucht die Verlorengegangenen.

Alle Zöllner und Sünder kamen, um Jesus zu hören. Die Pharisäer und Schriftgelehrten empörten sich darüber und sagten: „Mit Sündern läßt er sich ein und ißt mit ihnen!" Da erzählte er ihnen ein Gleichnis: „Wenn einer von euch hundert Schafe hat und eins davon verliert, läßt er dann nicht die neunundneunzig in der Steppe stehen und geht dem verlorenen nach, bis er es findet? Wenn er es endlich gefunden hat, nimmt er es voll Freude auf seine Schultern, und wenn er nach Hause kommt, ruft er seine Freunde und Nachbarn zusammen und sagt zu ihnen: Freut euch mit mir! Ich habe mein Schaf wiedergefunden, das verloren war. Ich sage euch: Ebenso wird auch im Himmel mehr Freude sein über einen einzigen Sünder, der umkehrt, als über neunundneunzig Gerechte, die eine Umkehr nicht nötig haben."

Und weiter sprach er: „Oder wenn eine Frau zehn Drachmen hat und eine davon verliert, zündet sie dann nicht eine Lampe an, fegt das ganze Haus aus und sucht unermüdlich, bis sie das Geldstück findet? Wenn sie es dann gefunden hat, ruft sie ihre Freundinnen und Nachbarinnen zusammen und sagt: Freut euch mit mir; ich habe das Geld wiedergefunden, das ich verloren hatte. Ich sage euch: Ebenso herrscht bei den Engeln Gottes Freude über einen einzigen Sünder, der umkehrt."

Der verlorene Sohn

Im Gleichnis vom verlorenen Sohn und vom guten Vater wird etwas Überraschendes und zugleich Tröstliches erzählt: Selbst wenn ein Mensch ganz und gar „fortgeht" und alle Liebe Gottes vergißt, wartet Gott, der Vater, auf ihn. Er nimmt ihn wieder auf, wenn er umkehrt, das heißt: wenn ihm leid tut, was er falsch gemacht hat.

Weiter sagte er: „Ein Mann hatte zwei Söhne. Der eine sagte zu seinem Vater: Vater, gib mir das Erbteil, das mir zusteht! Da teilte der Vater das Vermögen auf. Nach wenigen Tagen packte der jüngere Sohn alles zusammen und zog in ein fernes Land. Dort lebte er in Saus und Braus und vergeudete sein Vermögen. Als er alles aufgebraucht hatte, kam eine Hungersnot über das Land, und es ging ihm sehr schlecht. Da ging er zu einem Mann und drängte sich ihm auf. Der Mann schickte ihn aufs Feld zum Schweinehüten. Er hätte gern seinen Hunger mit dem Futter gestillt, das die Schweine fraßen; aber niemand gab es ihm.

Da begann er nachzudenken und sagte: Wie viele Tagelöhner meines Vaters haben mehr als genug zum Essen, und ich komme hier vor Hunger um! Ich will zu meinem Vater gehen und sagen: Vater, ich habe gegen Gott im Himmel gesündigt und gegen dich. Ich bin nicht mehr wert, dein Sohn zu sein. Mach mich zu einem deiner Tagelöhner. Dann brach er auf und ging zu seinem Vater.

Der Vater sah ihn schon von weitem kommen, und er hatte Mitleid mit ihm. Er lief dem Sohn entgegen, fiel ihm um den Hals und küßte ihn. Da sagte der Sohn: Vater, ich habe gegen Gott im Himmel und gegen dich gesündigt; ich bin nicht mehr wert, dein Sohn zu sein. Der Vater aber sagte zu seinen Knechten: Holt schnell das beste Gewand und zieht es ihm an, steckt ihm einen Ring an die Hand und zieht ihm Schuhe an. Bringt das Mastkalb her und schlachtet es, wir wollen ein Festmahl feiern. Mein Sohn war tot und lebt wieder; er war verloren und ist wiedergefunden. Und sie begannen, ein Freudenfest zu feiern.

Sein älterer Sohn war unterdessen auf dem Feld. Als er heimging und in die Nähe des Hauses kam, hörte er Musik und Tanz. Da rief er einen der Knechte und fragte, was das zu bedeuten habe. Der Knecht antwortete: Dein Bruder ist gekommen, und dein Vater hat das Mastkalb schlachten lassen, weil er ihn unversehrt und gesund wieder hat. Da wurde er zornig und wollte nicht hingehen.

Sein Vater kam heraus und redete ihm gut zu. Doch er erwiderte: So viele Jahre schon diene ich dir, nie habe ich gegen deine Befehle gehandelt. Mir aber hast du nie auch nur ein Ziegenböcklein geschenkt, damit ich mit meinen Freunden ein Festmahl hätte feiern können. Kaum aber ist der heimgekommen, der dein Geld mit Frauen durchgebracht hat, da hast du für ihn das Mastkalb geschlachtet. Der Vater antwortete ihm: Mein Kind, du bist immer bei mir, und alles, was ich habe, gehört auch dir. Heute aber müssen wir ein Fest feiern und uns freuen; denn dein Bruder war tot und lebt wieder; er war verloren und wurde wiedergefunden."

Nach den eingeschobenen Texten der anderen Evangelisten geht es weiter mit dem unterbrochenen Evangelien-Text des Markus.

In der Zeit, als die Evangelien geschrieben wurden, waren die Christen in harter Bedrängnis: Stephanus und Jakobus waren von glaubens-eifrigen Juden getötet, Petrus und Paulus von ungläubigen Römern hingerichtet worden. Mit den Wundergeschichten von Wind und Meer spricht Markus den verängstigten Christengemeinden Mut zu: Habt Vertrauen! Gott ist nahe! Er ist stärker als die bösen Mächte, die euch bedrohen.

Jesus hat Macht über Sturm und Meer

Eines Tages sagte Jesus am Abend zu den Jüngern: „Wir wollen ans andere Ufer fahren!" Sie schickten das Volk weg und stiegen mit ihm in ein Boot, und andere Boote begleiteten ihn. Plötzlich erhob sich ein gewaltiger Sturm. Die Wellen schlugen in das Boot, so daß es sich mit Wasser zu füllen begann. Er aber lag hinten im Boot auf einem Kissen und schlief. Sie weckten ihn und sagten zu ihm: „Meister! Kümmert es dich nicht, daß wir untergehen?" Da stand er auf, drohte dem Wind und sagte zu dem See: „Schweig! Sei still!" Und der Wind legte sich, und es trat völlige Stille ein. Er sagte zu ihnen: „Warum habt ihr solche Angst? Habt ihr denn keinen Glauben?" Da wurden sie von großer Furcht ergriffen, und sie sagten zueinander: „Was ist das für ein Mensch, daß ihm sogar Wind und Meer gehorchen?"

In Jesus ist Gott den Menschen nahe

Ein andermal forderte Jesus seine Jünger auf, ins Boot zu steigen und ans andere Ufer nach Betsaida vorauszufahren. Als der Abend anbrach, war das Boot mitten auf dem See, er aber war allein am Ufer. Er sah, wie sie sich beim Rudern abmühten, denn sie hatten Gegenwind. Es war um die vierte Nachtwache, gegen drei Uhr. Da ging er auf dem See zu ihnen, wollte aber an ihnen vorübergehen. Als sie ihn über das Wasser gehen sahen, meinten sie, es sei ein Gespenst, und schrien auf. Alle sahen ihn und erschraken. Doch er begann mit ihnen zu sprechen und sagte: „Habt Vertrauen! Ich bin es! Habt keine Angst!" Dann stieg er zu ihnen in das Boot, und der Wind legte sich. Sie aber waren bestürzt und außer sich.

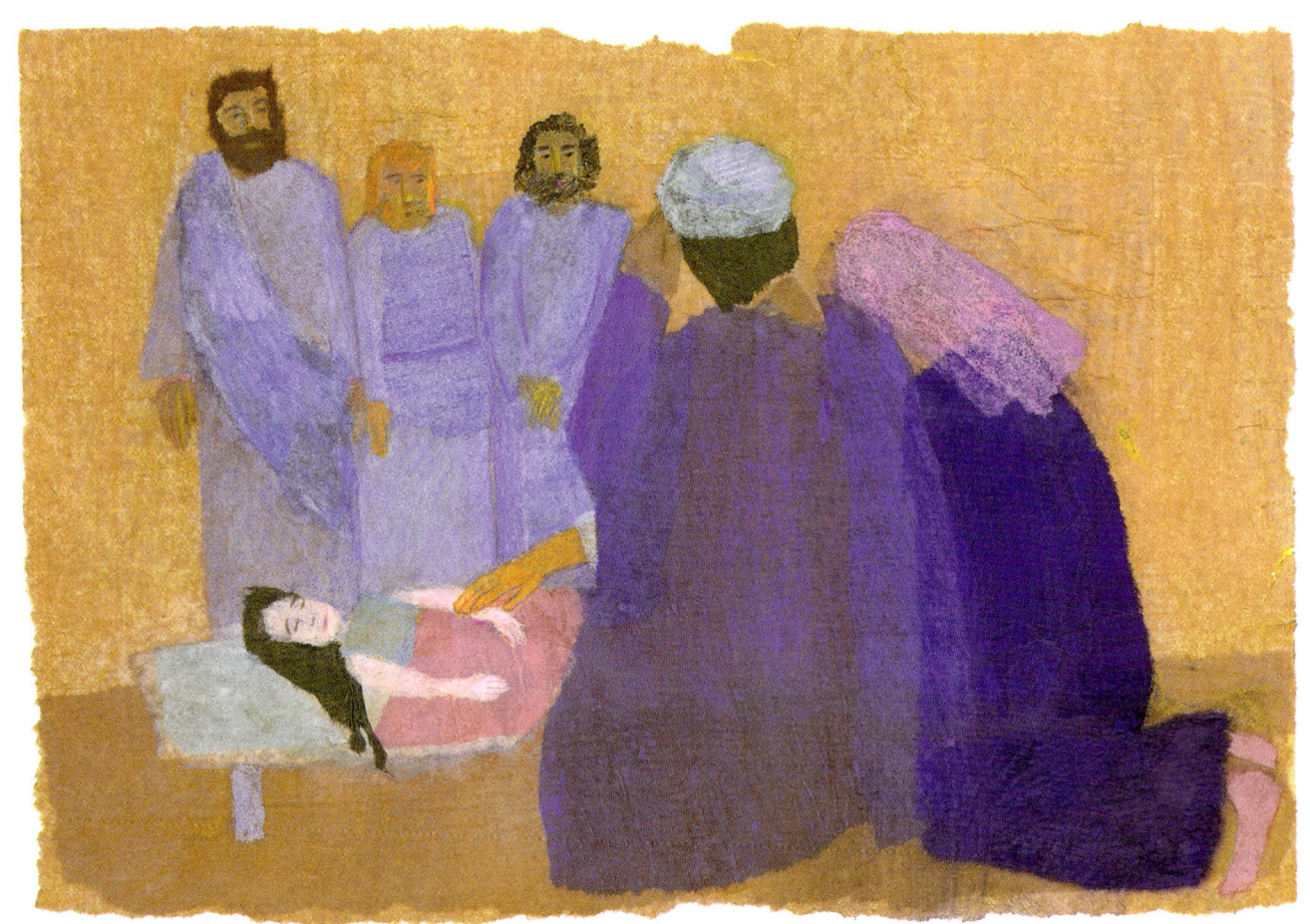

Jesus erweckt ein zwölfjähriges Mädchen vom Tod zum Leben

Jesus fuhr im Boot an das andere Ufer hinüber, und eine große Menschenmenge versammelte sich um ihn. Er war noch am Ufer des Sees, da kam ein Synagogenvorsteher, der Jairus hieß. Als er Jesus sah, fiel er ihm zu Füßen und flehte ihn um Hilfe an; er sagte: „Meine Tochter liegt im Sterben! Komm und leg ihr die Hände auf, damit sie gesund wird und am Leben bleibt!" Da ging Jesus mit ihm. Viele Leute gingen mit und drängten sich um ihn.

Da kamen Leute, die zum Haus des Synagogenvorstehers gehörten, und sagten zu Jairus: „Bemühe den Meister nicht länger! Deine Tochter ist gestorben." Jesus hörte, was sie sagten, und sprach zu Jairus: „Sei ohne Furcht, glaube nur!" Und er ließ keinen mitkommen außer Petrus, Jakobus und Johannes. So gingen sie zum Haus des Synagogenvorstehers. Als Jesus den Lärm bemerkte und hörte, wie sie weinten und klagten, trat er ein und sagte zu ihnen: „Was schreit und jammert ihr? Das Kind ist nicht gestorben, es schläft nur." Da lachten sie ihn aus. Er schickte alle hinaus und nahm außer seinen Jüngern nur die Eltern mit in das Zimmer, wo das Kind lag. Er faßte das Kind bei der Hand und sprach zu ihm: „Talita kum!" Das heißt: „Mädchen, ich sage dir, steh auf!" Sofort stand das Mädchen auf und ging umher. Es war zwölf Jahre alt. Die Leute aber gerieten außer sich und waren entsetzt. Er aber verbot ihnen streng, irgend jemand davon zu erzählen. Dann sagte er, man solle dem Mädchen zu essen geben.

Die Geschichte vom Mahl mit den gesegneten Broten

Wenn man die folgende Geschichte liest, glaubt man fast, beim sonntäglichen Gottesdienst einer frühen christlichen Gemeinde dabeizusein. Bei dem Satz „Er lehrte sie vieles" fällt einem der Wortgottesdienst ein; beim Segen über das Brot und beim „Austeilen und Essen" könnte man an die Eucharistiefeier oder an einen Abendmahlsgottesdienst denken.

Dann fuhren sie mit dem Boot in eine einsame Gegend, um allein zu sein. Aber man sah sie abfahren, und viele hörten davon. Sie liefen zu Fuß aus allen Städten dorthin und kamen noch vor ihnen an. Als Jesus ausstieg und die vielen Menschen sah, hatte er Mitleid mit ihnen, denn sie waren wie Schafe, die keinen Hirten haben. Und er lehrte sie vieles.

Am Abend kamen seine Jünger zu ihm und sagten: „Der Ort ist abgelegen, und es ist schon spät. Schick die Leute weg, damit sie in die umliegenden Gehöfte und Dörfer gehen und sich etwas zu essen kaufen können." Jesus erwiderte ihnen: „Gebt ihr ihnen zu essen!" Sie sagten zu ihm: „Sollen wir weggehen, für 200 Denare Brot kaufen und es ihnen geben, damit sie zu essen haben?" Er sagte zu ihnen: „Wie viele Brote habt ihr denn? Geht und schaut nach." Sie taten es und berichteten: „Fünf. Und zwei Fische." Da befahl er den Leuten, sich ins frische Gras zu setzen. Sie setzten sich in Gruppen zu hundert und fünfzig.

Da nahm er die fünf Brote und die zwei Fische, blickte zum Himmel auf, sprach den Segen, brach die Brote und gab sie den Jüngern, damit sie sie austeilten. Auch die Fische ließ er unter die Leute verteilen. Und alle aßen und wurden satt. Als man die Reste der Brote und der Fische einsammelte, wurden zwölf Körbe voll. Es waren 5000 Männer, die von den Broten aßen.

Zwei interessante Geschichten werden aus der Stadt Jericho überliefert: Vom Zöllner Zachäus und vom Bettler Bartimäus. Beide sind einsam, jeder auf seine Art.

Von Zachäus erzählt der Evangelist Lukas: Er ist ein Betrüger, er wird von den Leuten gehaßt, alle meiden ihn. Jesus aber kommt und setzt sich mit ihm an den Tisch. – Von Bartimäus erzählt dann wieder der Evangelist Markus: Er ist blind und sitzt bettelnd draußen vor der Stadt am Wegrand. Jesus ruft ihn zu sich, und Bartimäus folgt ihm nach.

Jesus und der Zöllner Zachäus

Einmal kam Jesus nach Jericho und ging durch die Stadt. Dort wohnte ein Mann, der Zachäus hieß. Er war Oberzöllner und hatte viel Geld. Er wollte gerne Jesus sehen, doch die Leute versperrten ihm die Sicht, denn Zachäus war klein. Darum lief er ein Stück voraus und kletterte auf einen Feigenbaum, um ihn zu sehen, denn dort sollte er vorbeikommen. Als Jesus an die Stelle kam, schaute er hinauf und sagte zu ihm: „Zachäus! Komm schnell herunter! Denn heute muß ich bei dir zu Hause zu Gast sein." Da stieg er schnell herunter und nahm Jesus freudig bei sich auf.

Als die Leute das sahen, waren sie verärgert und sagten: „Bei einem Sünder ist er zu Gast!" Zachäus aber wandte sich an den Herrn und sagte: „Siehe, Herr, die Hälfte meines Vermögens gebe ich den Armen, und wenn ich jemand ausgebeutet habe, gebe ich es ihm vierfach zurück." Da sprach Jesus zu ihm: „Heute ist das Heil in dein Haus gekommen; auch Zachäus ist ein Sohn Abrahams. Denn der Menschensohn ist gekommen, um die Verlorenen zu suchen und zu retten!"

Jesus und der Bettler Bartimäus

Sie kamen nach Jericho. Als Jesus mit seinen Jüngern und einer großen Volksmenge Jericho wieder verließ, saß da an der Straße ein blinder Bettler, Bartimäus, der Sohn des Timäus. Wie er hörte, daß es Jesus von Nazaret war, rief er laut: „Jesus! Sohn Davids! Hab Erbarmen mit mir!" Viele wurden ärgerlich und befahlen ihm zu schweigen. Er aber schrie noch viel lauter: „Sohn Davids! Erbarme dich meiner!" Jesus blieb stehen und sagte: „Ruft ihn her!"

Sie riefen den Blinden und sagten zu ihm: „Hab keine Angst. Steh auf, er ruft dich." Da warf er seinen Mantel ab, sprang auf und ging zu Jesus. Jesus sagte zu ihm: „Was soll ich für dich tun?" Der Blinde antwortete: „Mein Herr, ich möchte wieder sehen können." Da sagte Jesus zu ihm: „Dein Glaube hat dich geheilt!" Im gleichen Augenblick konnte er wieder sehen. Und er folgte ihm auf seinem Weg.

Jesus, der Messias, wird viel leiden müssen

Jesus ging mit seinen Jüngern in die Dörfer, die in der Nähe von Cäsarea Philippi lagen. Unterwegs fragte er seine Jünger: „Für wen halten mich die Leute?" Sie antworteten ihm: „Die einen für Johannes den Täufer. Andere für Elija. Wieder andere für sonst einen der Propheten." Da fragte er sie: „Und ihr? Für wen haltet ihr mich?"

Simon Petrus antwortete ihm: „Du bist der Messias, der Christus." Da verbot er ihnen, mit jemandem über ihn zu sprechen. Danach erklärte er ihnen, der Menschensohn müsse vieles erleiden. Er werde von den Ältesten, Hohenpriestern und Schriftgelehrten verworfen. Er werde getötet werden, aber nach drei Tagen werde er auferstehen. Er redete ganz offen darüber. Dann rief er seine Jünger und die Leute zu sich und sprach: „Wer zu mir gehören will, der verleugne sich selbst, nehme sein Kreuz auf sich und folge mir nach."

Jesus, die Jünger und die Kinder

Sie kamen nach Kafarnaum. Und als er im Haus war, fragte er die Jünger: "Worüber habt ihr unterwegs gesprochen?" Sie schwiegen, denn sie hatten darüber gesprochen, wer von ihnen der Größte sei. Da setzte er sich, rief die Zwölf und sagte zu ihnen: "Wer der Erste sein will, soll der Letzte von allen und der Diener aller sein!" Und er stellte ein Kind in ihre Mitte, nahm es in seine Arme und sagte zu ihnen: "Wer ein solches Kind um meinetwillen aufnimmt, der nimmt mich auf. Wer aber mich aufnimmt, der nimmt nicht nur mich auf, sondern auch den, der mich gesandt hat." Und weiter sprach er: "Wer eines von diesen Kleinen, die an mich glauben, zum Bösen verführt, für den wäre es besser, wenn man ihn mit einem Mühlstein um den Hals ins Meer werfen würde."

Ein andermal brachte man Kinder zu ihm, damit er sie mit der Hand berühre. Die Jünger aber wiesen die Leute ab. Als Jesus das sah, wurde er ärgerlich und sagte zu ihnen: "Laßt die Kinder zu mir kommen, hindert sie nicht! Denn Menschen wie ihnen gehört das Reich Gottes. Amen, ich sage euch: Wer das Reich Gottes nicht annimmt, als wäre er ein Kind, wird nicht hineinkommen." Und er nahm die Kinder in seine Arme; dann legte er ihnen die Hände auf und segnete sie.

Jesus zieht festlich in Jerusalem ein

Sie kamen in die Nähe von Jerusalem, nach Betfage und Betanien am Ölberg. Da schickte Jesus zwei seiner Jünger voraus und sagte zu ihnen: „Geht in das Dorf, das vor euch liegt; wenn ihr hineinkommt, werdet ihr das Fohlen eines Esels finden, angebunden, auf dem noch kein Mensch gesessen hat. Bindet es los und bringt es her! Und wenn euch jemand fragt: Was macht ihr da? – dann antwortet: Der Herr braucht es, er schickt es gleich wieder zurück." Da gingen sie. An der Straße fanden sie an einer Tür draußen ein Eselsfohlen angebunden und banden es los. Einige, die dabeistanden, sagten zu ihnen: „Wie kommt ihr dazu, das Fohlen loszubinden?" Sie antworteten, was Jesus ihnen gesagt hatte, und die Leute ließen sie gewähren.

Sie brachten das Eselsfohlen zu Jesus, legten ihr Kleider auf den Rücken des Tieres, und er setzte sich darauf. Und viele breiteten ihre Kleider auf dem Weg aus; andere rissen auf den Feldern Grasbüschel ab und streuten sie auf die Straße. Die Leute, die vor ihm hergingen und die ihm folgten, riefen: „Hosanna!
Hochgelobt sei, der da kommt im Namen des Herrn!
Gepriesen sei das Reich unseres Vaters David, das nun anbricht!
Hosanna, Gott in der Höhe!"

Und er ging nach Jerusalem hinein, in den Tempel. Nachdem er im Tempel alles betrachtet hatte, zog er, spät am Abend, mit den Zwölf hinaus nach Betanien.

Jesus lehrt im Tempel

Darauf kamen sie wieder nach Jerusalem. Jesus ging in den Tempel und trieb die Händler und Käufer aus dem Heiligtum hinaus. Er stieß die Tische der Geldwechsler und die Stände der Taubenhändler um und ließ nicht zu, daß jemand etwas durch den Tempel trug. Dann lehrte er sie und sprach: „Steht nicht geschrieben: Mein Haus soll ein Haus des Gebetes genannt werden für alle Völker? Ihr aber habt aus dem Tempel eine Räuberhöhle gemacht!" Die Hohenpriester aber und die Schriftgelehrten hörten davon. Sie suchten nach einer Gelegenheit, wie sie ihn umbringen könnten. Denn sie fürchteten ihn, weil das ganze Volk überzeugt war von seiner Lehre. Gegen Abend verließ er die Stadt.

Das wichtigste von allen Geboten

In Jerusalem führt Jesus Streitgespräche mit jüdischen Gelehrten; es geht um Gesetz und Propheten, um den Messias und die Auferstehung von den Toten. Einmal wird er nach dem wichtigsten aller Gebote gefragt. Markus berichtet von der Antwort, die Jesus gibt, nur kurz; etwas ausführlicher hat Lukas, an einer anderen Stelle, davon erzählt, nämlich folgendes:

Ein Gesetzeslehrer stand auf, um Jesus eine Falle zu stellen. Er fragte: „Meister! Was muß ich tun, um das ewige Leben zu erlangen?" Jesus sagte zu ihm: „Was steht im Gesetz? Was liest du da?" Er antwortete: „Du sollst den Herrn, deinen Gott, lieben von ganzem Herzen und ganzer Seele, mit all deiner Kraft und deinem ganzen Denken. Und: Du sollst deinen Nächsten lieben wie dich selbst." Jesus sagte zu ihm: „Du hast richtig geantwortet. Handle danach, und du wirst leben." Der Gesetzeslehrer wollte seine Frage rechtfertigen und sagte zu Jesus: „Und wer ist das, mein Nächster?" Jesus antwortete:

„Ein Mann ging von Jerusalem nach Jericho hinab und wurde von Räubern überfallen. Sie plünderten ihn aus und schlugen ihn nieder. Dann gingen sie weg und ließen ihn halbtot liegen. Zufällig kam ein Priester denselben Weg herab; er sah ihn und ging vorbei. Auch ein Levit kam zu der Stelle; er sah ihn und ging vorbei.

Schließlich kam ein Mann aus Samarien, der auf der Reise war; als er ihn sah, hatte er Mitleid. Er ging zu ihm hin, goß Öl und Wein auf seine Wunden und verband sie. Dann hob er ihn auf sein Reittier, brachte ihn zu einer Herberge und pflegte ihn. Am anderen Tag holte er zwei Denare hervor, gab sie dem Wirt und sagte: Sorge für ihn, und wenn du mehr für ihn verbrauchst, werde ich es dir geben, wenn ich wiederkomme.

Was meinst du: Wer von diesen dreien hat den Mann, der von den Räubern überfallen wurde, wie seinen Nächsten behandelt?" Der Gesetzeslehrer antwortete: „Der, der barmherzig war und ihm geholfen hat." Da sagte Jesus zu ihm: „Dann geh und handle genauso!"

Das Maß, mit dem beim Weltgericht gemessen wird

Der richtige Umgang mit dem Nächsten – das wird das Maß sein, mit dem der Richter am Jüngsten Tage die Menschen messen wird. Matthäus erinnert sich in seiner „Weltgerichtsrede" an die Worte Jesu wie folgt:

„Wenn der Menschensohn in seiner Herrlichkeit kommt und alle Engel mit ihm, dann wird er sich auf den Thron seiner Herrlichkeit setzen. Und alle Völker werden vor ihm versammelt. Und er wird sie voneinander scheiden, wie der Hirt die Schafe von den Böcken trennt. Er wird die Schafe auf seine rechte Seite, die Böcke aber auf seine linke Seite stellen. Dann wird der König zu denen an seiner rechten Seite sagen: Kommt her, die ihr von meinem Vater gesegnet seid, nehmt das Reich in Besitz, das seit Anfang der Welt für euch geschaffen worden ist. Denn ich war hungrig, und ihr habt mir zu essen gegeben; ich war durstig, und ihr habt mir zu trinken gegeben; ich war obdachlos und fremd, und ihr habt mich aufgenommen; ich war nackt, und ihr habt mich bekleidet; ich war krank, und ihr habt mich besucht; ich war im Gefängnis, und ihr seid zu mir gekommen.

Dann werden ihm die Gerechten antworten: Herr, wann haben wir dich hungrig gesehen und dir zu essen gegeben? Oder durstig und dir zu trinken gegeben? Und wann haben wir dich obdachlos und fremd gesehen und dich aufgenommen? Oder nackt und dich bekleidet? Und wann haben wir dich krank oder im Gefängnis gesehen und sind zu dir gekommen?

Darauf wird der König ihnen antworten: Amen, ich sage euch: Was ihr für einen meiner geringsten Brüder getan habt, das habt ihr für mich getan.

Dann wird er sich an die auf seiner linken Seite wenden und zu ihnen sagen: Weg von mir, ihr Verfluchten, in das ewige Feuer, das für den Teufel und seine Engel geschaffen ist! Denn ich war hungrig, und ihr habt mir nichts zu essen gegeben. Ich war durstig, und ihr habt mir nichts zu trinken gegeben. Ich war fremd und obdachlos, und ihr habt mich nicht aufgenommen. Ich war nackt, und ihr habt mich nicht bekleidet. Ich war krank und im Gefängnis, und ihr habt mich nicht besucht. – Dann werden auch sie sagen: Herr, wann haben wir dich hungrig oder durstig, fremd, obdachlos oder nackt oder im Gefängnis gesehen und haben dir nicht geholfen? Darauf wird er ihnen antworten: Amen, ich sage euch: Was ihr für einen dieser Geringsten nicht getan habt, das habt ihr auch für mich nicht getan. So werden diese die ewige Strafe erhalten, die Gerechten aber das ewige Leben."

Die Markuspassion:
Leiden, Tod und Auferstehung des Herrn

In allen Jahrhunderten haben Christen überall dort, wo sie lebten, Kreuze als Spuren und Zeichen ihres Glaubens hinterlassen. Zahllose Städte haben sie nach dem Kreuz benannt: Bad Kreuznach und Kreuzau in Deutschland, Vera Cruz in Amerika. Gipfelkreuze stehen auf den Bergen, Wegkreuze an Wallfahrtsstraßen; Kreuze zieren Wappen und Fahnen, Schmuckkreuze aus Gold und Silber hängen an zierlichen Halskettchen. Kreuz? Man denkt sich gewöhnlich nicht mehr viel dabei. Nur manchmal, wenn wir in der Bibel vom Leiden, vom Tod und von der Auferstehung des Jesus von Nazaret lesen, spüren wir noch etwas davon, was es bedeutet, daß Jesus für uns am Kreuz gestorben ist.

„Für uns" – das bedeutet, daß Jesus sich uns zuliebe nicht von seiner Botschaft vom Reich Gottes hat abbringen lassen. Eher hat er den Tod am Kreuz auf sich genommen, als daß er ein Wort von dem zurückgenommen hätte, was er zum Heil der Menschen gesagt hat und woran seine Gegner Anstoß nahmen.

„Für uns" – das bedeutet auch, daß Jesus am Kreuz unsere Fehler und Schwachheiten und die Schuld und Sünde aller Menschen auf sich (wir würden heute sagen: auf seine Kappe) genommen hat. Seitdem können wir freier atmen und aufrechter durchs Leben gehen. Frei atmen und aufrecht gehen dürfen: Das meint man, wenn man Erlösung sagt.

„Für uns" – das bedeutet schließlich: Jesus hat uns durch seinen Tod und seine Auferweckung gezeigt, daß niemand von Gott verlassen ist, mag es manchmal auch so scheinen. In Jesus hat sich bewährt und bewahrheitet, daß Gott der Ich-bin-da-für-euch ist.

Wer an den glaubt und zu dem aufschaut, der am Kreuz für uns gestorben ist und den Gott, der Vater, am dritten Tag zum Leben auferweckte, der kann mit Vertrauen beten, was schon der Verfasser eines Psalms im Alten Testament gebetet hat: „Und muß ich gehn durch die finstere Schlucht – ich fürchte das Unheil nicht, denn du bist bei mir. Dein Stock und dein Stab geben mir Zuversicht." Dein Kreuz gibt mir Zuversicht.

Von einigen Einschüben abgesehen, folgen wir nun wieder den Texten des Markus-Evangeliums. Es ist das älteste und ursprünglichste der vier Evangelien; in knapper, ungekünstelter Sprache stellt Markus die wichtigsten Stationen von Leiden, Tod und Auferstehung Jesu dar.

Die Gegner beschließen, Jesus zu töten

Es war zwei Tage vor dem Pascha und dem Fest der Ungesäuerten Brote. Die Hohenpriester und Schriftgelehrten planten, wie sie Jesus mit List fangen und töten könnten. Sie sagten aber: „Nicht am Fest! Es könnte unter dem Volk ein Aufruhr entstehen!" Judas aber, einer von den Zwölf, Iskariot mit Beinamen, ging zu den Hohenpriestern; er wollte Jesus den Hohenpriestern ausliefern. Als sie das hörten, freuten sie sich und versprachen, ihm Geld zu geben. Von da an wartete er auf eine günstige Gelegenheit, Jesus zu verraten.

Die Jünger bereiten das Paschamahl vor

Am ersten Tag der Ungesäuerten Brote, an dem man das Pascha-Lamm schlachtete, sagten die Jünger zu Jesus: „Wo sollen wir das Paschamahl zubereiten?" Da schickte er zwei seiner Jünger voraus und sagte zu ihnen: „Geht in die Stadt. Da wird euch ein Mann begegnen, der einen Wasserkrug trägt; dem folgt, bis er in ein Haus hineingeht. Dann sagt ihr zu dem Hausherrn: Der Meister läßt fragen: Wo ist der Raum, in dem ich mit meinen Jüngern das Paschamahl halten kann? Er wird euch einen großen Raum, oben, zeigen, der schon hergerichtet und mit Liegepolstern ausgestattet ist. Dort sollt ihr alles für uns zubereiten." Die Jünger machten sich auf den Weg und kamen in die Stadt. Sie fanden alles so, wie er gesagt hatte, und bereiteten das Paschamahl vor.

Jesus hält mit den zwölf Aposteln das Letzte Abendmahl

Über das Pascha-Mahl, das Jesus mit seinen Jüngern hält, steht ein kurzer Text in einem der Briefe des Apostels Paulus. (Der Brief ist 15 Jahre älter als das Markus-Evangelium.) Dieser Text ist der älteste „Abendmahls-Bericht", den man kennt. Vielleicht sind die wichtigsten Sätze daraus schon zur Zeit des Paulus in den christlichen Gottesdiensten gesprochen worden. Paulus schreibt, er habe diese Worte „vom Herrn empfangen", das heißt vermutlich: von Zeugen, die Jesus selbst noch gesehen und gehört haben.

„Ich habe vom Herrn empfangen, was ich euch überliefert habe: Jesus, der Herr, nahm in der Nacht, in der er ausgeliefert wurde, Brot, sagte Dank, brach es und sprach: Das ist mein Leib, der für euch hingegeben wird! Tut das zum Andenken an mich. Ebenso nahm er nach dem Mahl den Kelch und sprach: Dieser Kelch ist der Neue Bund in meinem Blut. Tut das, sooft ihr daraus trinkt, zum Andenken an mich."

Im Markus-Evangelium wird davon ausführlicher erzählt:

Als es Abend wurde, kam Jesus mit den Zwölf. Während sie bei Tisch waren und aßen, sagte er: „Wahrlich, ich sage euch: Einer von euch wird mich verraten, einer, der hier mit mir am Tisch sitzt." Da wurden sie traurig, und einer nach dem andern fragte ihn: „Doch nicht etwa ich?" Er sagte zu ihnen: „Es ist einer von euch Zwölf. Einer, der mit mir aus der Schüssel ißt. Der Menschensohn geht zwar dahin, wie über ihn geschrieben steht; doch wehe dem Menschen, durch den er verraten wird. Es wäre besser für ihn, wenn er nicht geboren wäre!" – Während sie aßen, nahm er ein Brot, sprach den Segen, brach es und gab es ihnen und sprach: „Nehmt! Das ist mein Leib." Dann nahm er einen Becher, sprach das Dankgebet, reichte ihn den Jüngern, und sie tranken alle daraus. Und er sagte zu ihnen: „Das ist mein Blut, das Blut des Bundes, das für viele vergossen wird."

Am Ölberg und im Garten Getsemani

Dann beteten sie den Lobgesang und gingen hinaus zum Ölberg. Dort sagte Jesus zu ihnen: „Ihr werdet alle an mir Anstoß nehmen. Denn es steht geschrieben: Ich werde den Hirten erschlagen, und die Schafe werden zerstreut. Aber nach meiner Auferstehung werde ich euch vorausgehen nach Galiläa." Da sagte Petrus zu ihm: „Und wenn alle an dir Anstoß nehmen – ich nicht!" Jesus antwortete ihm: „Wahrlich, ich sage dir: Noch ehe heute nacht der Hahn zweimal kräht, wirst du mich dreimal verleugnen." Petrus aber beteuerte: „Und wenn ich mit dir sterben müßte – ich werde dich nie verleugnen!" Dasselbe sagten auch die anderen.

Sie gingen zu einem Garten, der Getsemani heißt. Und er sagte zu seinen Jüngern: „Setzt euch und wartet hier, während ich bete." Er nahm Petrus, Johannes und Jakobus mit sich. Und er fing an zu zittern und zu verzagen, und sagte zu ihnen: „Betrübt ist meine Seele zu Tode! Bleibt hier, bleibt wach!" Dann ging er ein kleines Stück weiter, warf sich auf die Erde nieder und betete, daß doch die Stunde an ihm vorübergehen möge. Er sprach: „Abba, Vater! Alles ist dir möglich. Nimm diesen Kelch von mir! Doch soll geschehen, was du willst, nicht was ich will." Und er ging zurück und fand sie schlafend. Da sagte er zu Petrus: „Simon! Du schläfst? Konntest du nicht eine Stunde wach bleiben? Wacht und betet, daß ihr nicht in Versuchung geratet! Der Geist ist willig, aber das Fleisch ist schwach." Dann ging er wieder weg und betete mit denselben Worten. Und als er zurückkam, fand er sie wieder schlafend, denn die Augen waren ihnen schwer geworden, und sie wußten nicht, was sie ihm antworten sollten. Und er kam zum dritten Mal und sagte zu ihnen: „Schlaft ihr noch immer? Ruht ihr euch aus? Genug. Die Stunde ist gekommen. Jetzt wird der Menschensohn in die Hände der Sünder ausgeliefert. Steht auf, wir wollen gehen! Seht – der Mensch, der mich verrät, ist nah."

Jesus wird gefangengenommen

Während er noch redete, kam Judas, einer der Zwölf, und mit ihm eine Schar von Männern, mit Schwertern und Knüppeln bewaffnet. Sie kamen im Auftrag der Hohenpriester, der Schriftgelehrten und der Ältesten. Der Verräter hatte mit ihnen ein Zeichen ausgemacht und gesagt: „Der, den ich küssen werde, der ist es. Nehmt ihn fest! Führt ihn ab, und laßt ihn nicht entkommen!" Und als er kam, ging er sogleich auf ihn zu und sagte: „Rabbi!", und er küßte ihn. Da ergriffen sie Jesus und nahmen ihn fest. Doch einer von denen, die dabeistanden, zog das Schwert, schlug auf den Knecht des Hohenpriesters ein und hieb ihm ein Ohr ab. Da sagte Jesus zu ihnen: „Mit Schwertern und Knüppeln seid ihr ausgezogen, um mich einzufangen wie einen Räuber. Tag für Tag war ich bei euch im Tempel und lehrte, und ihr habt mich nicht gefangengenommen. Doch muß die Schrift in Erfüllung gehen." Da verließen ihn alle und flohen. Ein junger Mann, der nur ein Leinentuch um den bloßen Leib trug, wollte ihm nachgehen. Da packten sie ihn; er aber ließ das Tuch fallen und floh nackt.

Jesus vor dem Hohen Rat der Juden

Sie führten Jesus zum Hohenpriester, und alle Hohenpriester und Ältesten und Schriftgelehrten versammelten sich. Petrus aber war ihnen von weitem gefolgt, bis in den Hof des Hohenpriesters. Dort saß er bei den Knechten und wärmte sich am Feuer.

Der Hohepriester und der ganze Hohe Rat suchten nach einer Zeugenaussage gegen Jesus, denn sie wollten ihn zum Tode verurteilen. Sie fanden aber nichts. Viele machten zwar falsche Aussagen gegen ihn, aber die Aussagen stimmten nicht überein. Einige der falschen Zeugen, die gegen ihn aufstanden, behaupteten: „Wir haben gehört, wie er gesagt hat: Ich werde diesen von Menschenhand erbauten Tempel niederreißen und in drei Tagen einen anderen errichten, der nicht von Menschen gemacht ist!"

Doch auch in dieser Zeugenaussage waren sie nicht einstimmig. Da stand der Hohepriester auf, trat in die Mitte und fragte Jesus: „Antwortest du nichts auf das, was sie gegen dich bezeugen?" Er aber schwieg und gab keine Antwort. Der Hohepriester wandte sich noch einmal an ihn und fragte: „Bist du der Messias, der Sohn des Hochgelobten?" Jesus sagte: „Ich bin es. Und ihr werdet den Menschensohn zur Rechten Gottes sitzen und kommen sehen mit den Wolken des Himmels!" Da zerriß der Hohepriester sein Gewand und rief: „Was brauchen wir nun noch Zeugen? Ihr habt die Gotteslästerung gehört! Was ist eure Meinung?" Da verurteilten sie ihn alle und sagten, er sei des Todes schuldig. Und einige spuckten ihn an, hielten ihm die Augen zu und schlugen mit Fäusten auf ihn ein. Sie sagten: „Zeig doch, daß du ein Prophet bist!" Auch die Diener schlugen ihn.

Jesus wird von Petrus verleugnet

Petrus war unten im Hof; da kam eine von den Dienerinnen des Hohenpriesters. Sie sah, wie Petrus sich wärmte, blickte ihn an und sagte: „Auch du warst bei dem Nazoräer, diesem Jesus da." Doch er leugnete und sprach: „Ich weiß nicht und verstehe nicht, wovon du redest." Und er ging hinaus in den Vorhof. Da krähte ein Hahn. Als die Dienerin ihn dort sah, sagte sie noch einmal zu denen, die dabeistanden: „Der da ist einer von ihnen!" Er aber leugnete wieder. Wenig später sagten die Leute, die im Hof standen, von neuem zu Petrus: „Wahrhaftig, du bist einer von ihnen! Du bist doch auch ein Galiläer." Da verfluchte er sich und schwor: „Ich kenne diesen Menschen nicht, von dem ihr

redet!" Und sogleich krähte der Hahn zum zweitenmal. Da erinnerte sich Petrus, daß Jesus zu ihm gesagt hatte: Ehe der Hahn zweimal kräht, wirst du mich dreimal verleugnen. Und er begann zu weinen.

Jesus vor dem römischen Gericht des Pilatus

Gleich am frühen Morgen ließen die Hohenpriester, die Ältesten und die Schriftgelehrten – also der ganze Hohe Rat – Jesus fesseln. Sie ließen ihn abführen und an Pilatus ausliefern; das hatten sie beschlossen. Pilatus fragte ihn: „Bist du der König der Juden?" Er antwortete ihm: „Du sagst es." Und die Hohenpriester brachten viele Anklagen gegen ihn vor. Pilatus wandte sich wieder an Jesus und fragte: „Hast du dazu nichts zu sagen? Sieh doch, wie viele Anklagen sie wider dich erheben!" Jesus aber gab keine Antwort mehr, so daß Pilatus sich wunderte.

Zum Paschafest war es üblich, daß Pilatus jedesmal einen Gefangenen freiließ, den sie sich wünschten. Damals saß gerade ein Mann mit Namen Barabbas im Gefängnis, zusammen mit anderen Rebellen, die bei einem Aufstand einen Mord begangen hatten. Das Volk zog hinauf zu Pilatus und bat ihn, er möge ihnen dasselbe gewähren wie bisher. Pilatus fragte die Leute: „Wollt ihr, daß ich euch den König der Juden freigebe?" Er merkte nämlich, daß die Hohenpriester ihn aus Eifersucht ausgeliefert hatten; die Hohenpriester aber hatten sie aufgewiegelt, er solle lieber den Barabbas freigeben. Pilatus wandte sich erneut an sie und sagte: „Was soll ich denn mit dem machen, den ihr den König der Juden nennt?" Da schrien sie: „Kreuzige ihn!" Pilatus entgegnete: „Was hat er denn Böses getan?" Da schrien sie noch viel lauter: „Kreuzige ihn!" Da ließ Pilatus, um sie zufriedenzustellen, den Barabbas frei. Jesus aber ließ er geißeln und übergab ihn den Soldaten zur Kreuzigung.

Die Soldaten führten ihn in den Palast, den man Prätorium nennt, in das Innere des Hofs. Dort riefen sie die ganze Kohorte zusammen. Dann legten sie ihm einen Purpurmantel um und flochten einen Dornenkranz; den setzten sie ihm auf und grüßten ihn: „Heil dir, König der Juden!" Sie schlugen ihn auf den Kopf, mit einem Stock, sie spuckten ihn an, beugten ihre Knie und huldigten ihm, indem sie sich tief verneigten. Nachdem sie so ihren Spott mit ihm getrieben hatten, zogen sie ihm den Purpurmantel aus und legten ihm seine eigenen Oberkleider wieder an. Dann führten sie ihn nach draußen, um ihn zu kreuzigen.

Jesus wird auf dem Berg Golgota gekreuzigt

Ein Mann kam vom Feld, Simon aus Zyrene, der Vater von Alexander und Rufus; den zwangen sie, Jesus das Kreuz abzunehmen und zu tragen. So brachten sie Jesus an einen Ort mit Namen Golgota, das heißt: Schädelhöhe. Dort gaben sie ihm Wein, der mit Myrrhe gemischt war; er nahm ihn aber nicht.

Dann kreuzigten sie ihn. Sie warfen das Los und verteilten seine Kleider, indem sie jedem gaben, was ihm durch das Los zufiel. Es war die dritte Stunde, als sie ihn kreuzigten. Auf einer Tafel war der Grund für das Todesurteil zu lesen: Der König der Juden. Zusammen mit ihm kreuzigten sie zwei Aufständische, den einen rechts, den anderen links von ihm. So erfüllte sich die Schrift, in der es heißt: Er wurde unter die Verbrecher gerechnet. Die Leute, die vorübergingen, lästerten ihn; sie schüttelten die Köpfe und riefen: „Du reißt den Tempel nieder und baust ihn in drei Tagen wieder auf? So rette dich doch selbst, und steig herab vom Kreuz!" Ebenso verhöhnten ihn die Hohenpriester und Schriftgelehrten und sagten zueinander: „Anderen hat er geholfen, sich selbst kann er nicht helfen. Der Messias! Der König von Israel! Er soll doch jetzt vom Kreuz herabsteigen, damit wir es sehen und glauben!" Auch die Männer, die mit ihm gekreuzigt wurden, beschimpften ihn.

Jesus stirbt am Kreuz

Als die sechste Stunde kam, brach über das ganze Land eine Finsternis herein, die bis zur neunten Stunde dauerte. In der neunten Stunde schrie Jesus, mit gewaltiger Stimme: „Eloï, Eloï, lema sabachtani?" Das heißt: Mein Gott, mein Gott, warum hast du mich verlassen? Einige von denen, die in der Nähe standen und es hörten, sagten: „Hört ihr? Er ruft den Elija!" Einer lief herbei und füllte einen Schwamm mit Essig; er steckte ihn auf einen Stock und reichte ihn Jesus zum Trinken. Dabei sagte er: „Wir wollen sehen, ob Elija kommt und ihn herabnimmt!" Jesus aber stieß einen lauten Schrei aus und starb.

Da riß der Vorhang im Tempel von oben bis unten entzwei. – Als der Hauptmann, der Jesus gegenüberstand, ihn so schreiend sterben sah, rief er aus: „Wahrhaftig! Dieser Mensch war Gottes Sohn." – Es waren aber auch Frauen da, die von weitem zuschauten. Unter ihnen waren Maria Magdalena, Maria, die Mutter von Jakobus dem Kleinen und Joses, sowie Salome. Sie hatten ihn schon begleitet und ihn bedient, als er in Galiläa war. Und noch viele andere waren dabei, die mit heraufgekommen waren nach Jerusalem.

Den Leuten zum Spott, dem Volk zur Verachtung

Im Alten Testament findet man einen Psalm, in dem ein unschuldig Verfolgter in seiner Verzweiflung Gott um Rettung anruft. Vielen Menschen ist es seitdem ergangen wie diesem Mann, der um Hilfe schreit, und noch heute könnten auf der ganzen Welt zahllose Unterdrückte „ein Lied davon singen", was es heißt, der Willkür der Mächtigen ausgeliefert zu sein.

Im Markus-Evangelium steht, daß auch Jesus die Anfangsworte des Psalms betet, ja, „mit gewaltiger Stimme" herausschreit. Die Leute hören ihn, und sie sehen seine furchtbaren Qualen am Kreuz. Doch – so berichtet Markus – sie tun, was schon die Leute im Psalm taten: Sie verhöhnen ihn und schütteln die Köpfe, sie dulden das Unrecht, das ihm zugefügt wird, und gehen weiter.

Mein Gott, mein Gott! Warum hast du mich verlassen?
Warum bist du fern, wenn ich schreie und klage?
Mein Gott! Ich rufe am Tag, doch du antwortest nicht.
Ich rufe in der Nacht, doch ich finde keine Ruhe.
Du bist heilig, dein Thron steht hoch über Israel,
dir haben unsere Väter vertraut – und du hast sie gerettet.

Ich aber bin ein Wurm und kein Mensch,
den Leuten zum Spott, dem Volk zur Verachtung.
Alle, die mich sehen, lachen mich aus,
verziehen den Mund, schütteln den Kopf:
„Er wälze seine Last auf den Herrn,
soll der ihn doch befreien,
soll der ihn herausreißen, wenn er Gefallen an ihm hat!"

Meine Kehle ist trocken wie eine Tonscherbe,
die Zunge klebt mir am Gaumen,
in den Staub des Todes hast du mich geworfen.
Eine Rotte von Bösen kreist um mich,
Hände und Füße haben sie mir durchbohrt.
Man kann alle meine Knochen zählen.
Da stehn sie, gaffen, weiden sich an meinem Schmerz.
Sie verteilen unter sich meine Kleider
und werfen über mein Obergewand das Los.

Du aber, Herr: Halte dich nicht abseits,
du meine Stärke, eil mir zu Hilfe!
Entreiße mein Leben dem Schwert,
reiß mich aus der Gewalt der Hunde, aus dem Rachen des Löwen!

Ich will deinen Namen meinen Brüdern verkünden,
ich will dich preisen in der Mitte der Gemeinde.

Jesus wird begraben

Es war Rüsttag – der Tag vor dem Sabbat – und es wurde schon Abend. Da kam Josef von Arimathäa, ein vornehmer Ratsherr, der auch auf das Reich Gottes wartete. Er faßte Mut, ging zu Pilatus und bat um den Leichnam Jesu. Pilatus war erstaunt, als er hörte, daß Jesus schon gestorben war. Er ließ den Hauptmann kommen und fragte, ob Jesus bereits tot sei. Der Hauptmann bestätigte es. Da überließ Pilatus dem Josef den Leichnam. Josef kaufte Leinen, nahm den Leichnam ab, wickelte ihn in das Leinen und setzte ihn in einem Grab bei, das in den Felsen gehauen war. Dann wälzte er einen Stein vor den Eingang des Grabes. Maria Magdalena aber, und Maria, die Mutter des Joses, sahen, wohin der Leichnam gelegt wurde.

Jesus wird von den Toten auferweckt

Als der Sabbat vorüber war, kauften Maria Magdalena, sowie Maria, die Mutter des Jakobus, und Salome wohlriechende Salböle, um zum Grab zu gehen und Jesus zu salben. Am ersten Tag der Woche kamen sie in aller Frühe zum Grab, als eben die Sonne aufging. Sie sagten zueinander: „Wer wälzt uns den Stein vom Eingang des Grabes?" Doch als sie hinblickten, sahen sie, daß der Stein bereits weggewälzt war; er war wirklich sehr groß. Sie gingen in das Grab hinein und sahen auf der rechten Seite einen jungen Mann sitzen, der mit einem weißen Gewand bekleidet war. Da erschraken sie sehr. Er aber sprach zu ihnen: „Erschreckt nicht! Ihr sucht Jesus von Nazaret, den Gekreuzigten. Er ist auferweckt worden, er ist nicht hier. Seht hier die Stelle, wohin man ihn gelegt hatte! Nun aber geht und sagt seinen Jüngern und dem Petrus: Er geht euch voraus, nach Galiläa. Dort werdet ihr ihn treffen, wie er euch gesagt hat." Da gingen sie hinaus und flohen vom Grab, denn Schrecken und Entsetzen hatte sie gepackt. Und sie sagten niemand etwas davon, denn sie fürchteten sich sehr.

Die anderen Evangelisten führen später noch weiter aus, was sie von Markus übernommen haben. Sie schreiben Geschichten, in denen zu lesen ist, wie Jesus den Jüngern auf seltsam-wunderbare Weise als der Lebende erscheint. So erzählt zum Beispiel Lukas, wie Jesus unerkannt mit zwei Männern nach Emmaus geht.

Jesus zeigt sich seinen Jüngern als der Lebende

Am gleichen Tag waren zwei von den Jüngern auf dem Weg in ein Dorf mit Namen Emmaus, das sechzig Stadien von Jerusalem entfernt liegt. Sie sprachen miteinander über das, was sich ereignet hatte. Und während sie redeten und jeder sagte, was er meinte, kam Jesus dazu und ging mit ihnen. Doch sie waren wie blind, so daß sie ihn nicht erkannten.

Er fragte sie: „Was sind das für Reden, die ihr da auf dem Weg miteinander führt?" Da blieben sie traurig stehen, und der eine von ihnen – er hieß Kleopas – antwortete ihm: „Bist du denn der einzige in Jerusalem, der nichts davon gehört hat, was sich in diesen Tagen dort ereignete?" Er fragte sie: „Was denn?" Sie antworteten ihm: „Das mit Jesus aus Nazaret. Er war ein Prophet. Vor Gott und allem Volk hat er Großes getan und gesagt. Doch unsere Hohenpriester und Anführer haben ihn zum Tod verurteilt und ans Kreuz schlagen lassen. Wir haben gehofft, daß er es sei, der Israel retten werde. Und heute ist nun schon der dritte Tag, seit das geschehen ist. Einige Frauen von den Unseren haben uns allerdings in Aufregung versetzt: Sie waren frühmorgens am Grab, fanden aber seinen Leichnam nicht. Als sie zurückkamen, sagten sie, ihnen seien Engel erschienen! Die hätten gesagt, daß er lebe. Einige von uns gingen daraufhin zum Grab und fanden es so, wie die Frauen gesagt hatten; Jesus selbst aber sahen sie nicht."

Da sprach er zu ihnen: „Ach ihr! Begreift ihr denn nicht? Fällt es euch so schwer, alles zu glauben, was die Propheten gesagt haben? Mußte nicht der Messias alles das leiden und so in seine Herrlichkeit eintreten?" Und Jesus erklärte ihnen, von Mose und allen Propheten angefangen, was in der ganzen Schrift über ihn geschrieben steht.

So erreichten sie das Dorf, zu dem sie unterwegs waren. Jesus tat, als wolle er weitergehen. Sie aber drängten ihn und sagten: „Bleibe bei uns, es wird bald Abend, der Tag hat sich schon dem Ende zugeneigt." Da ging er mit ihnen hinein, um bei ihnen zu bleiben. Und als er sich mit ihnen zum Essen niedergesetzt hatte, nahm er das Brot, sprach den Segen, brach es und gab es ihnen.

Da gingen ihnen die Augen auf, und sie erkannten ihn. Doch er war ihren Blicken entschwunden. Da sagten sie zueinander: „Brannte uns nicht das Herz, als er unterwegs mit uns redete und uns den Sinn der Schrift erschloß?" Noch in derselben Stunde brachen sie auf und kehrten nach Jerusalem zurück.

Sie fanden die Elf und die anderen Jünger versammelt. Diese sagten: „Der Herr ist wahrhaft auferweckt worden und ist dem Petrus erschienen." Da erzählten auch sie, was sie unterwegs erlebt hatten, und wie sie ihn erkannten, als er das Brot brach.

Paulus legt ein Bekenntnis zum auferstandenen Christus ab

In einem Brief des Apostels Paulus lautet die Botschaft vom Tod, von der Auferstehung und von den Erscheinungen des Herrn so:

Ich erinnere euch, liebe Brüder, an das Evangelium, das ich euch verkündigt habe. Ihr habt es angenommen, und ihr steht fest darin. Durch dieses Evangelium werdet ihr gerettet, wenn ihr an dem festhaltet, was ich euch verkündigt habe. Sonst wärt ihr vergebens zum Glauben gekommen. Vor allem habe ich euch überliefert, was auch ich empfangen habe:

Christus, der Messias, starb für unsere Sünden, gemäß den Schriften, und er wurde begraben. Er wurde auferweckt am dritten Tage, gemäß den Schriften. Er erschien dem Kephas, dem Petrus, dann den Zwölf. Danach erschien er mehr als fünfhundert Brüdern zugleich; die meisten von ihnen leben noch, einige sind gestorben. Danach erschien er dem Jakobus, dann allen Aposteln. Zuletzt erschien er auch mir, der ich sozusagen eine Fehlgeburt bin, denn ich bin der Geringste von den Aposteln, nicht wert, Apostel genannt zu werden, weil ich die Gemeinde Gottes verfolgt habe. Doch durch die Gnade Gottes bin ich, was ich bin.

Nun steht also fest, daß Christus von den Toten auferweckt worden ist, der Erste der Entschlafenen. Alle werden in Christus einmal lebendig gemacht werden. Christus ist der Erste; ihm folgen, bei seiner Wiederkunft, alle, die an ihn glauben.

Zeugnisse aus der Zeit der frühen christlichen Gemeinden

Die Apostelgeschichte – als deren Verfasser Lukas gilt – berichtet vom Wirken einiger Apostel und vom Leben in den frühen christlichen Gemeinden. Am Anfang steht ein Wort des Auferstandenen an seine Jünger. „Ihr werdet meine Zeugen sein in Jerusalem und in ganz Judäa und Samarien – und bis an die Grenzen der Erde." Das Zeugnis der Apostel beginnt am Pfingsttag in Jerusalem: Von heiligem Geist erfüllt, treten sie freimütig vor die Leute, und Petrus spricht zu ihnen. Dreitausend lassen sich taufen und schließen sich der Gemeinde der Jünger Jesu an.

Über die ersten christlichen Gemeinden erzählt Lukas in der Apostelgeschichte viel Gutes: Sie waren ein Herz und eine Seele, schreibt er. Keiner nannte das, was er besaß, sein Eigentum, sie teilten miteinander und hatten alles gemeinsam. Viererlei zählt er auf, was für die Gemeinden bezeichnend war: Sie verharrten in der Lehre der Apostel, in der Gemeinschaft, im Gebet, im Brotbrechen.

Für viele Juden aber ist die neue Lehre nicht vereinbar mit den Lehren des Mose und der Propheten. Es kommt zu Streitgesprächen und Zusammenstößen. Der Diakon Stephanus wird gesteinigt, der Apostel Jakobus mit dem Schwert hingerichtet, Petrus und Johannes werden ins Gefängnis geworfen. Die Christen müssen aus Jerusalem fliehen. Sie werden versprengt über das weite Land und verkünden dort, wo sie hinkommen, die neue Botschaft, „in Judäa und Samarien". Sie wenden sich zunächst nur an Juden; doch schon bald macht Petrus erste zaghafte Schritte auf die Nicht-Juden zu, auf die damals so genannten Heiden.

Der entscheidende Durchbruch kommt zehn Jahre später: In dem Bewußtsein, von Jesus Christus berufen und ausgesandt zu sein, bricht Paulus zu den Heiden auf. Er unternimmt drei weltweite Missionsreisen. Unter unbeschreiblichen Strapazen und nicht selten unter Lebensgefahr geht er in das angrenzende Kleinasien und kommt herüber nach Europa. Seine letzte Reise führt ihn als Gefangenen nach Rom. In Rom werden Petrus und Paulus bei der Christenverfolgung des Kaisers Nero getötet.

Jesus verspricht, den heiligen Geist zu senden

In jenen Tagen sprach Jesus zu seinen Jüngern: „Geht nicht weg von Jerusalem, sondern wartet auf das, was ich euch vom Vater verheißen habe. Johannes hat mit Wasser getauft; ihr aber werdet mit heiligem Geist getauft werden, schon in wenigen Tagen." Als sie beisammen waren, fragten sie ihn: „Herr, stellst du jetzt das Reich Israel wieder her?" Er sagte zu ihnen: „Es steht euch nicht zu, Zeitpunkt und Frist zu erfahren, die der Vater in seiner Macht festgesetzt hat. Aber: Ihr werdet die Kraft des heiligen Geistes empfangen, der auf euch herabkommen wird. Ihr werdet meine Zeugen sein in Jerusalem und in ganz Judäa und Samarien – und bis an die Grenzen der Erde." Als er das gesagt hatte, wurde er vor ihren Augen emporgehoben, und eine Wolke nahm in auf und entzog ihn ihrem Blick.

Sie standen noch da und schauten zum Himmel, da waren plötzlich zwei Männer in weißen Gewändern bei ihnen, die sagten: „Ihr Männer von Galiläa! Was steht ihr da und schaut zum Himmel? Dieser Jesus, der von euch weg in den Himmel aufgenommen wurde, wird ebenso wiederkommen, wie ihr ihn habt hingehen sehen zum Himmel."

Da kehrten sie vom Ölberg, der nahe bei Jerusalem liegt, nur einen Sabbatweg entfernt, nach Jerusalem zurück. Als sie in die Stadt kamen, gingen sie in das Obergemach hinauf und blieben dort ständig. Sie verharrten einmütig im Gebet, zusammen mit den Frauen, und mit Maria, der Mutter Jesu, und mit seinen Brüdern.

Da erhob sich Petrus inmitten der Gemeinde (es waren im ganzen etwa hundertzwanzig) und sprach: „Brüder! Judas ist zum Anführer derer geworden, die Jesus gefangennahmen. Er gehörte zu unserer Zahl und tat denselben Dienst wie wir. Von dem ungerechten Lohn kaufte er sich ein Grundstück; doch er fiel vornüber, sein Leib brach auf und seine Eingeweide fielen heraus. Als das allen Einwohnern von Jerusalem bekannt wurde, nannten sie das Grundstück Hakeldamach, das heißt: Blutacker. Nun soll von den Männern, die mit uns zusammen waren in der ganzen Zeit, in der der Herr Jesus bei uns ein und aus ging, einer mit uns Zeuge seiner Auferstehung sein." Und sie stellten zwei Männer auf, Josef Barsabbas mit dem Beinamen Justus, und Matthias. Dann beteten sie: „Herr, du kennst die Herzen aller. Zeige, wen von den beiden du erwählt hast, daß er die Stelle dieses Dienstes und das Apostelamt erhalte." Dann gaben sie ihnen Lose; das Los fiel auf Matthias, und er wurde den elf Aposteln beigezählt.

Die Gemeinde von Jerusalem wird mit heiligem Geist erfüllt

Als der Pfingsttag gekommen war, waren sie an demselben Ort; da erhob sich plötzlich vom Himmel her ein Brausen, wie wenn ein gewaltiger Sturm daherfährt, und erfüllte das ganze Haus, in dem sie sich befanden. Und es erschienen ihnen Zungen, wie von Feuer, die verteilten sich und ließen sich nieder auf jeden von ihnen, und alle wurden erfüllt mit heiligem Geist. Sie begannen, in fremden Sprachen zu reden, wie der Geist es ihnen zu verkünden eingab.

In Jerusalem aber wohnten Juden, fromme Männer aus allen Völkern unter dem Himmel. Als das Getöse sich erhob, lief die Menge zusammen und war verwirrt, denn jeder hörte sie in seiner Sprache reden. Sie gerieten außer sich vor Staunen und sagten: „Sind das nicht alles Galiläer, die da reden? Wieso kann sie jeder von uns in seiner Muttersprache hören? Wir hören sie in unseren Sprachen Gottes große Taten verkünden. Was hat das zu bedeuten?" Andere machten sich lustig und spotteten: „Sind sind betrunken von süßem Wein." Da trat Petrus auf, zusammen mit den Elf, erhob seine Stimme und redete:

„Ihr Juden und alle Bewohner von Jerusalem! Dies sollt ihr wissen, hört auf meine Worte! Die Männer sind nicht betrunken, wie ihr meint; es ist doch noch früh am Morgen. Vielmehr geschieht soeben, was durch den Propheten gesagt worden ist: In den letzten Tagen wird es geschehen, spricht der Herr, da werde ich von meinem Geist ausgießen über alle. Eure Söhne und Töchter werden prophetisch reden, eure jungen Männer werden Visionen haben, eure Alten werden träumen. Über meine Knechte und Mägde werde ich von meinem Geist ausgießen in jenen Tagen. Wunder werde ich erscheinen lassen droben am Himmel, und Zeichen drunten auf der Erde. Jeder, der den Namen des Herrn anruft, wird gerettet. Israeliten, hört: Jesus, den Nazoräer, den Gott vor euch beglaubigt hat durch Machttaten, Wunder und Zeichen, die er durch ihn in eurer Mitte gewirkt hat, wie ihr selber wißt – ihn habt ihr durch die Hand von Gesetzlosen ans Kreuz geschlagen und umgebracht. Gott aber hat ihn auferweckt und vom Tode befreit."

Als sie das hörten, traf es sie ins Herz, und sie sagten zu Petrus und den anderen Aposteln: „Brüder, was sollen wir tun?" Petrus antwortete ihnen: „Bekehrt euch! Jeder von euch lasse sich taufen auf den Namen Jesu Christi zur Vergebung der Sünden. Dann werdet ihr die Gabe des heiligen Geistes empfangen."

Viele nahmen sein Wort an und ließen sich taufen, an diesem Tag etwa dreitausend. Sie beharrten in der Lehre der Apostel und in der Gemeinschaft, im Brechen des Brotes und im Gebet. Alle waren von Furcht ergriffen. Sie hielten zusammen und hatten alles gemeinsam. Sie verkauften Hab und Gut und teilten mit allen, die es nötig hatten. Tag für Tag waren sie einmütig im Tempel, brachen in ihren Häusern das Brot und aßen miteinander in Freude und Einfalt des Herzens. Sie lobten Gott und waren beim Volk beliebt.

Die Apostel verkünden den gekreuzigten und auferweckten Herrn

Die „Pfingstpredigt" des Petrus ist die erste große christliche Predigt, die in der Bibel überliefert ist. Kern dieser christlichen Predigt ist, was auch heute noch im Mittelpunkt des Glaubensbekenntnisses steht: Jesus Christus wurde gekreuzigt und ist gestorben, er wurde begraben, doch der Vater hat in auferweckt.

Auch bei den folgenden Ereignissen erzählen Petrus und Johannes und die anderen Apostel nichts von seiner Geburt und keine Geschichten aus seinem Leben, sondern immer wieder das eine: Gekreuzigt, gestorben und begraben; am dritten Tage auferstanden von den Toten.

Einmal, am Nachmittag, gingen Petrus und Johannes in den Tempel hinauf, um zu beten. Da wurde ein Mann herbeigetragen, der vom Mutterleib an lahm war. Man setzte ihn täglich an die „Schöne Pforte" des Tempels; dort sollte er die Leute, die in den Tempel gingen, um Almosen anbetteln. Als er Petrus und Johannes sah, die gerade in den Tempel gehen wollten, bat er auch sie um ein Almosen. Petrus und Johannes blickten ihn an, und Petrus sagte: „Schau uns an!" Da wandte er sich ihnen zu und hoffte, etwas von ihnen zu bekommen. Petrus aber sagte: „Silber und Gold besitze ich nicht, doch was ich habe, gebe ich dir: Im Namen des Jesus Christus, des Nazoräers – geh umher!" Und er faßte ihn an der rechten Hand und wollte ihn aufrichten. Doch da wurden plötzlich seine Füße und Knöchel fest, er sprang auf und ging umher. Dann ging er mit ihnen in den Tempel, lief, sprang und lobte Gott. Alle Leute sahen ihn umhergehen und Gott loben. Sie erkannten ihn als den, der gewöhnlich an der Schönen Pforte saß und bettelte. Und sie wurden von Schaudern und Staunen erfüllt über das, was mit ihm geschehen war.

Da wandte Petrus sich an das Volk und sprach: „Israeliten! Was wundert ihr euch? Was starrt ihr uns an, als hätten wir aus eigener Kraft oder aus Frömmigkeit bewirkt, daß dieser gehen kann? Der Gott Abrahams, Isaaks und Jakobs, der Gott unserer Väter, hat seinen Knecht Jesus verherrlicht, den ihr ausgeliefert und vor Pilatus verleumdet habt, obwohl Pilatus schon entschieden hatte, ihn freizulassen. Ihr aber habt den Heiligen und Gerechten verleugnet und die Freilassung eines Mörders gefordert! Den Urheber des Lebens habt ihr getötet. Gott aber hat ihn von den Toten erweckt – davon sind wir Zeugen! Weil dieser an seinen Namen glaubte, hat der Name Jesus Christus den Mann, den ihr seht und kennt, zu Kräften gebracht; der Glaube, der durch seinen Namen kommt, hat ihm vor euer aller Augen die volle Gesundheit geschenkt."

Während sie so zum Volk redeten, traten die Priester, der Tempelhauptmann und die Sadduzäer zu ihnen. Sie waren erzürnt, weil sie das Volk lehrten und in Jesus die Auferstehung von den Toten verkündigten. Sie nahmen sie fest und hielten sie bis zum anderen Morgen gefangen; es war nämlich schon Abend. Am anderen Morgen versammelten sich ihre Führer in Jerusalem, stellten die beiden in ihre Mitte und verhörten sie.

Als sie den Mut des Petrus und des Johannes sahen und merkten, daß sie ungelernte und einfache Leute waren, staunten sie. Sie erkannten sie als Jünger Jesu, und sie sahen, daß der Geheilte neben ihnen stand. So konnten sie ihnen nicht widersprechen. Sie schickten sie vor die Tür; dann berieten sie miteinander und sagten: „Was sollen wir mit diesen Männern anfangen? Wir können nicht abstreiten, daß ein Wunder durch sie geschehen ist, alle Leute von Jerusalem wissen es. Damit aber die Sache nicht weiter im Volk verbreitet wird, wollen wir ihnen verbieten, je wieder in diesem Namen zu irgendeinem Menschen zu sprechen." Sie riefen sie herein und verboten ihnen, jemals wieder im Namen Jesu zu predigen und zu lehren. Doch Petrus und Johannes antworteten ihnen: „Ob es vor Gott recht ist, mehr auf euch zu hören als auf Gott, das entscheidet selbst. Wir können unmöglich schweigen über das, was wir gesehen und gehört haben." Die Führer aber drohten ihnen noch mehr und entließen sie. Sie konnten sie nicht bestrafen, weil alle Leute Gott priesen für das, was sie gesehen hatten. Der Mann, an dem das Wunder der Heilung geschehen war, war über vierzig Jahre alt.

Nach ihrer Entlassung gingen sie zu den Ihrigen zurück und berichteten alles, was die Hohenpriester und die Ältesten zu ihnen gesagt hatten. Sie beteten gemeinsam und verkündeten das Wort Gottes mit großem Freimut.

Sieben Diakone werden zu Gemeindehelfern gewählt

Die Zahl der Gläubigen wurde immer größer. Da beschwerten sich einige, weil die Betreuung der Witwen vernachlässigt wurde. Deshalb riefen die Zwölf die ganze Schar der Jünger zusammen und sagten: „Es ist nicht recht, wenn wir die Verkündigung des Wortes Gottes einschränken, um uns den Tischdiensten widmen zu können. Darum, Brüder: Sucht sieben Männer aus eurer Mitte aus, die einen guten Ruf haben und voll von Geist und Weisheit sind. Diese werden wir mit den Gemeindediensten beauftragen. Wir aber wollen bei den Diensten des Gebets und der Wortverkündigung bleiben." Der Vorschlag fand Zustimmung bei der ganzen Gemeinde, und sie wählten: Stephanus, einen Mann voll Glauben und heiligem Geist, dazu Philippus und Prochorus, Nikanor und Timon, Parmenas und Nikolaus. Sie stellten sie vor die Apostel, und diese beteten und legten ihnen die Hände auf. So wuchs das Wort Gottes, und die Zahl der Jünger in Jerusalem mehrte sich stark. Auch eine große Zahl von Priestern nahm gehorsam den Glauben an.

Der Diakon Stephanus stirbt für den Glauben an Christus

Stephanus war voll Gnade und Kraft und tat Zeichen und Wunder unter dem Volk. Doch einige jüdische Gläubige erhoben sich, um mit ihm zu streiten. Sie konnten aber dem Geist und der Weisheit, die aus Stephanus sprach, nichts entgegensetzen. Da stifteten sie Männer an, die sollten aussagen: Wir haben gehört, wie er gegen Mose und gegen Gott lästerte. Sie hetzten das Volk, die Ältesten und die Schriftgelehrten auf, drangen auf ihn ein, ergriffen ihn und schleppten ihn vor den Hohen Rat.

Sie brachten falsche Zeugen herbei, die sagten: „Dieser Mensch hört nicht auf, gegen den Tempel und das Gesetz zu reden! Wir haben ihn sagen hören: Jesus, der Nazoräer, wird den Tempel zerstören und die Gebräuche ändern, die uns Mose überliefert hat." Alle, die im Hohen Rat saßen, blickten Stephanus an, und sein Gesicht erschien ihnen wie das Gesicht eines Engels. Der Hohepriester aber fragte ihn: „Ist das wahr?" Da antwortete Stephanus und sprach zu allen von den Schriften der Propheten, die auf den Messias hinweisen. Er sprach: „O ihr Halsstarrigen, die ihr euch mit Herz und Ohr immer wieder dem heiligen Geist widersetzt, eure Väter schon, und nun auch ihr! Welchen Propheten haben eure Väter nicht verfolgt! Sie haben jene getötet, die die Ankunft des Messias geweissagt haben, des Messias, dessen Verräter und Mörder ihr jetzt geworden seid!"

Als sie das hörten, waren sie sehr empört über ihn und knirschten mit den Zähnen. Er aber, erfüllt von heiligem Geist, blickte zum Himmel empor und sah die Herrlichkeit Gottes und Jesus, der zur Rechten Gottes stand. Da rief er: „Ich sehe den Himmel offen und den Menschensohn zur Rechten Gottes stehen!" Sie aber erhoben ein lautes Geschrei, hielten sich die Ohren zu, stürmten gemeinsam auf ihn los, trieben ihn zur Stadt hinaus und steinigten ihn. Die Zeugen legten ihre Kleider zu Füßen eines jungen Mannes nieder, der Saulus hieß. So steinigten sie den Stephanus. Er aber betete und rief: „Herr Jesus! Nimm meinen Geist auf!" Dann brach er in die Knie und schrie laut: „Herr, rechne ihnen diese Sünde nicht an!" Nach diesen Worten starb er. Saulus aber war mit dem Mord einverstanden gewesen.

In diesen Tagen brach eine schwere Verfolgung über die Kirche in Jerusalem herein. Alle wurden in die Gegenden von Judäa und Samaria versprengt, mit Ausnahme der Apostel. Fromme Männer begruben den Stephanus und hielten eine große Totenklage über ihn. Saulus aber versuchte, die Kirche zu vernichten: Er drang in die Häuser ein, schleppte Männer und Frauen fort und lieferte sie in die Gefängnisse ein.

Der Diakon Philippus tauft einen Mann aus Afrika

Die Gläubigen, die versprengt worden waren, zogen umher und verkündeten das Wort Gottes. Unter ihnen war der Diakon Philippus; er kam in die Hauptstadt von Samaria und predigte dort von Christus. Und die Leute achteten einmütig auf die Worte des Philippus. Sie hörten ihm zu und sahen die Wunder, die er tat: Aus vielen Besessenen fuhren mit lautem Geschrei die unreinen Geister aus, und viele Lahme und Krüppel wurden geheilt. So herrschte große Freude in jener Stadt.

Der Engel des Herrn sprach zu Philippus: „Steh auf und geh nach Süden über die Straße, die von Jerusalem nach Gaza hinabführt; sie ist menschenleer." Und Philippus machte sich auf den Weg. Da war aber ein Hofbeamter der Königin von Äthiopien, der Verwalter ihres Kronschatzes. Dieser hatte eine Wallfahrt nach Jerusalem gemacht und war nun auf der Heimreise. Er saß auf seinem Wagen und las im Buch des Propheten Jesaja. Da sprach der Geist zu Philippus: „Geh! Schließ dich diesem Wagen an!" Philippus lief hin und hörte den Äthiopier den Propheten Jesaja lesen. Da sagte er: „Verstehst du auch, was du da liest?" Er antwortete: „Wie könnte ich es verstehen, wenn mich keiner anleitet?" Und er bat Philippus, einzusteigen und sich neben ihn zu setzen. Der Abschnitt der Schrift, den er las, lautete:

Wie ein Schaf wurde er zur Schlachtbank geführt, und wie ein Lamm vor seinem Scherer verstummt, so tat er seinen Mund nicht auf. Sein Leben ist fortgenommen von der Erde.

Der Hofbeamte wandte sich an Philippus und sagte: „Ich bitte dich, von wem sagt der Prophet das? Von sich selbst oder von einem andern?" Da begann Philippus zu reden und verkündete ihm, von diesem Wort der Schrift ausgehend, das Evangelium von Jesus. Als sie nun weiterzogen, kamen sie an eine Wasserstelle. Da sagte der Hofbeamte: „Hier ist Wasser! Was hindert, daß ich getauft werde?" Er ließ den Wagen halten, und beide, Philippus und der Beamte, stiegen in das Wasser hinab, und er taufte ihn. Als sie aber aus dem Wasser stiegen, führte der Geist des Herrn den Philippus hinweg. Der Hofbeamte sah ihn nicht mehr, und er zog voll Freude weiter. Den Philippus sah man danach in Aschdod; er wanderte durch alle Städte und verkündete das Evangelium, bis hin nach Cäsarea.

Saulus wird bekehrt zu Jesus Christus

Unterdessen wütete Saulus gegen die Jünger des Herrn mit Mord und Morddrohungen. Er ging zum Hohenpriester und bat um Briefe an die Synagogenvorsteher von Damaskus, um die Anhänger des Glaubens an Jesus, die er dort fände, Männer und Frauen, zu fesseln und nach Jerusalem zu bringen.

Unterwegs aber, als er in die Nähe von Damaskus gekommen war, geschah es: Ein Licht vom Himmel umstrahlte ihn! Er stürzte zu Boden und hörte, wie eine Stimme zu ihm sagte: „Saulus, Saulus, warum verfolgst du mich?" Er antwortete: „Wer bist du, Herr?" Dieser sagte: „Ich bin es, Jesus, den du verfolgst! Steh auf und geh in die Stadt, dort wird man dir sagen, was du tun sollst." Seine Begleiter standen sprachlos da; sie hörten zwar die Stimme, sahen aber niemand.

Saulus erhob sich vom Boden. Als er die Augen aufschlug, konnte er nicht sehen. Da nahmen sie ihn bei der Hand und führten ihn nach Damaskus hinein. Er war drei Tage blind, und er aß nicht und trank nicht.

In Damaskus lebte ein Jünger mit Namen Hananias. Zu ihm sagte der Herr in einer Vision: „Hananias, geh in die ‚Gerade Straße' zum Haus des Judas und frage nach einem Mann namens Saulus von Tarsus." Hananias antwortete: „Herr, ich habe von vielen gehört, wieviel Böses dieser Mann den Heiligen in Jerusalem angetan hat. Auch hier hat er Vollmachten von den Hohenpriestern, alle zu verhaften, die deinen Namen anrufen." Der Herr aber sprach: „Geh nur! Denn dieser Mann ist mir ein auserwähltes Werkzeug, um meinen Namen vor Völker und Könige zu bringen. Ich werde ihm auch zeigen, wie viel er für meinen Namen leiden muß."

Da ging Hananias hin und trat in das Haus; er legte Saulus die Hände auf und sagte: „Bruder Saulus, der Herr hat mich gesandt, Jesus, der dir auf dem Weg erschienen ist. Du sollst wieder sehen und mit heiligem Geist erfüllt werden." Sofort fiel es wie Schuppen von seinen Augen. Er sah wieder und ließ sich auf der Stelle taufen. Und nachdem er etwas gegessen hatte, kam er wieder zu Kräften.

Saulus, der später in der Bibel Paulus genannt wird, beginnt sogleich, das Evangelium zu predigen. Die einen kennen ihn noch als Verfolger, die anderen wissen, daß er ein gläubiger Jünger geworden ist. So entsteht große Verwirrung, und er muß fliehen. Er kommt nach Jerusalem und trifft dort mit den Aposteln zusammen.

Das Evangelium von Jesus Christus kommt zu den Nicht-Juden

Petrus besuchte von Jerusalem aus mehrere Gemeinden, in denen Gläubige lebten. Auf einer seiner Reisen kam er auch zu den Heiligen in Lydda. Dort fand er einen Mann vor, der Äneas hieß und seit acht Jahren lahm im Bett lag. Petrus sagte zu ihm: „Äneas! Jesus Christus heilt dich! Steh auf und mach dein Bett!" Sogleich stand er auf. Alle Bewohner von Lydda und Scharon sahen ihn und bekehrten sich zum Herrn. Von Lydda aus wanderte Petrus weiter und kam nach Joppe.

Die Vision des Hauptmanns Kornelius

In Cäsarea lebte ein Mann, der Kornelius hieß; er war Hauptmann der sogenannten Italischen Kohorte. Er war fromm und gottesfürchtig, er und sein ganzes Haus; er gab dem Volk viele Almosen und betete allezeit zu Gott. Um die neunte Stunde sah er in einer Vision, wie ein Engel Gottes bei ihm eintrat und zu ihm sagte: „Kornelius!" Kornelius blickte ihn an und fragte voll Furcht: „Was ist, Herr?" Der Engel sprach zu ihm: „Deine Gebete und Almosen sind hinaufgestiegen zu Gott, und er gedenkt deiner. Schicke nun Männer nach Joppe und laß einen gewissen Simon herbeiholen, der den Beinamen Petrus trägt. Dieser ist zu Gast bei einem Gerber, dessen Haus am Meer steht." Als der Engel dies gesprochen hatte und weggegangen war, rief Kornelius zwei seiner Sklaven und einen frommen Soldaten seiner Leibwache. Er erzählte ihnen alles und schickte sie nach Joppe.

Die Vision des Petrus

Am folgenden Tag, als die Männer unterwegs waren und sich Joppe näherten, stieg Petrus auf das Flachdach, um zu beten; es war mittags um die sechste Stunde. Da wurde er hungrig und wollte essen. Während man etwas für ihn zubereitete, kam eine geistige Verzückung über ihn: Er sah den Himmel offen und etwas herabkommen, das wie ein großes Leinentuch aussah und das man an den vier Enden auf die Erde herunterließ. Darin lagen allerlei Vierfüßler, Kriechtiere der Erde und Vögel des Himmels. Und eine Stimme rief ihm zu: „Auf, Petrus! Schlachte und iß!" Petrus aber antwortete: „Nie und nimmer, Herr! Noch nie habe ich etwas Unheiliges und Unreines gegessen." Da erging die Stimme ein zweites Mal an ihn: „Was Gott für rein erklärt hat, darfst du

nicht unrein nennen!" So geschah es dreimal, dann wurde das, was wie ein Leinentuch aussah, wieder in den Himmel hinaufgezogen.

Petrus war verwirrt und überlegte, was die Vision, die er gesehen hatte, bedeuten könnte. Inzwischen aber hatten sich die Männer, die Kornelius ausgeschickt hatte, zum Haus des Gerbers durchgefragt und standen am Tor. Sie riefen und fragten, ob Simon mit dem Beinamen Petrus hier zu Gast sei. Während Petrus immer noch über seine Vision nachdachte, sprach der Geist zu ihm: „Da sind drei Männer und suchen dich! Steh auf, geh hinunter und zieh ohne Bedenken mit ihnen, denn ich habe sie geschickt." Petrus stieg zu den Männern hinab und sagte: „Ich bin der, den ihr sucht. Aus welchem Grund seid ihr gekommen?" Sie antworteten: „Hauptmann Kornelius, ein gerechter und gottesfürchtiger Mann, der beim ganzen Volk der Juden in gutem Ruf steht, hat von einem heiligen Engel die Weisung erhalten, dich in sein Haus holen zu lassen und zu hören, was du ihm zu sagen hast." Da ließ er sie eintreten, und sie waren seine Gäste.

Die Rede des Petrus im Haus des Kornelius

Am anderen Tag machte er sich mit ihnen auf den Weg, und einige Jünger aus Joppe begleiteten ihn. Sie kamen in Cäsarea an, wo Kornelius bereits wartete und seine Verwandten und Freunde zusammengerufen hatte. Als Petrus ankam, ging Kornelius ihm entgegen und fiel ihm huldigend zu Füßen. Petrus aber richtete ihn auf und sagte: „Steh auf! Ich bin nur ein Mensch." Sie sprachen miteinander und gingen hinein, wo die vielen Menschen versammelt waren. Da sagte er zu ihnen:

„Ihr wißt, daß es einem Juden nicht erlaubt ist, mit einem Nicht-Juden zu verkehren oder dessen Haus zu betreten? Mir aber hat Gott gezeigt, daß man keinen Menschen unheilig oder unrein nennen darf. Darum bin ich ohne Widerspruch gekommen, als nach mir geschickt wurde. Nun frage ich euch: Warum habt ihr mich holen lassen?"

Da sagte Kornelius: „Vor vier Tagen, um diese Zeit, war ich in der neunten Stunde zum Gebet in meinem Haus; da stand ein Mann in einem strahlendweißen Gewand vor mir und sprach: Kornelius, dein Gebet ist erhört, und Gott hat deiner Almosen gedacht. Schicke nach Joppe und laß Petrus rufen. Sofort habe ich nach dir geschickt, und es ist gut, daß du gekommen bist. Jetzt sind wir alle hier vor Gott versammelt, um zu hören, was dir vom Herrn aufgetragen ist." Da sprach Petrus:

„Wahrhaftig! Jetzt begreife ich, daß Gott nicht auf die Person sieht, sondern in jedem Volk ist ihm willkommen, wer ihn fürchtet und gerecht ist.

Ihr wißt, was im Judenland geschehen ist, angefangen in Galiläa, nach der Taufe, die Johannes verkündet hat: Wie Gott Jesus von Nazaret gesalbt hat mit der Kraft des heiligen Geistes. Jesus zog umher und tat Gutes; er heilte alle, die in der Gewalt des Teufels waren, denn Gott war mit ihm. Wir sind Zeugen für alles, was er im Land der Juden und in Jerusalem getan hat. Ihn aber haben sie ans Holz gehängt und getötet. Doch Gott hat ihn am dritten Tag auferweckt und hat ihn erscheinen lassen. Uns hat er geboten, dem Volk zu verkünden und zu bezeugen: Jesus Christus ist der von Gott eingesetzte Richter der Lebenden und der Toten. Jeder, der an ihn glaubt, empfängt durch seinen Namen Vergebung der Sünden."

Kornelius wird mit seinen Verwandten und Freunden getauft

Noch während Petrus so sprach, kam der heilige Geist auf alle herab, die das Wort hörten. Die gläubig gewordenen Juden, die mit Petrus aus Joppe gekommen waren, konnten es nicht fassen, daß auch auf die Nicht-Juden, die Heiden, die Gabe des heiligen Geistes ausgegossen wurde; denn sie hörten sie in Sprachen reden und Gott preisen. Petrus aber sagte: „Kann jemand denen das Wasser der Taufe verweigern, die genauso wie wir den heiligen Geist empfangen haben?" Und er ordnete an, sie im Namen Jesu Christi zu taufen. Danach baten sie ihn, noch ein paar Tage zu bleiben.

Petrus erklärt, warum er Nicht-Juden getauft hat

Die Apostel und die Jünger erfuhren davon, daß auch Heiden das Wort Gottes angenommen hatten. Als nun Petrus wieder nach Jerusalem zurückkam, hielten ihm die Jünger vor: „Du bist bei unbeschnittenen Heiden eingekehrt und hast mit ihnen gegessen!"

Da begann Petrus, ihnen der Reihe nach alles zu erklären: Wie er in einer Vision unreine Tiere gesehen und wie der Herr ihm befohlen habe, davon zu essen, mit den Worten: „Was Gott für rein erklärt hat, darfst du nicht unrein nennen!" Dann erzählte er, wie er nach Cäsarea gerufen worden war und was sich im Haus des Kornelius ereignet hatte:

„Während ich redete, kam der heilige Geist auf sie herab, wie er damals, am Anfang, auf uns herabgekommen war. Da erinnerte ich mich an das Wort des Herrn: Johannes hat mit Wasser getauft, ihr aber werdet mit heiligem Geist getauft werden. Wenn nun Gott ihnen, nachdem sie zum Glauben an den Herrn Jesus Christus gekommen sind, die gleiche Gabe verliehen hat wie uns – wer bin ich denn, daß ich Gott hindern könnte?" Als sie das hörten, beruhigten sie sich; sie priesen Gott und sagten: „Gott hat also auch den Heiden die Umkehr zum Leben geschenkt!"

Die Frage, ob nur Juden getauft werden dürften oder auch Nicht-Juden, bleibt eine hitzige Streit-Frage. Erst durch das sogenannte Apostelkonzil zu Jerusalem wird entschieden und schriftlich festgehalten: Das Heil ist für alle da, für Juden und Heiden. – Die Stadt übrigens, in der die getauften Juden und Heiden zum erstenmal ohne Unterschied nicht mehr „Heilige", sondern „Christen" genannt wurden, hieß Antiochien.

Schwere Zeiten für die Gläubigen in Jerusalem

In diesen Tagen legte König Herodes Hand an einige Gemeindemitglieder, ließ sie einsperren und foltern. Jakobus, Apostel und Bruder des Johannes, ließ er mit dem Schwert hinrichten.

Als er sah, daß dies den Leuten gefiel, ließ er auch Petrus festnehmen, und zwar um Ostern, an den Tagen der Ungesäuerten Brote. Er warf ihn ins Gefängnis und ließ ihn streng von vier Abteilungen zu je vier Soldaten bewachen. Nach dem Fest wollte er ihm vor allem Volk den Prozeß machen. Petrus also wurde im Gefängnis bewacht, und die Gemeinde betete inständig für ihn zu Gott. In der Nacht, bevor ihn Herodes wollte vorführen lassen, schlief Petrus. Er war mit Ketten gefesselt und lag zwischen zwei Soldaten; vor der Tür wurde der Kerker von Posten bewacht.

Plötzlich trat ein Engel des Herrn ein, und ein helles Licht strahlte in der Gefängniszelle auf. Der Engel stieß Petrus in die Seite, weckte ihn und sagte: „Schnell! Steh auf!" Da fielen die Ketten von seinen Händen. Der Engel aber sagte zu ihm: „Zieh deinen Gürtel und deine Sandalen an!" Er tat es. Schließlich sagte der Engel: „Wirf deinen Mantel über und folge mir!" Dann ging er hinaus, und Petrus folgte ihm, ohne zu wissen, daß es Wirklichkeit war, was geschah; er meinte, er habe eine Vision. Sie gingen an der ersten und an der zweiten Wache vorbei und kamen an das eiserne Tor, das in die Stadt führt. Es öffnete sich ihnen, von selbst. Sie traten hinaus und gingen eine Gasse weit voran – da, auf einmal, verließ ihn der Engel.

Da kam Petrus zu sich: „Jetzt weiß ich wahrhaftig: Der Herr hat seinen Engel gesandt und mich der Hand des Herodes entrissen." Als ihm das klar geworden war, ging er zum Haus der Maria, der Mutter des Johannes-Markus, wo viele sich versammelt hatten und beteten. Er klopfte an das Tor; da kam eine Magd mit Namen Rhode, um zu öffnen. Sie erkannte die Stimme des Petrus, doch vor Freude vergaß sie zu öffnen, rannte hinein und meldete: „Petrus steht vor dem Tor!" Da sagten sie zu ihr: „Du bist verrückt." Doch sie bestand darauf, daß es so sei. Da sagten sie: „Es ist sein Engel." Petrus aber klopfte noch immer. Als sie endlich öffneten und ihn sahen, staunten sie. Er machte ihnen mit der Hand ein Zeichen, sie sollten schweigen, und erzählte ihnen, wie der Herr ihn aus dem Gefängnis herausgeführt hatte. Dann sagte er: „Berichtet es allen Brüdern!" Und er ging weg an einen anderen Ort.

Als es Tag wurde, herrschte bei den Soldaten Rätselraten darüber, was wohl mit Petrus geschehen sei. Herodes aber ließ ihn suchen, und da man ihn nicht fand, verhörte er die Wachen und befahl, sie einzusperren.

Den anderen Ort, an den Petrus ging, kennt man nicht; Petrus wird von da an nur noch ein Mal in der Apostelgeschichte erwähnt, nämlich im Zusammenhang mit dem schon erwähnten Apostelkonzil. Paulus schreibt, er habe ihn noch einmal kurz in Antiochien gesehen und mit ihm dort über die Juden-Heiden-Frage gestritten; doch dann ist Petrus wohl nach Rom übergesiedelt. In einem der beiden Briefe, die man nach ihm „Petrus-Briefe" nennt, schreibt er, er sei „in Babylon". Babylon war damals ein Geheimwort für Rom. Alles spricht dafür, daß Petrus in der Christenverfolgung des Kaisers Nero im Jahre 64 oder auch 67 hingerichtet worden ist. Sein Grab verehrt man im Peters-Dom zu Rom.

Paulus wird ausgesandt, das Evangelium allen Völkern zu verkünden

Das Evangelium wuchs und breitete sich aus. Nachdem Saulus und Barnabas in Jerusalem ihren Dienst beendet hatten, kehrten sie nach Antiochien zurück; sie nahmen Johannes-Markus mit. Während sie mit den anderen Gottesdienst hielten, sprach der heilige Geist: „Wählt mir Barnabas und Saulus zu dem Werk aus, zu dem ich sie mir berufen habe!" Da fasteten und beteten sie, legten ihnen die Hände auf und ließen sie ziehen. Johannes-Markus trennte sich von ihnen; Saulus, der auch Paulus heißt, zog mit Barnabas über die Insel Zypern hinüber in verschiedene Städte Kleinasiens. So kamen sie eines Tages nach Lystra. Dort predigten sie das Evangelium.

In Lystra war ein Mann, der von Geburt an gelähmt war, er saß da, ohne Kraft in den Füßen, und hatte noch nie gehen können. Er hörte der Predigt des Paulus zu. Paulus blickte ihm fest ins Auge, und als er sah, daß er Vertrauen auf Rettung hatte, rief er laut: „Steh auf! Stell dich aufrecht auf deine Füße!" Da sprang der Mann auf und ging umher. Als die Leute sahen, was Paulus getan hatte, erhoben sie ihre Stimme und riefen: „Die Götter sind in Menschengestalt zu uns herabgestiegen!" Und sie nannten den Barnabas Zeus, den Paulus aber Hermes. Der Priester des Tempels „Zeus-vor-der-Stadt" brachte Stiere und Kränze und wollte zusammen mit der Volksmenge ein Opfer darbringen. Als die Apostel davon hörten, sprangen sie unters Volk und riefen: „Leute, was tut ihr da! Auch wir sind nur Menschen, von gleicher Art wie ihr! Wir bringen euch das Evangelium, damit ihr euch von den nichtigen Götzen zu dem lebendigen Gott bekehrt, der den Himmel und die Erde erschaffen hat und das Meer und alles, was darin ist!" Doch auch mit diesen Worten konnten sie die Volksmenge kaum davon abbringen, ihnen zu opfern.

Da kamen aus den Nachbarstädten Juden herbeigelaufen und überredeten die Massen. Und sie steinigten den Paulus und schleiften ihn zur Stadt hinaus, in dem Glauben, er sei tot. Als aber die Jünger sich um ihn stellten, stand er auf und ging in die Stadt zurück.

Paulus bringt das Evangelium nach Europa

Ein Jahr nach dieser ersten Reise, bei der Paulus nur Städte in (Klein-)Asien besucht hat, bricht er zum zweiten Mal auf, zusammen mit Silas. Sie wagen den Schritt in ein unbekanntes Land, in einen für sie neuen Erdteil: Europa!

In den folgenden Abschnitten wird manchmal in der „Wir-Form" erzählt; viele nehmen an, Lukas, der Verfasser der Apostelgeschichte, sei zeitweise mitgereist und habe, was er gesehen und gehört hat, als Augen- und Ohrenzeuge aufgeschrieben.

Sie kamen nach Troas hinab; dort hatte Paulus in der Nacht eine Vision. Ein Grieche aus Mazedonien stand am anderen Ufer und bat ihn: „Komm herüber nach Mazedonien und hilf uns!" Auf diese Vision hin fuhren wir sogleich nach Mazedonien ab, denn wir waren überzeugt, daß Gott es war, der uns berufen hatte, ihnen das Evangelium zu verkünden. So fuhren wir von Troas ab und hielten geradewegs auf die griechische Küste zu. Wir kamen nach Philippi, einer Stadt im ersten Bezirk von Mazedonien, einer Kolonie. In dieser Stadt hielten wir uns einige Tage auf. Am Sabbat gingen wir durch das Stadttor hinaus an den Fluß, wo wir ein Bethaus zu finden hofften. Wir nahmen Platz und sprachen zu den Frauen, die sich eingefunden hatten. Eine Frau mit Namen Lydia, eine Purpurhändlerin aus Thyatira, hörte zu; sie war eine gottesfürchtige Frau, und der Herr öffnete ihr das Herz, so daß sie aufmerksam den Worten des Paulus lauschte. Als sie und ihr Haus getauft waren, bat sie: „Wenn ihr überzeugt seid, daß ich fest an den Herrn glaube, kommt in mein Haus und bleibt!" Und sie drängte uns.

Als wir wieder einmal auf dem Weg zum Bethaus waren, begegnete uns eine Magd, die wahrsagen konnte und mit der Wahrsagerei ihren Herren viel Geld einbrachte. Sie lief uns nach und schrie: „Diese Menschen sind Diener des höchsten Gottes; sie verkünden euch den Weg des Heils!" Das tat sie viele Tage lang. Da wurde Paulus ärgerlich, wandte sich um und sagte zu dem Wahrsage-Geist, der in ihr steckte: „Fahr aus von ihr!" Und im selben Augenblick fuhr er aus.

Als aber ihre Herren sahen, daß von der Magd kein Geld mehr zu erwarten war, ergriffen sie Paulus und Silas, schleppten sie auf den Markt vor die Stadtbeamten, führten sie den Richtern vor und sagten: „Diese Männer bringen Unruhe in die Stadt! Es sind Juden; sie verkünden Bräuche, die wir als Römer unmöglich annehmen und ausüben dürfen." Da erhob sich das Volk gegen sie. Die Richter ließen ihnen die Kleider vom Leib reißen und befahlen, sie auszupeitschen. Sie gaben ihnen viele Schläge und warfen sie ins Gefängnis. Dem Gefängniswärter befahlen sie: „Äußerste Sicherheit!" Auf diesen Befehl hin warf er sie in den innersten Raum des Gefängnisses und schloß ihre Füße in einen Schließblock. Um Mitternacht beteten Paulus und Silas und sangen Gott Loblieder; die Gefangenen hörten ihnen zu.

Plötzlich brach ein gewaltiges Erdbeben los, so daß die Grundmauern des Gefängnisgebäudes wankten. Mit einem Schlag sprangen die Türen auf, und allen fielen die Fesseln ab. Als der Gefängniswärter aufwachte und alle Türen des Kerkers offen sah, zog er das Schwert und wollte sich töten, denn er meinte, die Gefangenen seien entflohen. Da rief Paulus laut: „Tu dir kein Leid an! Wir sind noch da."

Da rief jener nach Licht, stürzte herein und fiel Paulus und Silas zitternd zu Füßen. Er führte sie hinaus und sagte: „Ihr Herren! Was muß ich tun, um gerettet zu werden?" Sie antworteten: „Glaube an den Herrn Jesus, und du wirst gerettet werden, du und deine Familie." Und sie verkündeten ihm und allen in seinem Haus das Wort Gottes. Er holte sie in jener Nachtstunde zu sich, wusch ihre Geißelstriemen und ließ sich sogleich mit allen seinen Angehörigen taufen. Dann führte er sie hinauf in die Wohnung, ließ ihnen den Tisch decken und war mit seinem ganzen Haus voll Freude, weil er zum Glauben an Gott gekommen war.

Als es Tag wurde, schickten die Richter ihre Knechte und ließen sagen: „Laß die Männer frei!" Der Gefängniswärter sagte zu Paulus: „Die Richter haben hergeschickt und befohlen, ich soll euch freilassen. Geht also, und zieht hin in Frieden!" Paulus aber sagte zu ihnen: „Sie haben uns ohne Urteil öffentlich prügeln lassen, obgleich wir römische Staatsbürger sind, und haben uns in den Kerker geworfen. Und nun möchten sie uns heimlich fortschicken! Nein! Sie sollen kommen und uns hinausführen." Die Knechte meldeten es den Richtern. Diese erschraken, als sie hörten, sie seien römische Bürger. Sie kamen, um sie zu beschwichtigen, führten sie hinaus und baten sie, die Stadt zu verlassen. Da gingen die beiden vom Gefängnis aus zu Lydia. Dort sahen sie die Brüder, sprachen ihnen Mut zu und zogen weiter.

Aus dem Brief des Apostels Paulus an die Philipper

Später erinnert sich Paulus gern an die Städte, in die er auf seinen weiten Reisen gekommen war. Er schreibt mehrere Briefe an die Christen, die dort in Gemeinden leben. Sie fühlen sich durch seine Briefe gestärkt und lesen sie in ihren Sonntagsgottesdiensten vor – wie es ja bis heute in allen christlichen Kirchen üblich ist. Auch an die Philipper schreibt Paulus einen Brief. Darin heißt es:

Paulus und Timotheus, Knechte Jesu Christi, an alle Heiligen in Christus Jesus, die in Philippi sind, mit ihren Vorstehern und Diakonen. Gnade sei mit euch und Friede von Gott, unserem Vater, und dem Herrn Jesus Christus!

Ich danke meinem Gott jedesmal, wenn ich an euch denke. Immer, in jedem meiner Gebete, bitte ich freudig für euch alle; ich danke, weil ihr euch gemeinsam für das Evangelium eingesetzt habt vom ersten Tage an bis heute. Es ist nur recht, daß ich so an euch alle denke, denn ich habe euch ins Herz geschlossen.

Lebt in der Gemeinde so, wie es dem Evangelium Jesu Christi entspricht! Ob ich komme und euch sehe oder ob ich fern bin von euch: Ich möchte hören, daß ihr feststeht in dem einen Geist, daß ihr einmütig für den Glauben an das Evangelium kämpft und euch auf keinen Fall von den Gegnern einschüchtern laßt. Euch wurde die Gnade zuteil, da zu sein für Christus, also nicht nur an ihn zu glauben, sondern auch seinetwegen zu leiden. Denn ihr habt den gleichen Kampf zu bestehen, den ihr an mir gesehen habt. Seid so gesinnt, wie es das Leben in Christus Jesus erfordert:

Er war wie Gott,
hielt aber nicht daran fest, Gott gleich zu sein,
sondern er entäußerte sich,
wurde wie ein Sklave und den Menschen gleich.
Sein Leben war das eines Menschen.
Er erniedrigte sich und war gehorsam bis zum Tod,
bis zum Tod am Kreuz.
Darum hat ihn Gott über alle erhöht
und ihm einen Namen gegeben, der jeden Namen übertrifft,
damit vor dem Namen Jesu
alle Mächte im Himmel, auf der Erde und unter der Erde ihre Knie beugen,
und damit jede Zunge bekennt:
Herr ist Jesus Christus zur Ehre Gottes, des Vaters!

Paulus verkündigt das Evangelium an die Bürger von Korinth

In noch viele andere Städte kommt Paulus auf seiner zweiten Reise, zum Beispiel nach Thessalonich – heute Saloniki – und in die griechische Hauptstadt Athen. Bei den Athenern hat er wenig Glück: Sie wollen ihn „später mal" hören, sagen sie. Schon bald reist er weiter, nach Korinth.

In Korinth traf er einen Juden mit Namen Aquila, gebürtig aus Pontus, der vor kurzem aus Italien herübergekommen war, und dessen Frau Priszilla. Diesen beiden schloß er sich an, und da sie das gleiche Handwerk ausübten, blieb er bei ihnen, und sie arbeiteten zusammen. Sie waren von Beruf Zeltmacher. An jedem Sabbat führte Paulus in der Synagoge von Korinth Gespräche mit Juden und Griechen und versuchte, sie zu überzeugen, daß Jesus der Messias, der Christus, sei. Doch sie lehnten sich dagegen auf und lästerten. Da schüttelte Paulus seine Kleider aus und sagte: „Von jetzt an werde ich zu den Heidenvölkern gehen!"

Paulus bleibt aber noch anderthalb Jahre in Korinth, und immer mehr Leute nehmen den Glauben an Jesus Christus an. Später schreibt Paulus ihnen Briefe; zur Auferbauung und zum Trost der Korinther erzählt er ihnen unter anderem, was er alles für den Glauben hat auf sich nehmen müssen:

Paulus, durch Gottes Willen Apostel Jesu Christi, und der Bruder Timotheus an die Gemeinde Gottes in Korinth und an alle Heiligen in der ganzen Gegend. Gnade sei mit euch und Friede von Gott, unserem Vater, und dem Herrn Jesus Christus.

Gepriesen sei der Gott und Vater unseres Herrn Jesus Christus, der Vater des Erbarmens und der Gott allen Trostes! Er tröstet uns in all unserer Not, damit auch wir die Kraft haben, alle zu trösten, die in Not leben. Wie uns nämlich die Leiden Christi überreich zuteil geworden sind, so wird uns durch Christus auch überreicher Trost zuteil.

Dann berichtet der Apostel von seiner Not und seinen Leiden.

Wenn schon jemand prahlt – ich rede jetzt mal als Narr – dann kann auch ich prahlen. Ich ertrug mehr Mühsal als sie, war häufiger im Gefängnis, wurde mehr geschlagen und war oft in Todesgefahr. Fünfmal erhielt ich von jüdischen Gerichten neununddreißig Geißelhiebe, dreimal wurde ich mit der Peitsche ausgepeitscht, einmal gesteinigt. Dreimal erlitt ich Schiffbruch, eine Nacht und einen Tag trieb ich auf hoher See. Ich habe weite Wege zurückgelegt, durch gefährliche Flüsse, von Räubern umlagert, von Juden und Heiden verfolgt. Ich mußte Gefahren bestehen in der Stadt, Gefahren in der Wüste, Gefahren auf dem Meer. Ich wurde hintergangen von falschen Brüdern. Ich erduldete Mühsal und Plage, lag viele Nächte lang wach, ertrug Hunger und Durst, ertrug häufiges Fasten, Kälte, Nacktheit. In Damaskus ließ der Statthalter des Königs die Stadt der Damaszener bewachen, um mich gefangenzunehmen, doch ich wurde durch ein Fenster in einem Korb die Mauer hinuntergelassen und entkam ihm. Zu all diesen Leiden und Nöten kommt noch die tägliche Arbeit und die Sorge für die Gemeinden.

Wer leidet, ohne daß ich mit ihm leide? Wer sündigt, ohne daß ich vor Sorge darüber verzehrt werde? Wenn man sich schon rühmen muß, so will ich mich meiner Schwachheit rühmen. Ich habe Freude an meiner Schwachheit, an Mißhandlungen und Nöten, Verfolgungen und Ängsten, weil ich sie für Christus ertrage – denn wenn ich schwach bin, dann bin ich stark. Doch nun bin ich wirklich ein Narrenredner geworden, soweit habt ihr mich gebracht!

Im übrigen, liebe Brüder, freut euch und laßt euch erneuern und vollenden! Seid eines Sinnes und lebt in Frieden! Dann wird der Gott der Liebe und des Friedens mit euch sein. Grüßt einander mit heiligem Kuß!

Paulus auf Missionsreise im Hochland und an der Küste Kleinasiens

Alle Leiden und Mühsale können Paulus nicht davon abhalten, wieder zu einer Missionsreise aufzubrechen. Er macht noch einmal die beschwerliche und gefährliche Reise durch das kleinasiatische Hochland; dann setzt er über nach Griechenland. Schließlich geht er in die Küstenstädte Milet, Troas und Ephesus. Seine Reise beginnt in Antiochia und endet in Jerusalem.

Paulus durchwanderte das Hochland und kam hinab nach Ephesus. Dort traf er einige Jünger und fragte sie: „Habt ihr den heiligen Geist empfangen, als ihr gläubig wurdet?" Sie antworteten ihm: „Wir haben nicht mal gehört, daß es einen heiligen Geist gibt!" Da fragte er: „Auf was seid ihr denn getauft worden?" Sie antworteten: „Auf die Taufe des Johannes." Paulus sagte: „Johannes hat mit der Bekehrungstaufe getauft und das Volk gelehrt, sie sollten an den glauben, der nach ihm komme: an Jesus." Als sie das hörten, ließen sie sich taufen auf den Namen des Herrn Jesus. Paulus legte ihnen die Hände auf, und der heilige Geist kam auf sie herab; sie redeten in Sprachen und weissagten. Es waren im ganzen ungefähr zwölf Männer.

In Ephesus lebte ein Silberschmied mit Namen Demetrius. Er stellte silberne Tempelchen her, Andenken an die Göttin Artemis von Ephesus. Er ließ die Künstler und Handwerker, die für ihn arbeiteten, gut verdienen. Eines Tages rief er sie zusammen und sagte: „Männer! Ihr wißt, daß wir unseren Wohlstand unserer Schmiedearbeit verdanken. Nun seht und hört ihr, daß dieser Paulus nicht nur in Ephesus, sondern in ganz Kleinasien viel Volk ver-

führt und aufgehetzt hat mit seiner Behauptung: Was mit Händen gemacht ist, das sind keine Götter. So bringt er nicht nur unser Geschäft in schlechten Ruf, sondern auch dem Heiligtum der großen Göttin Artemis droht Gefahr, nichts mehr zu gelten. Ja, die Göttin selbst, die doch von ganz Asien und vom ganzen Erdkreis verehrt wird, wird ihr hohes Ansehen verlieren!" Als sie das hörten, wurden sie wütend und schrien: „Groß ist die Artemis von Ephesus!" Die ganze Stadt geriet in Aufruhr. Alle stürmten ins Theater, und sie schleppten zwei mazedonische Reisegefährten des Paulus mit dorthin.

Paulus wollte sich unter die Volksmenge begeben, doch die Jünger hielten ihn zurück; auch einige andere Freunde schickten Boten zu ihm und ließen ihm sagen, er solle nicht ins Theater gehen.

Im Theater schrien die einen dies, die anderen das, die Versammlung war völlig durcheinander, die meisten wußten überhaupt nicht, weshalb man zusammengekommen war. Einige Juden waren dabei; sie schickten einen Mann mit Namen Alexander nach vorn und sagten ihm, was er reden sollte. Alexander gab ein Zeichen mit der Hand und wollte vor den Leuten eine Rede zur Verteidigung des Paulus halten. Doch als sie hörten, daß er Jude sei, schrien sie alle – fast zwei Stunden lang! – wie aus einem Mund: „Groß ist die Artemis von Ephesus!"

Da trat der Stadtschreiber vor, brachte die Menge zur Ruhe und sprach: „Männer von Ephesus! Wer wüßte nicht, daß die Stadt der Epheser die ‚Tempelhüterin der Großen Artemis' ist, die Hüterin ihres Bildes, das vom Himmel gefallen ist? Das ist unbestreitbar! Bewahrt also Ruhe und tut nichts Unüberlegtes. Ihr habt diese Männer hergeschleppt, die weder Tempelschänder sind, noch Lästerer unserer Göttin. Wenn also Demetrius und die anderen Silberschmiede eine Anklage gegen irgend jemanden haben, so haben wir dafür unsere Gerichtstage und Richter, da mögen sie einander verklagen. Wenn ihr sonst noch etwas vorzubringen habt, so könnt ihr das in der gesetzesmäßigen Volksversammlung vorbringen. Sonst könnte man uns nach dem heutigen Vorfall wegen Aufruhr anzeigen, weil kein Grund vorliegt, wie wir diesen Volksauflauf rechtfertigen könnten." Nachdem er so gesprochen hatte, löste er die Versammlung auf.

Als der Tumult sich gelegt hatte, rief Paulus die Jünger zusammen und sprach ihnen Mut zu. Dann verabschiedete er sich und ging weg. Wir setzten unsere Reise fort und besuchten noch einige Gemeinden. Dann gingen wir hinunter zur Küste. Viele Frauen und Kinder begleiteten uns. Am Strand knieten wir nieder und beteten; dann namen wir Abschied voneinander. Wir bestiegen ein Schiff und fuhren ab. Schließlich kamen wir nach Cäsarea. Dort wohnten wir eine Zeitlang beim Diakon Philippus, der vier Töchter hatte, Jungfrauen, die prophetisch reden konnten.

Da kam ein Mann mit Namen Agabus und besuchte uns. Er nahm den Gürtel des Paulus, band damit seine Füße und Hände und sprach: „So spricht der heilige Geist: Den Mann, dem dieser Gürtel gehört, werden die Juden in Jerusalem genau so fesseln und an die Heiden ausliefern!" Als wir das hörten, redeten wir zusammen mit den Leuten aus Cäsarea dem Paulus zu, nicht nach Jerusalem hinaufzuziehen. Doch Paulus antwortete: „Warum weint ihr und macht mir das Herz schwer? Ich bin bereit, mich in Jerusalem für den Namen des Herrn nicht nur fesseln zu lassen, sondern auch zu sterben." Da er sich nicht überreden ließ, gaben wir nach und sagten: „Der Wille des Herrn geschehe!" Nach diesen Tagen bereiteten wir uns zur Reise vor und zogen hinauf nach Jerusalem. Als wir nach Jerusalem kamen, wurden wir von den Brüdern freundlich empfangen.

Paulus wird gefangengenommen

In Jerusalem waren Juden aus Asien, die Paulus von seinen Reisen kannten. Als sie ihn im Tempel sahen, wiegelten sie das Volk auf und schrien: „Israeliten! Hilfe! Das ist der Mensch, der in aller Öffentlichkeit Lehren vorträgt, die sich gegen das Volk und das Gesetz und gegen diesen Tempel hier richten! Er hat sogar heidnische Griechen mitgenommen in den Tempel und dadurch das Heiligtum entweiht!" Sie hatten nämlich kurz zuvor einen Mann aus Ephesus mit ihm zusammen in der Stadt gesehen und meinten, Paulus habe ihn in den Tempel mitgenommen. Da geriet die ganze Stadt in Aufregung, und alle Leute liefen zusammen. Sie packten den Paulus und zerrten ihn aus dem Tempel, und sofort wurden die Tore hinter ihm geschlossen.

Sie waren dabei, ihn totzuschlagen, da brachte man dem Oberst der römischen Wachtruppe die Meldung hinauf: „Ganz Jerusalem ist in Aufruhr!" Er eilte sofort mit Hauptleuten und Soldaten zu ihnen hinunter. Als die Leute den Oberst und die Soldaten kommen sahen, hörten sie auf, Paulus zu verprügeln. Der Oberst trat hinzu, verhaftete Paulus, ließ ihn mit zwei Ketten fesseln und fragte, wer er sei und was er getan habe. In der Volksmenge schrien die einen dies und die anderen das. Da er bei dem Lärm nichts Genaues verstehen konnte, befahl er, ihn in die Kaserne abzuführen. Als Paulus an die Freitreppe kam, mußten ihn die Soldaten tragen, so wild führte sich die Menge auf. Sie drängten ihm nach und schrien: „Weg mit ihm!"

In der Kaserne angekommen, sagte Paulus zum Oberst: „Darf ich ein Wort mit dir reden?" Der Oberst antwortete: „Du sprichst griechisch?" Paulus antwortete: „Ich bin ein Jude aus Tarsus in Zilizien, Bürger einer bedeutenden Stadt. Bitte, gestatte mir, zu den Leuten zu sprechen." Der Oberst erlaubte es. Da stellte Paulus sich auf die Freitreppe und gab dem Volk mit der Hand ein Zeichen. Alles wurde still, und er redete sie in hebräischer Sprache an:

„Brüder und Väter hört, was ich zu meiner Verteidigung zu sagen habe." Als sie hörten, daß er in hebräischer Sprache zu ihnen redete, wurden sie noch stiller. Paulus aber sprach: „Ich bin ein Jude, geboren in Tarsus in Zilizien, hier in Jerusalem erzogen, ausgebildet zu Füßen eines berühmten jüdischen Lehrers, sorgfältig nach dem Gesetz der Väter. Ich war stets ein Eiferer für Gott, wie auch ihr es heute seid."

Dann legt Paulus ihnen der Reihe nach alles auseinander, was er früher in seiner Treue zum Gesetz alles getan hat, bis er, auf dem Weg nach Damaskus, zum Glauben an Jesus Christus bekehrt wurde. Die Juden hören ihm

aufmerksam und geduldig zu. Doch dann sagt er etwas für ihre Ohren Ungeheuerliches: „Der Herr hat mir befohlen: Mach dich auf, ich will dich in die Ferne senden zu den Heiden!" Zu den Heiden! Das Heil soll zu den Heiden kommen? Nicht mehr nur zum auserwählten Volk Israel?

Bis zu diesem Wort hörten sie ihm zu, doch dann fingen sie an zu schreien: „Weg von der Erde mit solch einem Menschen! Er darf nicht am Leben bleiben." Sie lärmten, zerrissen ihre Kleider und warfen Staub in die Luft. Da befahl der Oberst, ihn in die Kaserne zu führen. Er ordnete an, ihn unter Geißelhieben zu verhören; er wollte durch Folter herausbekommen, warum sie so wütend gegen ihn tobten. Als sie ihn aber an der Geißelsäule festbanden, sagte Paulus: „Dürft ihr einen Römer geißeln? Noch dazu ohne Gerichtsurteil?" Als der Hauptmann das hörte, eilte er zum Oberst, meldete es ihm und sagte: „Was hast du vor? Der Mann ist ein römischer Staatsbürger!" Der Oberst kam zu Paulus und fragte: „Sag! Bist du Römer?" Er antwortete: „Ja." Sofort ließen die, welche ihn verhören wollten, von ihm ab. Und der Oberst erschrak, als er erfuhr, daß Paulus römischer Bürger war, denn er war es gewesen, der ihn hatte fesseln lassen. Weil er aber genau wissen wollte, was die Juden ihm vorwarfen, ließ er ihn am folgenden Tag aus dem Gefängnis holen und befahl, die Hohenpriester und der Hohe Rat sollten sich versammeln. Er ließ den Paulus hereinführen und ihnen gegenüberstellen.

Paulus wiederholt, was er schon dem Volk vorgetragen hatte. Im Hohen Rat gab es mehrere Parteien; die einen waren entschieden gegen Paulus, die anderen hielten ihn für nicht schuldig.

Einige Schriftgelehrte aus dem Hohen Rat sagten: „Wir finden nichts Schlimmes an diesem Menschen." Der Streit wurde immer heftiger, und der Oberst befürchtete, sie könnten den Paulus in Stücke reißen. Darum ließ er die Wachtruppe kommen, ihn gewaltsam aus ihrer Mitte herausholen und in die Kaserne zurückbringen.

In der Nacht aber trat der Herr zu Paulus und sprach: „Hab Mut! Denn so wie du in Jerusalem meine Sache bezeugt hast, so sollst du auch in Rom Zeugnis für mich ablegen."

Paulus redet vor König Agrippa freimütig von Jesus Christus

Man schafft Paulus aus Jerusalem weg und bringt ihn nach Cäsarea. Dort wird er dem römischen Statthalter übergeben. Er bleibt zwei Jahre in Haft. Was soll man nur mit ihm machen? Am liebsten möchten ihn die Römer wieder abschieben an die jüdischen Gerichte.

Der Statthalter wollte den Juden einen Gefallen tun und sagte zu Paulus: „Willst du nicht nach Jerusalem hinaufgehen und dich dort, unter meinem Vorsitz, wegen deiner Sache richten lassen?" Paulus aber sprach: „Ich stehe hier vor dem Richterstuhl des Kaisers, und hier muß ich gerichtet werden. Den Juden habe ich kein Unrecht getan, wie auch du sehr gut weißt. Wenn ich wirklich im Unrecht bin und etwas begangen habe, worauf die Todesstrafe steht, weigere ich mich nicht zu sterben. Wenn aber ihre Anklage gegen mich unbegründet ist, kann mich niemand ihnen ausliefern. Ich appelliere an den Kaiser von Rom!"

Da besprach sich der Statthalter mit seinen Ratgebern und antwortete: „An den Kaiser hast du appelliert – zum Kaiser sollst du gehen."

In Cäsarea regiert zu dieser Zeit König Agrippa; er ist Jude, aber ein Freund des römischen Kaisers und von den Römern als König über die nördlichen Gebiete von Israel eingesetzt. König Agrippa macht einen Staatsbesuch beim Statthalter.

Einige Tage später trafen König Agrippa und seine Schwester Berenike in Cäsarea ein, um dem Statthalter einen Besuch zu machen. Sie blieben mehrere Tage dort. Da sagte der Statthalter zu ihm: „Ich habe hier einen Gefangenen, gegen den die Hohenpriester und Ältesten der Juden Anklage erheben. Beim Prozeß brachten sie einige Streitfragen gegen ihn vor, die ihre Religion betreffen und bei denen von einem gewissen Jesus die Rede ist, der gestorben ist, von dem aber Paulus behauptet, er lebe. Da ich mich in solchen Dingen nicht auskenne, fragte ich, ob er nach Jerusalem gehen möchte, um sich dort richten zu lassen. Paulus jedoch legte Widerspruch ein; er wollte bis zur Entscheidung durch die kaiserliche Majestät hier in Haft bleiben. Darum befahl ich, ihn in Haft zu halten, bis ich ihn zum Kaiser nach Rom schicken würde." Da sagte König Agrippa zum Statthalter: „Ich würde den Mann gern selbst hören." Der Statthalter antwortete: „Morgen sollst du ihn hören."

So kamen am anderen Tag Agrippa und Berenike mit großem Prunk und betraten die Empfangshalle; die Obersten der Soldaten und die vornehmsten Männer der Stadt waren bei ihnen. Auf Befehl des Statthalters wurde Paulus vorgeführt. Paulus sprach: „O König Agrippa! Ich bin glücklich, daß ich mich heute vor dir verteidigen darf wegen all der Dinge, welche die Juden mir vorwerfen. Ich freue mich besonders, da du ein Kenner aller jüdischen Gesetze und Streitfragen bist. Ich bitte dich, mich geduldig anzuhören!"

Wieder trägt Paulus seine Lebensgeschichte vor: Wie er zuerst als gesetzestreuer Jude die Christen verfolgt habe, bis er schließlich selber ein Christ geworden und nun Zeuge des Evangeliums sei:

„Ich habe Gottes Hilfe erfahren bis zum heutigen Tag. So stehe ich als Zeuge da für klein und groß und sage nichts anderes als das, was nach dem Wort der Propheten und des Mose geschehen soll, nämlich daß der Messias Christus leiden müsse und daß er, als erster von den Toten auferstanden, dem Volk Israel und den Heiden ein Licht verkünden werde." Als er sich mit diesen Worten verteidigte, rief der Statthalter: „Paulus! Du bist verrückt! Du hast zu viele Bücher gelesen, die haben dich zum Wahnsinn getrieben." Paulus erwiderte: „Ich bin nicht verrückt, erlauchter Statthalter; was ich sage, ist wahr und vernünftig. König Agrippa versteht sich auf diese Dinge, deshalb spreche ich auch freimütig zu ihm. Ich bin sicher, daß ihm nichts von dem, wovon ich erzählt habe, entgangen ist; das alles hat sich ja nicht in irgendeinem verborgenen Winkel zugetragen." König Agrippa antwortete: „Fast überredest du mich, selber als Christ aufzutreten!"

Darauf erhoben sich der König und der Statthalter, auch Berenike und alle, die dabeisaßen. Sie zogen sich zur Beratung zurück und sagten: „Dieser Mann tut nichts, worauf Tod oder Haft steht. Er könnte freigelassen werden, wenn er nicht an den Kaiser appelliert hätte."

Paulus bringt das Evangelium von Jesus Christus nach Rom

Die Abfahrt nach Italien wird festgesetzt, Paulus besteigt, von einem Hauptmann bewacht, ein Schiff. Bei ihm sind Lukas und ein Jünger mit Namen Aristarch. Schon bald beginnt eine für die Segelschiffahrt ungünstige Jahreszeit, und Paulus rät dem Kapitän, auf der Insel Kreta zu überwintern. Doch der Kapitän läßt weiterfahren.

Kurz darauf brach von der Insel her ein Nord-Ost-Wind, ein Orkan, los. Das Schiff wurde mitgerissen, und weil es nicht mehr gegen den Wind gedreht werden konnte, gaben wir auf und ließen uns treiben. Die Matrosen sicherten das Schiff, indem sie es mit einem Riemen umgürteten. Da wir vom Orkan hart bedrängt wurden, warfen sie alle Last über Bord, und am dritten Tag auch noch die Schiffsausrüstung. Viele Tage hindurch sahen wir weder die Sonne noch die Sterne, und der heftige Sturm nahm kein Ende. Zuletzt war alle Hoffnung, gerettet zu werden, dahingeschwunden. Niemand wollte mehr essen.

Da trat Paulus in ihre Mitte und sprach: „Männer! Ich ermahne euch: Verliert nicht den Mut! Niemand von euch wird untergehen – nur das Schiff. In dieser Nacht hat ein Engel des Gottes, dem ich gehöre und dem ich diene, zu mir gesagt: Fürchte dich nicht, Paulus! Du mußt vor den Kaiser treten. Und Gott hat dir alle geschenkt, die mit dir fahren!"

Als wir schon die vierzehnte Nacht in der Adria trieben, merkten die Matrosen um Mitternacht, daß sich ihnen Land näherte. Sie fürchteten, daß wir auf eine Klippe auflaufen könnten; darum warfen sie vom Heck her vier Anker aus und wünschten sich den Tag herbei. Bis zum Tagesanbruch ermunterte Paulus alle, etwas zu essen: „Eßt etwas, das ist gut für eure Rettung! Keiner wird auch nur ein Haar von seinem Kopf verlieren." Nach diesen Worten nahm er ein Brot, dankte Gott vor allen, brach es und aß. Da faßten alle Mut und aßen ebenfalls. Wir waren im ganzen 276 Menschen an Bord. Nachdem sie sich sattgegessen hatten, warfen sie, um das Schiff zu erleichtern, auch noch die Reste der Getreideladung ins Meer. Dann ließen sie in einer Untiefe das Schiff auf Sand auflaufen; der Bug bohrte sich ein und saß unbeweglich fest, das Heck zerbrach in der Brandung. Sie wollten die Gefangenen töten, damit keiner schwimmend entkäme, doch der Hauptmann befahl, daß zuerst alle, die schwimmen konnten, über Bord springen und an Land gehen sollten, dann die übrigen, teils auf Planken, teils auf anderen Schiffstrümmern. So kamen alle an Land und wurden gerettet. Als wir gerettet waren, erfuhren wir, daß die Insel Malta hieß. Die Einwohner nahmen uns ungewöhnlich freundlich auf. Drei Monate später fuhren wir mit einem anderen Schiff weiter und kamen schließlich nach Rom. Auf dem letzten Stück Landweg waren uns Brüder, die von uns gehört hatten, entgegengereist. Als Paulus sie kommen sah, dankte er Gott und faßte Mut.

Paulus lebt zwei Jahre in Rom, und zwar nicht im Gefängnis, sondern in einem Zimmer, das er gemietet hat. Während der „Untersuchungshaft" empfängt er Besucher und darf frei mit ihnen reden. Mindestens vier Briefe schreibt er aus der Gefangenschaft, unter anderem an die Christen in Ephesus und in Philippi. Aus Andeutungen in der Bibel schließen manche Forscher, er sei wieder freigelassen worden und habe sogar Reisen unternommen: nach Kreta, nach Griechenland, nach Kleinasien. Vielleicht war er auch in Spanien (denn auch von einem solchen Reiseplan spricht Paulus in einem seiner Briefe). In Tarragona kann man ein Denkmal sehen, an der Stelle, wo Paulus das Schiff verlassen und seinen Fuß auf spanischen Boden gesetzt haben soll.

Nach unserer Ankunft in Rom erhielt Paulus die Erlaubnis, für sich alleine zu wohnen, zusammen mit einem Soldaten, der ihn bewachte. Am dritten Tag rief er die Vornehmsten der Juden zusammen. Als sie versammelt waren, sprach er zu ihnen: „Ich habe gebeten, euch sehen und sprechen zu dürfen." Sie antworteten ihm: „Wir haben weder Briefe aus Judäa erhalten noch ist einer von den Brüdern gekommen, der uns etwas Unangenehmes über dich erzählt hätte. Wir wünschen aber von dir zu hören, was du denkst."

Sie vereinbarten einen bestimmten Tag mit Paulus, an dem sie dann noch zahlreicher zu ihm ins Haus kamen. Vom Morgen bis in den Abend hinein erklärte er ihnen das Reich Gottes. Er versuchte, sie für Jesus zu gewinnen, indem er vom Gesetz des Mose und von den Propheten ausging. Die einen ließen sich überzeugen, die anderen blieben ungläubig. Sie wurden sich nicht einig und gingen weg. Paulus sprach: „Treffend hat der heilige Geist durch den Propheten Jesaja zu euren Vätern gesprochen: Geh zu diesem Volk und sprich: Das Herz dieses Volkes ist stumpf geworden. Mit ihren Ohren hören sie nur schwer, und ihre Augen halten sie geschlossen. – Darum sollt ihr wissen: Den Heiden ist das Heil Gottes gesandt worden. Sie werden hören."

Paulus blieb zwei volle Jahre in seiner Mietwohnung und empfing alle, die zu ihm kamen. Und er verkündete das Reich Gottes und lehrte ungehindert und mit allem Freimut über den Herrn Jesus Christus.

Über den Prozeß vor dem kaiserlichen Gericht, zu dem Paulus nach Rom gebracht wurde, wird in der Apostelgeschichte nichts berichtet. Sehr wahrscheinlich wird er im Jahre 67 während der Christenverfolgung des Kaisers Nero zum Tode verurteilt und mit dem Schwert umgebracht.

Aus der Welt der Bibel

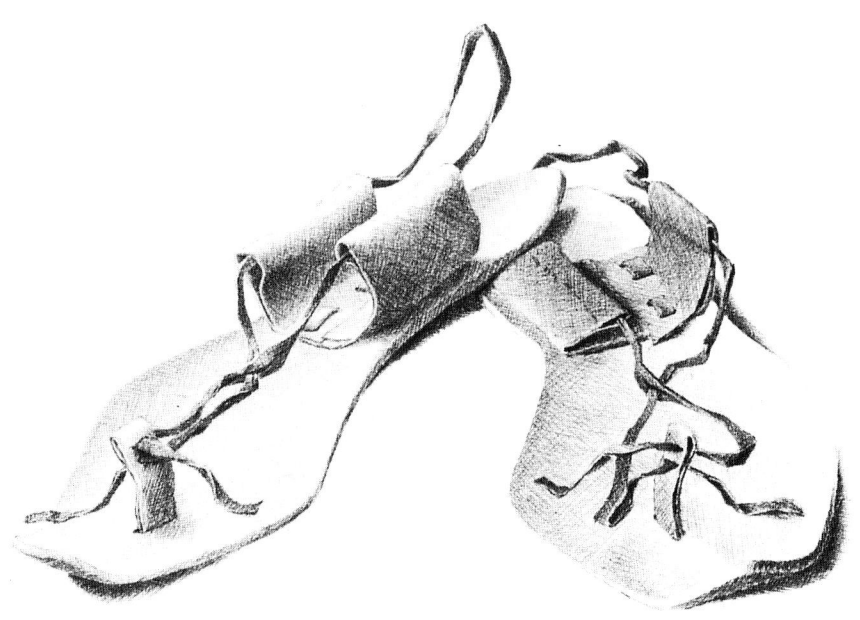

Warum man die Bibel Heilige Schrift nennt

Tontafeln, Papier und Pergament

An den Flüssen des Orients wächst noch heute in sumpfigen Gegenden eine Pflanze, die Papyrus heißt. Aus dem Papyrusstengel kann man „Papier" machen: Das Mark wird herausgelöst, in Streifen geschnitten, getrocknet, mit einem Stein geglättet, übereinandergelegt und wie eine dünne Matte zu Papierbögen gepreßt. Die wichtigste Stadt für den Papierhandel war im Altertum Byblos; von dort aus brachten Schiffe das Papier in alle Länder rings um das Mittelmeer. Aus dem Städtenamen Byblos ist unser Wort „Bibel" entstanden. Bibel heißt also „Aus-Byblos-Papier-Gemachtes", oder einfach: Buch. Heute macht man Papier nicht mehr aus Papyrusmark, sondern aus Holz oder Leinen. – Eine andere Stadt im Orient hieß Pergamon. Dort stellte man ein Schreibmaterial her, das „Pergament" genannt wurde. Es bestand aus dünn gegerbten, geglätteten Tierhäuten und war haltbarer, aber auch teurer als das empfindliche Papier. – Doch schon bevor man Papier und Pergament benutzte, hat man geschrieben, nämlich auf weiche, flache Täfelchen aus Ton, die im Brennofen gehärtet wurden. Forscher haben in Mesopotamien eine Bibliothek ausgegraben, in der sie 20 000 Briefe fanden und entzifferten; sie waren auf Tontäfelchen geschrieben.

Ägyptischer Schreiber bei der Arbeit. Mit der linken Hand hält er die Schreibunterlage und die Palette. Zwei Reservepinsel hat er sich hinters Ohr gesteckt. Am oberen Bildrand sieht man Hieroglyphen; das erste Zeichen bedeutet „Schreiber".

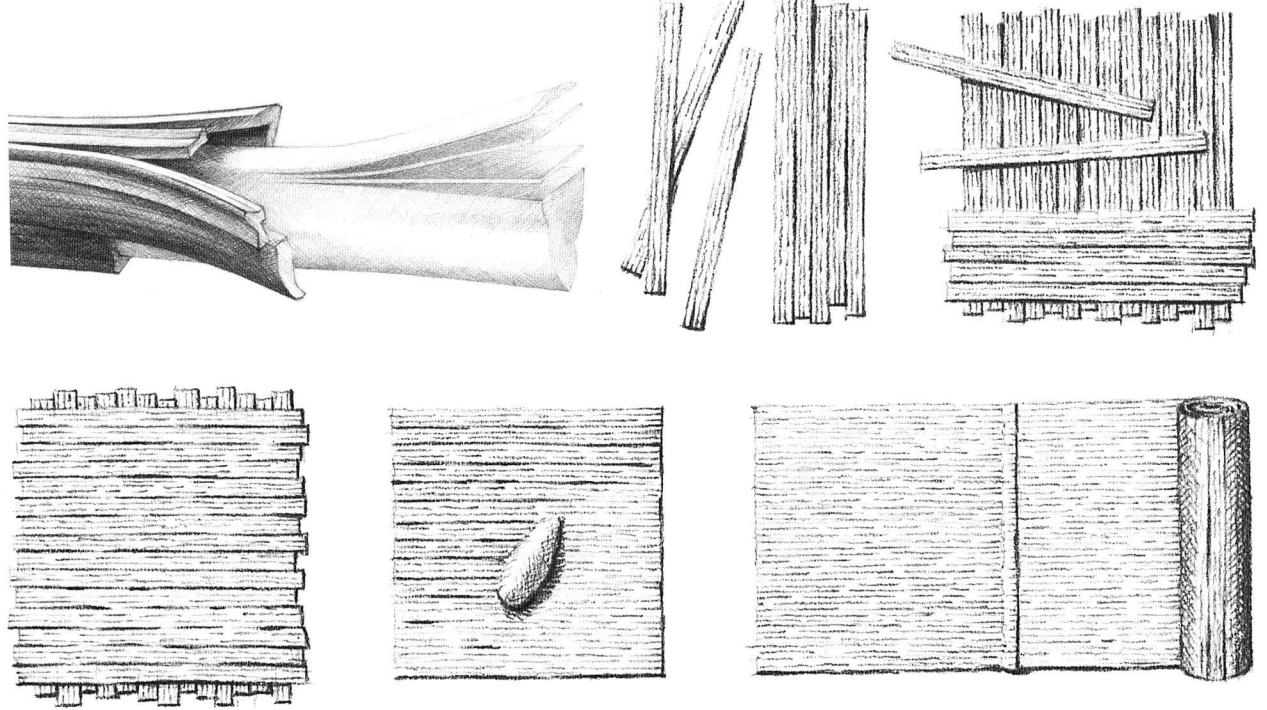

Von der Schrift und vom Schreiben

Die ältesten bekannten Schriftzeichen waren Bilder. Vor allem in Ägypten sind wunderschöne Bilderschrift-Texte gefunden worden. Im Lauf der Zeit vereinfachte man die Bilderschrift, bis die schönen Bilder schließlich verschwanden und nur noch Striche übrigblieben. Von solchen stabartigen, geraden Strichen (aus Buchenholz geschnitzt oder in Buchenholz geritzt) kommt unser Wort Buch-Stabe. Zuletzt einigte man sich auf 26 Buchstaben, aus denen man alle Wörter, die es gibt, zusammensetzen kann. Nach den beiden ersten griechischen Buchstaben Alpha und Beta heißt die Reihe der 26 Buchstaben bis heute „Alphabet". – Lange Zeit hat man die Buchstaben auch als Zeichen für Zahlen und Ziffern benutzt, zum Beispiel den Buchstaben C für die Zahl 100. Zu der Zeit, als Jesus lebte, lernten die jüdischen Knaben (nicht die Mädchen) von ihren Vätern und von den Lehrern in der Synagogenschule lesen; schreiben lernten sie normalerweise nicht. Jesus konnte lesen; ob er schreiben konnte, ist unbekannt, wenn auch nicht ganz unwahrscheinlich. „Schreiber" war damals ein handwerklicher Beruf, wie Glasbläser oder Gerber. Die Schreiber arbeiteten gewöhnlich zu mehreren in Schreibstuben. Dort saßen sie auf dem Fußboden, die Beine über Kreuz, das Schreibwerkzeug im Schoß. Sie schrieben mit Tinte, die sie aus dem Ruß der Öllampen und dem Saft des Gall-Apfels zusammengemischt hatten. Das Tintenfaß, aus Holz, Horn oder Blech, trugen sie am Gürtel. Wenn sie ihre etwa jeweils 20 x 25 cm großen Papyrusbögen fertiggeschrieben hatten, klebten sie sie seitlich aneinander und wickelten sie zu einer Rolle; eine solche Rolle, das hat eine Ausgrabung erwiesen, konnte bis zu 41 m lang werden! Am Anfang und am Ende der Rolle machten sie je einen Stab zum Auf- und Abwickeln fest. Die hebräische Schrift lief – anders als die unsrige – von rechts nach links; eine hebräische Buchrolle wurde folglich „von hinten nach vorn" abgewickelt. Erst die Römer haben später gebundene Bücher mit Seiten zum Umblättern erfunden.

Ein 5000 Jahre altes orientalisches Tontäfelchen. Die fünf „Punkte" bedeuten fünfzig, die vier „Kommas" bedeuten vier, die beiden Tierköpfe: Kuh und Stier. Vielleicht eine Kauf-Quittung für „54 Kühe und Stiere"?

Ägyptische Bilderschrift, Hieroglyphen genannt (= „Heilige Zeichen"). Jedes Bild stand für einen Buchstaben, selten auch: für ein Wort.

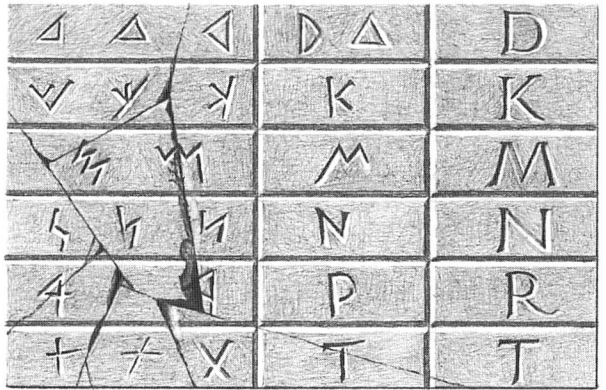

Vereinfachte Buchstaben-Schrift: Links semitische, in der Mitte griechische, rechts römische Buchstaben.

Schriftrolle und Schreibgeräte.

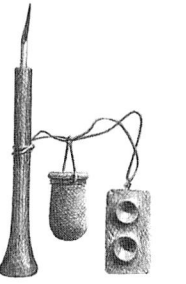

Das Alte Testament: die Jüdische Bibel

Bevor das Volk Israel seßhaft wurde, hat man sich viele hundert Jahre lang Geschichten von Gott und den Menschen erzählt: unterwegs bei der Wanderung, draußen beim Viehhüten und abends drinnen im schützenden Zelt. Später, im Land Kanaan, begann man in den Städten und am Königshof, das mündlich Überlieferte auch schriftlich festzuhalten. So entstanden nach und nach die Schriften, die zum ersten Teil der Bibel wurden. Diesen ersten Teil der Bibel nennt man „Altes Testament" oder „Jüdische Bibel". Statt Testament könnte man auch „Urkundenbuch des Glaubens" sagen, oder „Buch des Bundes zwischen Gott und den Menschen". Leider ist von dem, was israelitische Führer und Könige, Dichter und Propheten aufgeschrieben haben (oder haben aufschreiben lassen), nichts im Original erhalten geblieben. Was die Forscher heute in Händen haben, sind Abschriften von Abschriften von Abschriften.

Die Juden haben die verstreuten Texte eifrig gesammelt, zusammengestellt und ergänzt. In ihren Gottesdiensten lasen sie aus diesen Sammlungen vor: Gesetze und Gebote, Lieder und Gebete, Sagen, Erzählungen und prophetische Sprüche. In den beiden Jahrhunderten vor Christus wurde die Sammlung abgeschlossen und aus dem Hebräischen (und teilweise Aramäischen) in die damals verbreitete griechische Sprache übersetzt. So sind denn von den wenigen ersten schriftlichen Sätzen bis zum endgültigen Alten Testament rund 1000 Jahre ins Land gegangen.

Das Neue Testament

Den zweiten Teil der Bibel nennen wir das „Neue Testament". Es ist bei weitem nicht so umfangreich wie das Alte, und es ist auch nicht in 1000, sondern in knapp 40 Jahren geschrieben worden. Es besteht aus 4 Evangelien, einer „Apostelgeschichte", 21 Briefen und einem prophetischen Buch, das man „Geheime Offenbarung" nennt.

Für die alttestamentlichen wie für die neutestamentlichen Texte gilt in gleicher Weise: Sie wollen nicht als Reportagen, nicht als Informationen, nicht als Beschreibungen gelesen und gehört werden, sondern: als Botschaft, als Verkündigung.

Die Botschaft des Alten Testaments lautet, kurzgefaßt: Welt und Menschen – alles kommt aus der liebenden Hand Gottes. Sein Name ist Jahwe, das heißt: Ich-bin-da-für-euch; in guten und in schlimmen Zeiten ist er der Hirt, der seine Herde führt. Besonders deutlich kann man Gottes Sorge und weise Führung an den Erzählungen von der wechselvollen Geschichte des Volkes Israel ablesen.

Die Botschaft des Neuen Testaments ergänzt die Botschaft des Alten, ja, sie geht noch darüber hinaus. Sie lautet: In Jesus Christus ist „Gottes Sohn Mensch geworden" – für alle. Allen Menschen, nicht nur dem Volk Israel, bringt er das Heil. Jesus verkündet: Die Kleinen sind vor Gott groß, die Armen sind vor ihm reich, Niedrige sind erhöht, Bedrückte können ihr Haupt erheben, denn sie sind befreit und erlöst. Er verkündet eine neue Hoffnung: „Wer an mich glaubt, wird leben, auch wenn er gestorben ist."

Die vier Evangelien

Als erster hat, etwa um das Jahr 70, *Markus* mündliche Überlieferungen gesammelt und daraus ein Evangelium von Jesus Christus verfaßt. In knappen Sätzen und mit kräftigen Worten wendet er sich an Christen, die vor ihrer Taufe nicht Juden, sondern „Heiden" waren und die man darum Hei-

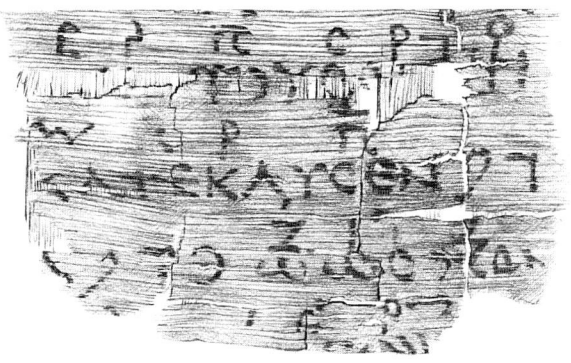

denchristen nennt. Er schreibt nichts von der Geburt und der Kindheit Jesu, sehr eindringlich jedoch von seinem Leiden, seinem Tod und seiner Auferstehung.

Danach schreibt *Matthäus* ein Evangelium, um das Jahr 80. Er übernimmt viele Texte des Markus; doch richtet er seine Botschaft in schöner, feierlicher Sprache an Christen, die Juden gewesen waren, bevor sie sich taufen ließen, an Judenchristen. Matthäus zeigt ihnen, daß Jesus der verheißene Messias ist, der König, auf den ihre Väter in den Jahren ihrer Not gewartet und gehofft haben.

Der dritte Evangelist ist *Lukas*; wie Markus schreibt er (um 80 oder 85) an Heidenchristen. In liebenswürdigen Geschichten schildert er Jesus als den Heiland der Kranken und den Freund der Sünder. – Lukas hat auch die Apostelgeschichte geschrieben.

Zuletzt, wahrscheinlich um das Jahr 100, schreibt der Evangelist *Johannes*. Seine Texte sind theologische Predigten in geschliffener Sprache. Johannes will vor allem die gebildeten und belesenen Griechen und Römer in den Städten am Mittelmeer erreichen, um ihnen die Botschaft von der Liebe des Vaters nahezubringen, die in Jesus Christus offenbar wurde oder, wie er sagt, „Fleisch geworden" ist.

Bibelübersetzungen

Seit der Zeit, da die Griechen Kanaan erobert hatten, wurden dort alle wichtigen Schriftstücke in griechischer Sprache verfaßt: Theaterspiele und Erzählungen, Gesetze und Erlasse. Auch die Texte des Neuen Testaments wurden griechisch geschrieben. Später, als die Christen Rom zur Mittelpunkt-Stadt der Kirche machten, übersetzte man die Bibel in die „römische Sprache", ins Latein. Lange Zeit konnten in den nicht-römischen Ländern nur die Gelehrten, die Latein studiert hatten, die Bibel lesen. Für die einfachen Leute malte man vielfach biblische Geschichten mit bunten Bildern in Bücher oder auf Kirchenwände; solche Bilderfolgen nannte man Armenbibel. Erst spät, im 8. Jahrhundert, begann man, das Neue Testament – erst in Teilen, dann ganz – auch ins Deutsche zu übertragen. Als die Buchdruckerkunst erfunden worden war, konnte sich die deutsche Bibelübersetzung, die Dr. Martin Luther im Jahre 1534 als „gantze heilige Schrifft" herausgab, rasch verbreiten. Heute ist die Bibel in fast alle Sprachen und Dialekte, die auf der Welt gesprochen werden, übersetzt.

Gottes Wort in Menschenworten

Die Verfasser des Alten Testaments und die Evangelisten und Apostel, denen wir das Neue Testament verdanken, haben sich, was sie aufgeschrieben haben, nicht in ihrer Phantasie ausgedacht. Sie haben auch nicht einfach nacherzählt, was andere ihnen erzählt haben. Früher sagte man: „Gott hat ihnen die Texte diktiert, vorgesagt, eingegeben, und sie haben, was Gott ihnen gesagt hat, wörtlich aufgezeichnet." Heute sagen wir eher so: „Die Bibel ist Gottes Wort, von Menschen für Menschen aufgeschrieben", oder kurz: Sie ist Gottes Wort in Menschenworten. Weil Gottes Geist in der Bibel zu spüren ist und auch, weil sich vieles von dem, was in der Bibel steht, an den Menschen gut be-„währt" hat, kann man sagen: Was in der Bibel steht, ist „wahr". Die Bibel ist ein Buch wie kein anderes auf der Welt, das jemals von Menschenhand geschrieben wurde: Die Bibel ist „Heilige Schrift".

Die Länder im Fruchtbaren Halbmond

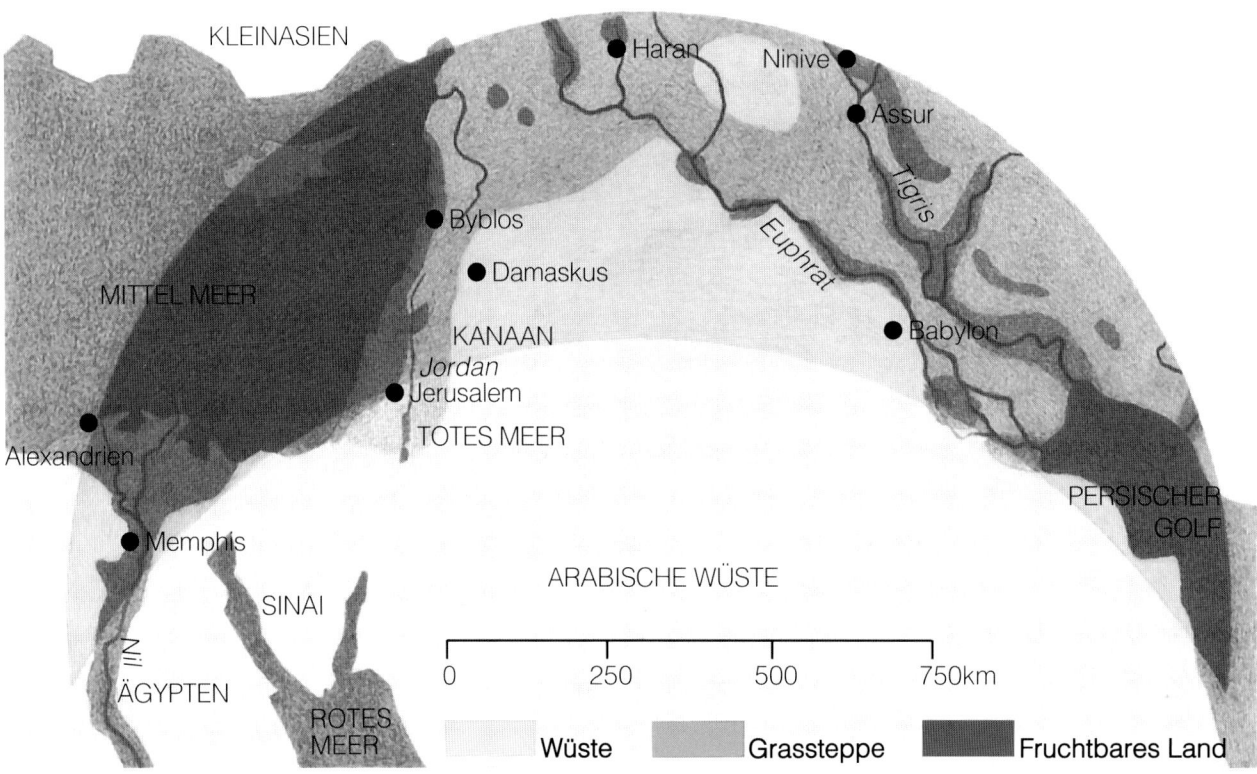

Die Wiege der Menschheit

In früheren Zeiten hat man die Bibel wörtlich ausgelegt, als wäre sie ein Geschichtsbuch oder ein Biologiebuch, das über die Entstehung von Pflanzen, Tieren und Menschen Aufschluß gibt, ein Geographiebuch über Täler und Gebirge, über Land und Meer. Adam und Eva, so glaubte man, wären die einzigen ersten Menschen gewesen, sie hätten, präzise, im Gebiet der Quellen von Euphrat und Tigris gelebt (man sagte so: An den Euphrat- und Tigrisquellen stand die Wiege der Menschheit), und von dort aus hätten sich die Kinder und Kindeskinder des ersten Menschenpaares allmählich über die ganze Erde ausgebreitet. Heute weiß man darüber mehr und weitgehend auch Genaueres. Durch die Archäologie – die Wissenschaft von der Ausgrabung des Alten, Früheren –, aber auch durch das Studium alter Sagen und die Erforschung von Schöpfungsliedern und Schöpfungsgeschichten anderer Völker kann man heute ziemlich sicher sagen, daß es viele „Wiegen der Menschheit" gegeben hat, fast in allen Erdteilen. Dennoch: Die Länder an Euphrat und Tigris, am Nil und am Jordan und die Mittelmeerländer Kanaan, Griechenland und Italien sind für uns Europäer, vor allem aber für uns Christen, bedeutungsvoller als alle Gegenden der Welt.

An Euphrat und Tigris

Die Länder im Osten nennt man „Morgenland". Im Morgenland geht, von uns aus gesehen, zuerst die Sonne auf; das mittlere und westliche Europa wird, entsprechend, Abendland genannt. Statt Morgenland sagt man auch „Orient", das heißt Aufgangs-Land. Vom Orient gab es ein römisches Sprichwort: Ex oriente lux – aus dem Orient kommt das Licht. Mit Licht meint das Sprichwort nicht (nur) die Sonne, sondern Helligkeit, Erleuchtung, Klarheit, Weisheit, Leben. Und wirklich: Als bei uns im Abendland noch alles „dunkel" war, als unsere Vorfahren noch in Höhlen wohnten und in den Wäldern Tiere fingen und Beeren suchten für ihren Lebensunterhalt, da war es im Orient längst „hell"; die Menschen, die dort lebten, waren schon das, was man Kultur-Völker nennt. Auch noch viel später, als man in unserer Heimat stolz die ersten Städte gründete, Trier, Mainz, Köln, da stand auf dem Berg Zion in Jerusalem schon 1000 Jahre lang der Tempel des Herrn, und die Pyramiden von Ägypten waren zu dieser Zeit sogar schon mehr als 2000 Jahre alt.

Dreimal erzählt die Bibel, wie das Volk Israel mit Kulturvölkern des Orients in Berührung kommt. Der Stammvater Abraham, so heißt es, ist in Ur in *Chaldäa* geboren, einem Land im Mündungs-

gebiet von Euphrat und Tigris. – Mose, so ist im Exodus-Buch zu lesen, wächst am Königshof von Ägypten auf und führt das Volk aus dem Land am Nil in das Land am Jordan, „wo Milch und Honig fließen". – Und zuletzt: Fern ihrer Heimat werden die Juden lange Jahre von den mächtigen *Assyrern und Babyloniern* „an den Flüssen von Babylon" in Gefangenschaft gehalten.

Die Stadt Ur, in der Abraham aufwuchs, war nach Babel die größte Stadt im Orient. Am Westrand von Ur floß der große Euphratstrom vorbei; dort hatte man zwei Häfen gebaut, von denen aus Kanäle bis hinein in die Stadt führten. So konnten die Bewohner von Ur mit ihren Schiffen hinausfahren und Handel treiben bis nach Indien. In der Mitte der Stadt lag der heilige Tempelbezirk mit seinem 700 Jahre alten hohen Turm. Es war ein sogenannter Stufenturm, ungefähr 30 m hoch; die drei Stufen waren aus gebrannten Ziegeln errichtet und schwarz, rot und blau bemalt. Oben auf dem Turm stand, vergoldet und versilbert, der Tempel des Mondgottes. Auch die Häuser in Ur waren aus Ziegeln erbaut, sie waren weiß verputzt und sahen in der Morgensonne sehr schön aus. Die meisten waren zweigeschossig, und die Innenausstattung war modern und perfekt: Bad, Toilette, Fußbodenheizung. Aus dieser zivilisierten Großstadt ruft Gott, so erzählt die Bibel, den Abraham heraus, und er zieht mit seiner Familie und seinen Knechten und Mägden weg nach Haran. Haran lag an einem Nebenfluß des Euphrat, 800 Kilometer von Ur entfernt. In Haran trafen sich die Händler, die mit ihren Kamelkarawanen unterwegs waren nach Kleinasien und Damaskus, nach Babylon und in das ferne Land Ägypten.

Der Tempelturm, der in Ur, der Heimatstadt Abrahams, ausgegraben wurde. Die zweite und die dritte Stufe sind verfallen, ebenso der Tempel des Mondgottes Sin, der sich auf der obersten Stufe befand.

Nachbildung des prächtigen Tores von Babylon. Die farbigen Ziegel, mit denen das Tor verkleidet war, befinden sich heute im Vorderasiatischen Museum in Berlin.

Am Nil

Wenn man auf einer Landkarte einen Bogen schlägt von der Euphratmündung, also etwa von Ur, über Haran bis nach Ägypten, entsteht – ungefähr – ein Halbkreis. Was außerhalb des halbkreisförmigen Bogens liegt, ist unfruchtbares Land: sandige Wüsten, steinige Steppen. Durch die anderen Länder aber, über die sich dieser Bogen hinzieht, fließen die Flüsse Euphrat und Tigris, Jordan und Nil; sie bewässern das Land und machen den Boden fruchtbar. Darum nennt man diese Gegenden „Fruchtbarer Halbmond". Abraham kam aus dem östlichen Zipfel des Fruchtbaren Halbmonds; drei Generationen später, so kann man in der Bibel lesen, ist Abrahams Urenkel Josef bereits ein berühmter Mann in dem Land, das am westlichsten Zipfel des Fruchtbaren Halbmonds liegt: Er ist Vizekönig von Ägypten. Von Josef und seiner Familie steht eine abenteuerliche, anrührende Geschichte in der Bibel. Der Kern dieser Geschichte ist alt und geht wahrscheinlich auf ein außerbiblisches Märchen von „Zwei Brüdern" zurück. Aus der Josefsgeschichte erfährt man nebenher allerlei interessante Einzelheiten über das damalige Land Kanaan und über Ägypten.

Aufgewachsen war Josef im Land Kanaan. Seine Brüder waren Viehhirten; sie zogen von Grasland zu Grasland und übernachteten in Zelten. Sie brauchten keinen Königen und Landesherren zu gehorchen; sie lebten frei in Groß-Familien, der Vater war das Oberhaupt. Als Josef nach Ägypten kam, tat sich für ihn, so kann man wohl sagen, eine andere Welt auf.

Da regierte in der Landeshauptstadt Theben der ägyptische Gott-König, genannt Pharao, das heißt: Großes Haus. Mit Prunk und Pracht und unerbittlicher Strenge herrschte er über seine Untertanen. Im Niltal standen die Pyramiden, gewaltige Bauwerke, bei deren Errichtung Tausende von Menschen vor Erschöpfung ihr Leben lassen mußten. In weitläufigen reich geschmückten Tempeln wurden viele Götter und Göttinnen angebetet, der oberste Gott war Amun-Re, der „Reichs-Sonnen-

Statue des Pharao Ramses' II., der zur Zeit des Auszugs der Hebräer in Ägypten regierte.

gott". Auch die Toten ehrte man sehr: Wer reich war, ließ die Leichen seiner Angehörigen einbalsamieren und in einer der unterirdischen Totenstädte beisetzen. Für die „Reise ins Jenseits" gab man ihnen Essen und Trinken, Schmuck und Geräte mit. Vor allem die Rechenkünste der Ägypter waren erstaunlich. Sie konstruierten Kanäle und einen 5,4 km langen Staudam; sie berechneten Jahr für Jahr den Wasserstand des Nils. So gewannen sie aus dem Erdschlamm, den der Fluß ablagerte, inmitten der dürren Umgebung fruchtbares Ackerland. Josef, der vielleicht noch nie in seinem Leben etwas Geschriebenes gesehen hatte, nahm mit Erstaunen wahr, wie die gebildeten Leute Geschichten lasen, Reiseberichte und zu Herzen gehende Liebeslieder. Er hörte, wie die Priester aus ihren Propheten- und Weisheitsbüchern Texte vortrugen, die vom Leben nach dem Tod handelten.

Im „Sklavenhaus Ägypten"

Nachdem Josef seine Familie von Kanaan nach Ägypten geholt hatte, wurden sie so zahlreich, daß das Land, wie die Bibel es ausdrückt, von ihnen wimmelte. Man nannte sie Hebräer. Der Pharao fürchtete sie; darum versuchte er, sie zu demütigen und kleinzuhalten. Da sie vorher Nomaden gewesen waren und frei hatten tun und lassen können, was sie wollten, da sie früher leben und wohnen konnten, wo es ihnen gefiel, empfanden sie die Zwangsarbeit, die der Pharao ihnen auferlegte, als besonders bedrückend und würdelos. Sie fühlten sich wie Sklaven.

Herren und Sklaven gab es im Altertum überall. Wenn ein Krieg gewonnen war, machten die Sieger ihre Gefangenen meistens zu Sklaven; die arbeitsfähigen Männer verkauften sie auf dem Sklaven-Markt wie einen Esel oder einen Sack Mehl. Manche Käufer gingen mit ihren Sklavinnen und Sklaven einigermaßen menschlich um, andere aber nutzten sie rücksichtslos aus und mißhandelten sie. In Israel wurden die Sklaven durch Gesetze weitgehend vor der Willkür ihrer Herren geschützt. Ein israelitischer Sklave mußte nach sechs Jahren freigelassen werden. Auch noch in der christlichen Zeit ermahnt Paulus die Herren, gegen ihre Sklaven gütig und gerecht zu sein, doch sagt er zugleich: „Ihr Sklaven! Gehorcht euren Herren mit Furcht und Zittern!" Als Paulus dies schrieb, gab es allein in Griechenland schätzungsweise 1 000 000 Sklaven, zum vergleichbaren Marktpreis von 400 DM „pro Stück"; für besonders schöne Sklavinnen bezahlte man bis zu 2 400 DM. Später, vor allem im 18. Jahrhundert, blühte der Sklavenhandel neu auf: Mit List und Gewalt haben Engländer und Franzosen jährlich 4 000 Neger gefangen, auf Schiffen aneinandergekettet und nach Amerika verkauft. Dort wurden sie vollends ihrer Menschenwürde beraubt und schamlos ausgebeutet – zum Teil noch bis in unser Jahrhundert hinein.

Ruinen eines Toten-Tempels, den Pharao Ramses II. in der Nähe von Theben erbauen ließ. An der Stirnseite sieht man viermal den Pharao in der Gestalt des Osiris. Osiris war der Gott des Todes und der Unsterblichkeit.

Von Wüste und Wasser

Sand, Steine und Geröll

Das biblische Buch *Exodus* erzählt vom Ende der ägyptischen Zwangsarbeit und vom Auszug der Hebräer in die Freiheit. Nach den alttestamentlichen Darstellungen dauerte Israels Zug durch die Wüste vierzig Jahre.

Zuerst geht es durch eine Sand-Wüste. Sie besteht teils aus hohen, teils aus flachen Dünen, die der ständige Wind, der vom Roten Meer kommt und wieder zum Roten Meer zurückweht, kilometerweit aufgeschichtet hat. Der sehr feinkörnige Sand ist herrlich anzuschauen, aber nur mühsam zu begehen. Bei jedem Schritt sinkt man knöcheltief ein. Nicht viel besser wird ihr Weg, als sie sich dann weiter dem Innern des Landes zuwenden: Sie müssen Pfaden folgen, die sich durch eine Sandstein-Wüste hinschlängeln; das Gelände ist felsig, hat Steilhänge und Schluchten und ist besonders gefährlich für die kleinen Hufe der Esel, die das Gepäck tragen. Dann kommt die Schar der wandernden Hebräer endlich auf ein Hochland. Stolpernd und strauchelnd überqueren sie die unwegsamen Halden einer weiten Geröll-Wüste, wochenlang – bis sie das Sinaigebirge vor sich aufragen sehen. Es ist ein Gebirge aus Granit-Felsen und ist an der höchsten Stelle 2244 m hoch, wie manche Berge in unseren Alpen. Erst ganz zuletzt, „nach vierzig Jahren", in der Nähe der Grenze von Kanaan, wird der Wüstenweg ebener und etwas weniger beschwerlich.

Oasen, Quellen und Brunnen

Menschen, die wie die Israeliten zwischen Ägypten und Kanaan „ohne festen Wohnsitz und Adresse" von Ort zu Ort ziehen, keine Felder bebauen, sondern Herden weiden und für ihre Herden Grasland suchen, nennt man Nomaden. Im Psalm 23 ist vom größten Glück solcher Nomaden oder Wanderhirten die Rede: lagern auf grünen Auen, einen Rastplatz finden am Wasser. Der erste Rastplatz des wandernden Volks ist am „Ort der großen Bäume", in Elim, wo sie auf 12 Brunnen stoßen und im Schatten von 70 Palmen sitzen können. Einen solch fruchtbaren, ans Paradies erinnernden Ort inmitten der Öde nennt man Oase (ein ägyptisches Wort für „wasserreich"). – Quellen und Quellwasserbrunnen nennt die Bibel lebendiges Wasser. Notfalls gewinnen die Nomaden, die man in Wüstengebieten auch Beduinen nennt, kleine Mengen Wasser, indem sie über Nacht Tücher auslegen und morgens den Tau herauswringen.

Bei ihrem langen Marsch durch die Wüste treffen die Israeliten auf keinen Fluß; nur hier und da kommen sie an ein Wadi, einen Bachlauf, der in der winterlichen Regenzeit reißend anschwillt, im übrigen aber pulvertrocken bleibt und die auf Wasser Hoffenden verhöhnt. Manchmal müssen sie auch verzweifelt feststellen, daß das wenige Wasser in den alten Flußarmen bitter und ungenießbar geworden ist. Einmal wird in der Bibel erzählt, wie die Israeliten bei Mara bitteres Wasser mit Hilfe eines besonderen (Süß-?)Holzes trinkbar machen. Wenn die Israeliten tief genug gruben, stießen sie auch im Sommer in manchen Bachbetten auf trinkbares Grundwasser. An solchen und anderen günstigen Stellen legen Nomaden Brunnen an, sogenannte Zisternen, in denen sich das Grundwasser sammelt; weil es aber stillsteht und nicht fließt, gilt es nicht als lebendiges Wasser. – Die wohl berühmteste Oase im Alten und Neuen Testament ist die Stadt Jericho; bis heute liegt Jericho an einem richtigen Palmen-Wald.

Wasser besorgen war – und ist weitgehend noch heute – bei den orientalischen Völkern Sache der Frauen. Geschickt tragen sie die schweren tönernen Krüge auf ihren Köpfen heim, ohne einen Tropfen zu verschütten.

Das Volk Israel und sein Gott Jahwe

Jahwe – der eine und einzige Gott

Das wichtigste Merkmal, durch das sich der jüdische Glaube vom Glauben aller Völker, mit denen Israel im Lauf seiner langen Geschichte zu tun hatte, unterscheidet, ist der *Monotheismus*. Monotheismus bedeutet: Glauben an einen einzigen Gott. Die Jüdische Bibel, das Alte Testament, ist voll von Geschichten, die vom einen und einzigen Gott erzählen: Gleich am Anfang – im ersten Buch der Bibel – steht, daß der eine Gott Himmel und Erde geschaffen hat, die Menschen und alles Lebendige, und daß er das Gute belohnt und das Böse bestraft. Im zweiten Buch heißt es, daß Gott dem Mose seinen Namen kundtut: Jahwe.

Das hebräische Wort Jahwe ist schwer zu übersetzen. Manche sagen, Jahwe heißt „Der Seiende", oder „Der sich immer gleich Bleibende". Andere wollen die Nähe Gottes zum Menschen unterstreichen; sie übersetzen Jahwe mit „Ich-bin-da-für-euch". Keine dieser Übersetzungen ist vollkommen und richtig, keine ist falsch: Der Name Gottes hat etwas Geheimnisvolles an sich, das man nicht unzweideutig in Worte fassen kann.

Für den einen Gott gibt es in der Bibel noch viele andere Namen. Das älteste Wort für Gott ist wahrscheinlich „El". Der Gottesname El ist noch aus unseren Vornamen Elisabeth oder Michael herauszuhören; die Juden kennen 43 Vornamen, die mit El- beginnen. Andere Namen für Gott sind: Schöpfer, der Heilige Israels, Gott Zebaot/Sabaot (Gott der Heerscharen), oder bildhafte Namen wie der Arzt, der Fels, die Burg, der Hirt.

Um daran zu erinnern, daß Gott handfest mit der Geschichte seines Volkes zu tun hat, nennen die Juden ihn auch: Der Gott Abrahams, Isaaks und Jakobs, oder einfach: Der Gott unserer Väter, oder: Der Gott, der uns aus Ägypten herausgeführt hat, aus dem Sklavenhaus. Das erste Gebot dieses Gottes heißt: „Du sollst neben mir keine anderen Götter haben!" Die Juden sind in ihrer langen Geschichte zwar manchmal der Versuchung erlegen, dieses erste Gebot zu mißachten, und sind anderen Gottheiten nachgelaufen, doch immer wieder haben sie zu ihrem einen und einzigen Gott zurückgefunden.

Außer dem Judentum sind auch das Christentum und der Islam monotheistische Religionen. Alle drei sind im „Fruchtbaren Halbmond" entstanden. Auf dreifache, unterschiedliche Weise strahlt in diesen Religionen das Licht des Glaubens an den einen und einzigen Gott vom Orient her in die Welt hinein. So hat das Wort „Ex oriente lux" eine neue, wahre Bedeutung bekommen.

Den Juden war nach dem Gesetz streng verboten, von Gott ein Bild zu malen oder ihn figürlich darzustellen. Deshalb hat man nirgends ein Jahwebild gefunden oder eine Jahwefigur ausgegraben. Andere Völker machten Bilder und Statuen von ihren Göttern, wie zum Beispiel die beiden Figuren des Gottes Baal. Rechts: Ein Steinaltar mit vier „Hörnern", Zeichen göttlicher Kraft.

Der Bund mit dem einen Gott

Ein zweites Merkmal des jüdischen Glaubens ist der *Bund*. Vom Bund Gottes mit dem Menschen ist erstmals im biblischen Schöpfungsbuch Genesis zu lesen. Dort heißt es, daß Gott nach der Großen Flut mit dem frommen Noach einen Bund schließt, in dem er beim Zeichen des Regenbogens für alle kommenden Zeiten seine Barmherzigkeit und Liebe zu den Menschen bekräftigt. Später wird im selben Buch Genesis von einem anderen wichtigen Bund erzählt: vom Bund mit Abraham. Gott macht Abraham zu seinem Freund – und erwartet von ihm Vertrauen, Glauben und Gehorsam. Als Bundesgeschenk verheißt er ihm, daß seine Nachkommen ein großes Volk würden und daß das Land Kanaan ihnen für immer gehören sollte.

Bis in die jüngste Zeit hinein berufen sich manche Juden auf diese Textstelle und sagen, wenn sie mit ihren Gegnern streiten: „Niemand anderem als uns gehört dieses Land! Gott selbst hat es uns gegeben."

Das Zeichen des Bundes war die Beschneidung. Jeder Knabe wurde am achten Tag nach seiner Geburt „beschnitten": Man trennte ihm mit einem Messer (in ältester Zeit auch: mit einem scharfkantigen Feuerstein) die Vorhaut vom Glied ab. Obwohl der Brauch der Beschneidung auch bei anderen Völkern, vor allem bei den Ägyptern, bekannt war, galt die Beschneidung als besonderes Bundes-, Erkennungs- und Zugehörigkeitszeichen zum Volk Israel.

Im Neuen Testament wird an mehreren Stellen vom Letzten Abendmahl erzählt, das Jesus in der Nacht vor seinem Tod mit seinen Freunden gehalten hat. In diesen Abendmahlserzählungen heißt es, daß er einen neuen Bund mit den Menschen schließt. Jesus hat, so könnte man sagen, alle Menschen hineingenommen in den Bund, den Gott einst mit seinem Volk Israel geschlossen hat.

Das Gesetz

Das dritte Merkmal, ohne das man sich die jüdische Religion nicht vorstellen kann, ist das *Gesetz*. In einem Psalm wird das Gesetz von den Juden mit Ehrfurcht und Begeisterung besungen und mit zehn Namen bezeichnet. Die sieben Namen Befehl, Gebot, Zeugnis, Gesetz, Norm, Satzung und Verordnung deuten an, daß das Gesetz etwas verpflichtend Strenges ist, das nicht übertreten werden darf, ohne den Zorn Gottes, des Gesetz-Gebers, herauszufordern. Aus den drei Namen Weg, Pfad und Wort hört man heraus, daß das Gesetz (hebräisch: Tora) eine Sammlung von liebevollen Worten Gottes ist, die man Hilfen und Weisungen für das Leben nennen könnte.

Eine kurze Fassung des Gesetzes ist uns in den „Zehn Geboten" überliefert. Die Zehn Gebote werden auch Dekalog (= 10 Worte) genannt. Mose, so steht im Buch Exodus, hat das Gesetz aus Gottes eigener Hand empfangen: „Die Tafeln hatte Gott selbst gemacht, und die Schrift, die auf den Tafeln eingegraben war, war Gottes Schrift." – Jüdische Gesetzeslehrer haben später das Gesetz zu einer äußerst umfangreichen Sammlung erweitert, so daß die einfachen Leute nicht mehr alles befolgen konnten, was in der Gesetzessammlung stand. Der Kern des Gesetzes aber, der Dekalog, ist gültig und verbindlich geblieben für Juden und Christen bis auf den heutigen Tag.

Auf dem Marsch durch die Wüste, so wird im Exodus-Buch weitererzählt, tragen die Israeliten einen schrankartigen Kasten mit, den sie Bundeslade (auch: Lade Gottes oder einfach Lade) nennen. Die obere Fläche heißt Deckplatte; auf ihr sitzen kleine Engelfiguren aus Gold. Die Deckplatte der Bundeslade ist für die Juden so etwas wie der Thron Gottes auf Erden: „Von der Deckplatte her", so liest man im Exodus-Buch, „aus dem Raum zwischen den Kerubim (den Engelsfiguren), hörte Mose den Herrn sprechen".

Die Lade war etwas mehr als einen Meter lang und je einen halben Meter breit und hoch; sie war aus Akazienholz angefertigt und ganz mit Gold überzogen. Man trug sie an vier zehn Meter langen Stangen. Im Innern der Lade wurden Abschriften der Gesetzestafeln und ein Krug mit Manna aufbewahrt.

Jesus und seine Jünger haben die Bundeslade nicht mehr gesehen; sie war seit langem in den kriegswirren Zeiten verlorengegangen. – In seinem biblischen Buch „Geheime Offenbarung" erzählt Johannes, wie er sie in einer Vision wiedersieht: Unter Blitz und Donner, Hagel und Erdbeben öffnet sich der Tempel in der neuen Stadt Jerusalem – und die Bundeslade steht mitten darin.

Als Jesus kam, hat er die Tora nicht abgeschafft oder aufgehoben, wie manche seiner Gegner ihm vorwarfen, sondern er hat „das Gesetz erfüllt": Er hat, so könnte man sagen, die ganze Fülle und Schönheit des Gesetzes zur Geltung gebracht. Die Erfüllung des Gesetzes hängt nicht an der Vielzahl der zu beobachtenden Gebote, sagt Jesus; sie ist vielmehr in zwei einfachen Forderungen zusammengefaßt: Gott lieben und den Nächsten lieben. „An diesen beiden Geboten", betont er, „hängt das ganze Gesetz samt den Propheten!"

Das Heilige Zelt

In den Schriften, die vom Zug des Volkes Israel durch die Wüste erzählen, wird auch das sogenannte Heilige Zelt beschrieben. Im Heiligen Zelt hielten die Israeliten ihre Gottesdienste. Später, als die unruhigen Zeiten der Wanderungen und Landstreitigkeiten zu Ende waren, wurde das zerlegbare und tragbare Heilige Zelt durch einen festen Tempel abgelöst.

Das Heilige Zelt wurde auch Zelt des Zeugnisses, Offenbarungszelt und Stiftshütte oder Wohnstatt (Gottes) genannt. Eine mit Goldblech verkleidete riesige Bretterwand umgab den gesamten Stiftshüttenbereich. Der freie Platz, der dadurch entstand, hieß Vorhof. Im Vorhof hielten sich die Gläubigen auf; dort stand der Altar, auf dem Tiere als Brandopfer dargebracht wurden. Im Mittelpunkt dieses großen Gevierts stand ein Zelt, in zwei Abteilungen unterteilt: „Das Heilige" und „Das Allerheiligste". Im Heiligen taten die Priester Dienst: Sie opferten dort am Rauchopferaltar, versorgten die sieben Flammen am Goldenen Leuchter mit Öl und richteten den Schau-Brot-Tisch her. (Gemäß den 12 Stämmen Israels legten sie 12 Brotfladen, die mit Weihrauchkörnern bestreut waren, auf den Tisch und stellten Becher mit Wein auf. Gott, so beteten sie, sollte sein Angesicht gnädig dem Schaubrottisch zuwenden.) – Das Allerheiligste war der Raum, der nur ein einziges Mal im Jahr als Gottesdienstraum benutzt wurde, und zwar durch den Hohenpriester.

Geflügelte Gestalten an einem Schrein aus dem Grab des Pharao Tut-anch-Amun. Ähnliche Figuren, Kerube, standen im Tempel des Salomo. Sie waren aus vergoldetem Olivenbaumholz, jeder war fünf Meter hoch und hatte eine ebenso große „Flügelspannweite".

Aus der Zeit der Könige

König David

Nachdem die Israeliten Kanaan erobert hatten, wollten sie schon bald einen König haben, der über sie regiere. Ihr bedeutendster König war David. David war ein erfolgreicher Kriegsmann, der die Feinde rings um Israel besiegte und dem Land Frieden brachte. Er machte Jerusalem zur Hauptstadt des Königreichs Israel. Zugleich war David ein frommer Mann, der viele Psalmen gedichtet hat, die noch heute beim Gottesdienst der Juden und der Christen gebetet und gesungen werden.

Noch lange haben die Juden sich rühmend an David erinnert. In Zeiten der Not haben sie immer wieder Gott angefleht, er solle ihnen einen neuen König „aus dem Hause und Geschlechte Davids" senden, einen Retter, einen Gesalbten: den *Messias*. Manche Juden haben in Jesus diesen Messias erkannt und anerkannt und ihn mit „Jesus, Sohn Davids!" angeredet. Die meisten aber sagen: Jesus ist nicht der erwartete und verheißene Sohn Davids, nein, der Messias ist noch nicht gekommen.

König Salomo baut den Tempel

Auch Salomo war ein bedeutender israelitischer König. Er war in der ganzen damaligen Welt bekannt, seine Weisheit wurde bestaunt. Salomo erbaute auf dem Berg Zion in Jerusalem den Tempel des Herrn. Er legte ihn an nach dem Vorbild des Heiligen Zeltes, jedoch aus festen Steinen, doppelt so groß und weitaus prächtiger. Mauern, Kammern, Säulen und mehrgeschossige Hallen umgaben die Vorhalle und den Vorhof, in dem der Brandopferaltar und die dazugehörigen heiligen Geräte standen. Durch eine Flügeltür gelangten die Priester in das Heilige. Dort war der Rauchopferaltar, flankiert von zehn Schaubrottischen und zehn siebenarmigen Leuchtern. Im Allerheiligsten stand die Bundeslade, rechts und links davon zwei gewaltige vergoldete Kerube, wie man sie in kleineren Ausmaßen schon auf der Bundeslade sehen konnte. Das Allerheiligste war durch einen kostbaren Vorhang vom übrigen Tempel abgetrennt. Beim Tode Jesu, so schreibt der Evangelist Matthäus, riß „der Vorhang des Tempels" mitten entzwei.

Ein Trupp besiegter Philister wird in Gefangenschaft geführt.

Harfen – auch „Psalter" geannnt – waren zu Davids Zeit nicht so groß wie unsere heutigen Orchester-Harfen.

Der Tempel, in dem Jesus als Zwölfjähriger gesessen und an dessen Tor Petrus und Johannes einen Lahmen geheilt hatten, war nicht mehr der salomonische Tempel, sondern einer der späteren Neubauten, die man anstelle des alten, durch die Babylonier zerstörten Tempels errichtet hatte. Doch auch dieser Tempel, den man manchmal auch „Tempel des Herodes" nennt, wurde zerstört; im Jahre 70 schleiften die Römer die Mauern und schleppten die heiligen Geräte im Triumphzug nach Rom. Danach wurde der Tempel nicht mehr aufgebaut. Die Bet- und Lehrhäuser, Synagogen genannt, in denen die Juden seit der Zeit ihrer Rückkehr aus der babylonischen Gefangenschaft bis heute in vielen Städten der Welt zusammenkommen, um ihren Gottesdienst zu feiern, sind nicht mit dem Tempel vergleichbar.

Wie der „Zweite Tempel", der Tempel des Herodes, aussah und wie es in den Synagogen der Juden damals und heute zuging und zugeht, ist auf den Seiten 275 und 277 ausführlicher nachzulesen.

Opfer im jüdischen Gottesdienst

In der Bibel wird häufig von Menschen erzählt, die „Gott ein Opfer darbringen". Was heißt das: Sie bringen Gott ein Opfer dar? Wollen sie einfach Gott etwas schenken, wie man ja auch manchmal einem geliebten Menschen etwas schenkt? Oder wünschen sie, wenn sie Gott etwas Wertvolles anbieten, daß Gott ihnen Gutes zurückschenkt: Reichtum, Segen, viele Kinder, Glück? Oder aber wollen sie – und das war meistens der Grund – Gott durch das Opfer besänftigen, den sie beleidigt und erzürnt haben? – Die Opfer in der ältesten biblischen Zeit wurden auf freiem Feld, unter alten Bäumen, auf Bergen oder an Flußufern dargebracht. Als Altar dienten aufgehäufte Steine. Später band man die Opfer an vorgeschriebene Formen und an einen festen Ort, nämlich an den Tempel. So wurde das Opfern immer mehr zu einem gottesdienstlichen „Kult".

Es gab Opfer zu herausragenden Anlässen (wenn zum Beispiel Eltern ihr neugeborenes Kind in den Tempel brachten, um es Gott zu zeigen). Ferner gab es das sogenannte Tägliche Opfer; der Priester brachte es im Vorhof und am Räucheraltar dar: morgens und abends ein Lamm, sowie Mehl, Öl und Wein. Schließlich gab es noch die Festtagsopfer im Jahreslauf, vor allem am Paschafest, an dem daran anschließenden Fest der Ungesäuerten Brote, am Laubhüttenfest und am Großen Versöhnungstag. Wenn ein Jude Sünde und Schuld auf sich geladen hatte, bat er Gott durch ein Opfer um Vergebung. Je nach Größe der Schuld opferte er einen Stier, ein Schaf, eine Ziege oder zwei Tauben.

Ein Opfer, bei dem das Tier zerstückelt und ganz verbrannt wurde, nannte man Brand-Opfer. Wenn man kein Tier, sondern Nahrungsmittel verbrannte, nannte man es Speise-Opfer. Am beliebtesten war das Dank-Opfer. Beim Dank-Opfer wurde nur ein Teil zur Ehre Gottes verbrannt; mit den großen Mengen des restlichen Fleisches hielten Priester, Leviten und Gläubige ein fröhliches, festliches Mahl.

Besonders interessant ging es am Großen Versöhnungstag zu, den die heutigen Juden „jom kippur" nennen. Am Versöhnungstag fasteten die Israeliten besonders streng. Dann wurde im Vorhof über zwei Böcke das Los geworfen: Der eine wurde geopfert; mit dem Blut begab sich der Hohepriester ins Allerheiligste und besprengte die Bundeslade. Dem anderen legte er die Hände auf den Kopf und lud ihm dadurch zeichenhaft die Sünden des Volkes auf. Dann führte man den „Sündenbock" weg und ließ ihn in der Wüste umkommen.

Man ist fast an den Sündenbock des Alten Bundes erinnert, wenn man daran denkt, daß Jesus Christus im Neuen Bund die Sünden aller auf sich genommen hat. Wir nennen ihn ja in den Meßgebeten das „Lamm Gottes, das hinwegnimmt die Sünde der Welt". Am Kreuz hat er sein Leben hingegeben, er hat, wie man manchmal sagt, „sich geopfert". Durch seinen Opfer-Tod und seine Auferstehung hat er der Welt neues Leben, neue Hoffnung, neue Freude geschenkt; daran denken die Christen, wenn sie im Gottesdienst singen: „Deinen Tod, o Herr, verkünden wir, und deine Auferstehung preisen wir, bis du kommst in Herrlichkeit!"

Priester und Leviten

Unser Wort Priester kommt aus dem Griechischen und bedeutet „Ältester". Das hebräische Wort für Priester könnte man mit „Ein vor Gott Stehender" übersetzen. Die jüdischen Priester pflegten eine jahrhundertealte Tradition: Schon am Berg Sinai, so hielten sie in den biblischen Büchern fest, seien erstmals Priester feierlich geweiht worden. Später gab es solche Priesterweihen nicht mehr; das Priesteramt vererbte sich vom Vater auf den ältesten Sohn. Wenn der Priester an der Reihe war, im Tempel Dienst zu tun, machte er sich von seiner Heimatstadt auf den Weg nach Jerusalem und legte seine Priestergewänder an: ein langes Unterkleid, ein Obergewand (die „Tunika"), eine hauben-

artige Mütze und einen Gürtel. Dann ging er barfuß in den Tempel, um auf dem Vorhof und im „Heiligen" die vorgeschriebenen Opfer darzubringen. Neben dem Opferdienst gehörte zu den Aufgaben der Priester die Verwaltung des Tempelschatzes und die Aufsicht über den Tempelbezirk. Der Priester war nicht Pastor oder Seelsorger im heutigen Verständnis; er hatte keine Pfarrei und hatte außerhalb des Tempels mit den Menschen eigentlich nichts zu tun.

Beim Gottesdienst wurden die Priester unterstützt durch die Leviten (= Männer aus dem Stamm Levi). Sie waren, so könnte man sagen, Hilfspriester und taten „niedere Dienste": die Tempeltore öffnen und schließen, die Eingänge kontrollieren, damit kein Unwürdiger eintrat, beim Gottesdienst vorlesen und vorsingen, sowie die dazugehörigen Instrumente spielen. Ihre Aufgabe war auch, jede Woche zum Sabbat frische Schaubrote zu backen, nachdem die alten von den Priestern gegessen worden waren. Den Altar, die Lade und die heiligen Geräte durften die Leviten nicht berühren. Alle Israeliten mußten ihre Leviten und Priester mit dem Geld unterstützen und mit Opfergaben ernähren – so schrieb es das Gesetz vor.

Der Hohepriester

An der Spitze der Priester und Leviten stand der Hohepriester. Der erste Hohepriester, von dem man weiß, hieß Aaron, ein Bruder des Mose. Von Aaron an vererbte sich das Hohepriesteramt wie bei den einfachen Priestern von den Vätern auf die Söhne. Der Hohepriester galt als der Mittler zwischen Gott und den Menschen. Er war es, der das sündige Volk mit dem erzürnten Gott versöhnte. Dies tat er am Großen Versöhnungstag, an dem er das Allerheiligste betrat, in das sonst kein Mensch eintreten durfte.

Manchmal gab es zwei Hohepriester; das kam daher, daß einer, der im hohen Alter aus dem Dienst ausgeschieden war, als eine Art „Ehrenhoherpriester" neben seinem Nachfolger blieb. Das war zum Beispiel bei der Gerichtsverhandlung über Jesus so, wo die Hohepriester Hannas und Kajaphas hießen. Wenn auch der Hohepriester für den Gottesdienst und den Tempel da sein sollte, so hat er sich im Lauf der Geschichte immer mehr um die Landespolitik gekümmert, bis er schließlich der oberste politische Führer des Volkes und der Präsident des Hohen Rates wurde.

Propheten mahnen und trösten

Sprecher im Auftrag Gottes

Ein Prophet ist nicht, wie man oft meint, jemand, der wie eine Wahrsagerin die Zukunft voraussagt. Das Wort Prophet bedeutet vielmehr: Sprecher, Verkünder. Man könnte sagen: Ein Prophet ist ein Sprecher, eine Sprecherin Gottes, ein Verkünder, eine Verkünderin des Willens Gottes. Der Prophet redet und handelt im Auftrag Gottes.

Manchmal unterstreicht die Bibel diesen göttlichen Auftrag, indem sie den Worten und Taten des Propheten eine sogenannte Berufungsgeschichte voranstellt: Von Jesaja wird zum Beispiel erzählt, daß er nicht einfach loszieht und sich selber zum Propheten erklärt, sondern das Gott ihn feierlich im Tempel fragt: „Wen soll ich senden?" – und daß Jesaja antwortet: „Hier bin ich, sende mich!" Der Prophet Jeremia sagt über seine Berufung: „Der Herr sprach: Noch bevor du aus dem Leib deiner Mutter herauskamst, habe ich dich geheiligt und dich bestimmt zum Propheten für die Völker." Wieder andere Propheten betonen, daß sie sich das, was sie verkünden, nicht selbst ausgedacht und zurechtgelegt haben, sondern daß alles, was aus ihrem Munde kommt, von Gott ist. Sie beginnen oder beenden ihre Rede mit dem Satz: „Das ist ein Wort des Herrn" oder „das ist ein Spruch des Herrn".

Im Alten und im Neuen Testament werden zahlreiche Männer und Frauen Propheten genannt; einer der ganz großen Propheten ist Mose. In einem der Mosebücher heißt es: „Einen Propheten wie mich wird der Herr, euer Gott, euch erwecken, auf ihn sollt ihr hören!" Viele sagen später, mit diesem angekündigten Propheten sei Jesus gemeint. Auch Jesus wird im Neuen Testament Prophet genannt. Nach der Brotvermehrung sagen die Leute: „Das ist wahrhaftig der Prophet, der in die Welt kommen soll", und die Jünger, die mit ihm nach Emmaus gingen, sagen: „Er war ein Prophet und hat vor Gott und allem Volk Großes getan."

Gewöhnlich aber meint man, wenn man Prophet sagt, nicht Mose oder Jesus, sondern jene jüdischen Männer, die etwa zur Zeit der Könige auftraten (Elija und Elischa zum Beispiel) oder die in der Zeit der Unterdrückung durch die Assyrer und Babylonier wirkten. Sie haben das Volk ermahnt, den Bund mit Gott nicht zu vergessen, und ihnen Strafe angedroht, wenn sie sich von Jahwe abkehren wollten. Sie haben ihnen in der Gefangenschaft Trost zugesprochen und ihnen die Vergebung ihrer Schuld verheißen, wenn sie ihre Treulosigkeit gegen Gott und ihre Lieblosigkeit gegen die Mitmenschen bereuten. Und: Sie haben auf den Messias hingewiesen, auf den König, der aus dem „Hause und Geschlechte Davids" kommen würde.

Die Propheten, deren Reden aufgeschrieben wurden, so daß wir sie heute in den sogenannten Prophetenbüchern nachlesen können, nennt man „Schriftpropheten". Man zählt vier große und 12 kleine Schriftpropheten; die großen sind Jesaja, Jeremia, Ezechiel und Daniel. Von den kleinen Propheten sind wohl Jona und Amos die bekanntesten.

Berittene assyrische Krieger beim Angriff, wie es auf einem Relief aus Ninive zu sehen ist.

Stück eines assyrischen Reliefs, das zeigt, wie Juden nach der Eroberung ihrer Stadt in die Gefangenschaft geführt werden.

Das Volk vergißt den Bund mit Jahwe

Schon bei Salomo, dann aber mehr noch bei den Königen, die nach der Teilung des Reiches im Norden und Süden regierten, mißachteten das Königshaus und viele im Volk Israel den Bund, den Jahwe mit ihnen geschlossen hatte. Man ließ neben dem einen Gott fremde Götter zu; vor allem der Gott Baal bedeutete für Israel eine große Versuchung. Zusammen mit der Göttin Astarte wurde er um Fruchtbarkeit angerufen, bei Menschen, Tieren und Pflanzen. – Überall in Kanaan haben Forscher Altäre, Figuren und Geräte ausgegraben, an denen man ablesen kann, wie weit damals der Baals- und Astarte-Kult verbreitet war.

Auch gegenüber dem Gesetz des Mose und den Geboten Gottes wurde das Volk immer stumpfer und nachlässiger: Listige übervorteilten Arglose, die Mächtigen unterdrückten die Schwachen, ungerechte, bestechliche Richter brachten Unschuldige in Not, Reiche beuteten Arme aus. Wie hätte man Israel noch das „Volk Gottes" nennen können? Sie unterschieden sich in nichts von den „Heiden", die vom Bund und vom Gesetz Gottes nichts wußten.

In diesen finsteren Zeiten stehen im Nordreich Israel und im Südreich Juda Propheten auf. Sie verkünden, furchtlos und laut, was für das Volk wichtig und richtig ist, jetzt und in Zukunft. Viele bekehren sich, andere verfolgen die Propheten.

Propheten weisen auf den Messias hin

Die Propheten erinnern das Volk Israel an Jahwe, der sie befreit hat und dem sie Treue und Gehorsam versprochen haben. „Gottes Gericht wird über euch kommen", so drohen sie, „er wird euch bestrafen, wenn ihr nicht von euren bösen Taten ablaßt und zu Gott umkehrt!" So geschieht es: Nacheinander kommen die Assyrer und Babylonier und erobern das Land. Sie besetzen das Nordreich und das Südreich und zerstören Jerusalem samt dem Tempel. Sie führen das Volk in die Gefangenschaft. Da erst erinnern sich die Israeliten an das, wovon die Propheten gesprochen haben. Sie deuten die Demütigungen, die ihnen die fremden heidnischen Völker zufügen, als gerechte Strafe Gottes.

Doch die Propheten drohen nicht nur; sie trösten das Volk, auch noch im Exil, als seine Lage gänzlich aussichtslos scheint. Wenn ihr auch den Bund mit Gott vergessen habt, so sagen sie, so hat doch Gott euch nicht vergessen. Er wird zu euch stehen trotz eurer Treulosigkeit. So geben die Propheten ihnen Hoffnung auf einen Retter: auf den Messias. Er wird kommen und mit denen, die glauben, den Bund neu schließen, neu und auf ewig. „Und so wird es im neuen Bund sein", sagt der Prophet Jeremia im Namen Gottes: „Ich lege mein Gesetz in sie hinein und schreibe es – nicht mehr auf steinerne Tafeln, sondern – in ihr Herz."

Das Land, in dem Jesus lebte

Judäa und Samaria

Der Messias kommt im verheißenen Land der Väter, im Lande Kanaan, zur Welt. Als Geburtsort nennt die Bibel Betlehem, die „Stadt Davids". Betlehem liegt im südlichen der drei Teile Kanaans: in *Judäa*. Der nördliche Landesteil heißt *Galiläa*, das Land, in dem auch der See Gennesaret liegt. Am See befinden sich die Orte Kafarnaum und Betsaida; Kana und Nain sind in der Nähe von Nazaret. Der Landesteil in der Mitte heißt *Samaria*. Jenseits des Jordan liegt ein vierter Landesteil, der in der Bibel seltener genannt ist: das Gebiet der (von den Griechen gegründeten) „Zehn Städte".

Im Umland von Betlehem breitet sich eine Geröll- und Kalksteingegend aus, die gebirgige und unfruchtbare „Wüste Juda" – ein unheimliches Stück Erde, in dem die Geschichte von dem Mann spielt, den Räuber halb tot schlugen. Von Betlehem kann man in knapp drei Stunden zu Fuß nach Jerusalem gehen; etwas weiter weg, aber ebenfalls noch im Lande Juda, findet man die schöne Oasenstadt Jericho, in der Jesus den blinden Bartimäus heilte und in der Zachäus, der reiche Oberzöllner, zu Hause war.

Zwischen der Wüste Juda und dem Ort Betlehem ist fruchtbares Weide- und Ackerland; deshalb übersetzt man Betlehem mit „Haus des Brotes". Auf den Weidefluren von Betlehem wachten nachts Hirten bei ihren Herden. Hirten waren arme Leute und damals zudem als Faulpelze und Viehdiebe verschrieen. Ausgerechnet sie hören als erste die Botschaft: „Heute ist euch in der Stadt Davids der Retter geboren, der Christus, der Messias!" So werden geringgeachtete arme Menschen, samt ihrem Vieh, die ersten (so könnte man sagen) Geburtstagsgratulanten des Sohnes Davids. – Beim Evangelisten Lukas heißt es: Maria „gebar ihren erstgeborenen Sohn und legte ihn in eine Krippe"; mit einer Krippe ist nicht ein hölzernes Heu- und Stroh-Gestell gemeint, wie man es meist abgebildet sieht, sondern ein steinerner Futtertrog, entweder in die Wand einer Felsenhöhle gehauen oder neben einer Haustreppe aufgemauert.

Wenn fromme Juden damals in den nördlichen Landesteil Galiläa reisten, nahmen sie nicht den kürzesten Weg über Samaria, sondern sie bogen rechts ab und zogen durch das Gebiet der Zehn Städte. Denn seit 400 Jahren hatten sie Streit mit den Samaritern. Warum? Die Samariter (man nennt sie auch Samaritaner) hatten auf ihrem höchsten Berg, dem Garizim, einen Tempel für Jahwe errichtet. Die Juden aber sagten: Nur im Tempel von Jerusalem darf Gott angebetet werden, nirgends sonst! Jesus macht diesen Streit nicht mit. Er lobt vielmehr in einem Gleichnis die Barmherzigkeit eines reisenden Samariters, und er setzt sich an einen Brunnen, den nach der Legende der Stammvater Jakob gegraben hat, zu einer Samariterin und spricht mit ihr.

Das fruchtbare Land Galiläa

Der fruchtbarste Teil des Landes Kanaan ist Galiläa, noch heute manchmal „Garten Israels" genannt. Die Bewohner von Galiläa machten sich seit alters her das Wasser des Jordan und des Galiläischen Meeres (See Gennesaret), aber auch das an vielen Stellen hervorsprudelnde Quellwasser zunutze. Sie leiteten das Wasser ab und sammelten es in Bekken, Teichen und Zisternen. Von dort gruben sie Kanäle und ließen so das Wasser bis an ihre Felder laufen.

Pflug, Sichel, Worfelgabel und Dresch-Schlitten aus Kanaan.

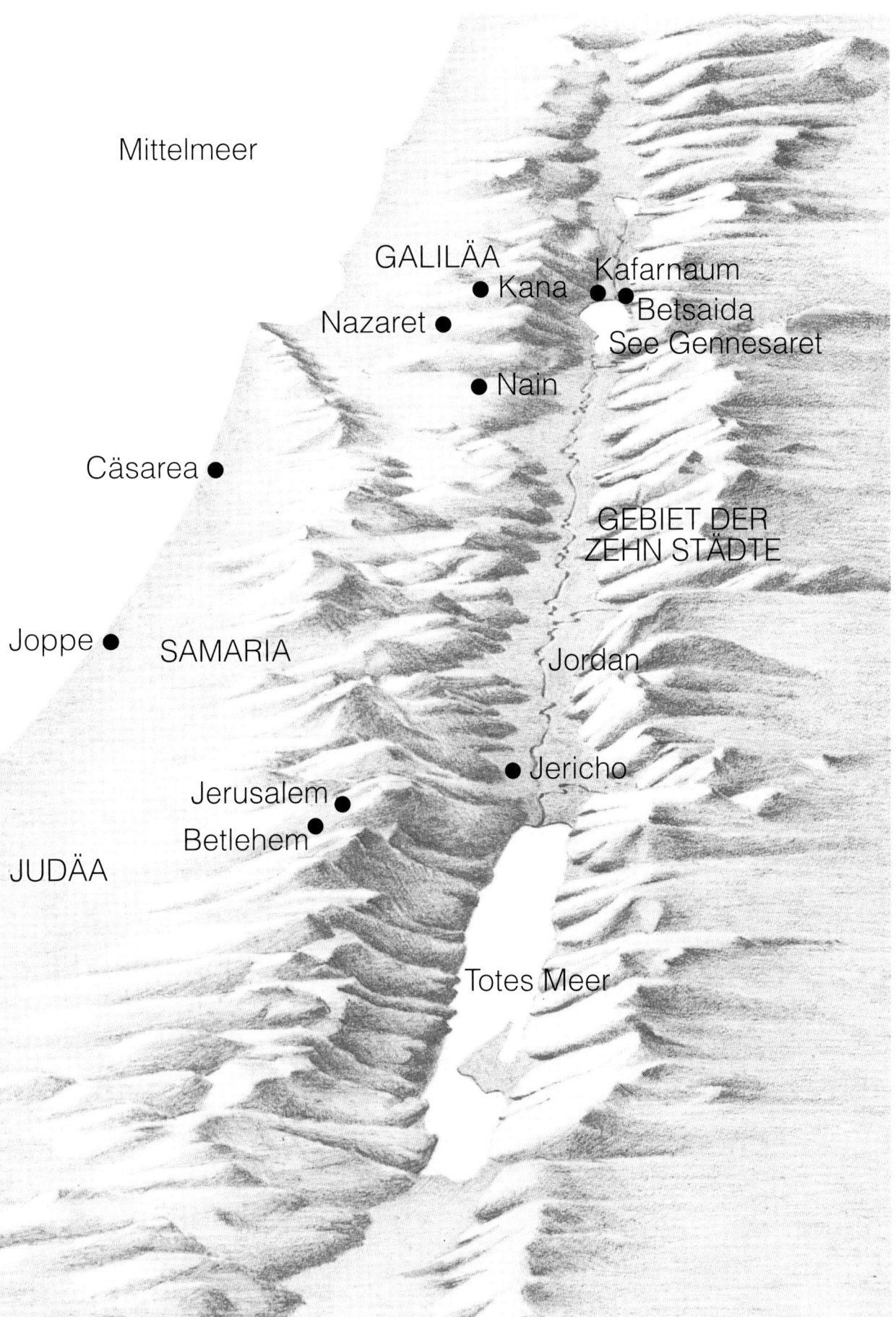

Ein günstiger Wechsel von Regenzeit und warmer, sonnenreicher Zeit sorgte in Kanaan für gute Ernten. Wenn allerdings der Regen ein paar Wochen zu spät einsetzte, konnten leicht alle Früchte versengen. Doch auch ein starker, zu plötzlicher Regen schadete den Äckern; er wusch das Land aus und spülte den guten Boden fort, so daß auf weiten Strecken nur noch Steingeröll übrigblieb. – Im April wurde Gerste geerntet, dann Hirse, zuletzt, im Juli, Weizen. Zur Erntezeit verließen die Bauern ihre Dörfer und wohnten in Hütten und Zelten nahe bei den Feldern. Sie mähten mit der Sichel; langstielige Sensen gab es nicht. Auf einem Platz mit hartem Untergrund (=Tenne) wurde das Getreide ausgebreitet und gedroschen: Die Körner wurden herausgetrampelt, indem man Tiere kreuz und quer über das Getreide laufen ließ; oder aber man ließ von zwei Ochsen den Dresch-Schlitten über das Getreide ziehen, der mit seinen scharfen Zacken die Körner herausriß. Zuletzt warfen die Bauern mit der „Worfelgabel" alles so oft in die Luft, bis der abendliche Westwind die leichte Spreu weggeblasen hatte und die schwereren Körner übrigblieben.

In Unwetter- und Dürrejahren gab es in Kanaan manchmal furchtbare Hungersnöte. Von einer solchen Hungerzeit wird im Alten Testament erzählt: Jakob schickte seine Söhne nach Ägypten, um Getreide zu kaufen.

Die Schätze des Landes Kanaan sind Brot, Wein und Öl; das bedeutet: Dort wachsen Weizen, Trauben und Oliven. Die Oliven wachsen an Ölbäumen, die sehr zäh sind. Mit ihren Wurzeln dringen sie tief in die Ritzen des Kalkbodens ein, bis sie Grundwasser finden. – Oliven sind anfangs grün, später (Oktober) werden sie bläulich-violett. Man mahlte sie in Ölmühlen, deren Rollstein von starken Männern oder von Ochsen gedreht wurde. Was dann vom Olivenfruchtfleisch übrigblieb, wurde in Körbe gefüllt und nochmals zu „Öl zweiter Güte" gepreßt. – Bei Jerusalem, im biblischen Garten Getsemani, stehen Ölbäume, deren Wurzeln und Stämme möglicherweise 2000 Jahre alt sind. Darum sagen manche Fremdenführer zu den Pilgern: „Da, sehen Sie, unter diesen Ölbäumen haben die Apostel geschlafen, als Jesus in seiner Todesangst zum Vater betete!"

In fast allen Landesteilen von Kanaan, vor allem aber am See Gennesaret in Galiläa und an den Hängen des Karmelgebirges bei Haifa wuchs (und wächst noch heute) guter (Rot-)Wein. Einen Weinberg anlegen war sehr mühsam: Man teilte zunächst die schrägen Hänge in mehrere flache Terrassen ein, um zu verhindern, daß bei starkem Regen der kostbare Boden zu Tal geschwemmt würde. Dann sammelte man, oft mehrere Jahre lang, die unzähligen Steine auf, mit denen das Land Kanaan geradezu übersät ist; man schichtete sie an den Rändern des Weinbergs auf zu halbhohen Mauern oder baute daraus Wachttürme gegen wildernde Tiere und Diebe. Die Traubenlese war im September/Oktober. Wie zur Getreideernte die Bauern, so wohnten auch zur Weinlese die Winzer in Zelten bei ihren Weinbergen. Die Trauben wurden in ein etwa zimmergroßes Felsen-Loch geschüttet, die sogenannte Kelter; dort zertraten Männer sie mit ihren nackten Füßen. Beim Keltern sangen sie altüberlieferte, rhythmische Lieder, um im Takt zu bleiben. Der gekelterte Traubensaft lief durch eine Rinne ab und wurde in Lederschläuchen oder Tonkrügen aufgefangen. Man trank ihn teils sofort, als Most, oder ließ ihn über längere Zeit ruhen, bis er zu Wein vergoren war. – Wein gehörte in Israel zu jedem kultischen Opfer. Auch Jesus hat beim Letzten Abendmahl seinen Jüngern den Becher mit Wein gereicht mit den Worten: „Trinket alle daraus, das ist mein Blut, das Blut des Bundes!"

Der Jordan

Das Land, in dem Jesus aufwuchs und lebte, hat keinen Euphrat, keinen Tigris und keinen Nil – und doch gehört es zu den Ländern des Fruchtbaren Halbmonds. Der einzige Fluß ist der Jordan mit seinem Nebenfluß Jabbok. Alle anderen Wasserläufe in Kanaan können zwar in den Regenmonaten zu reißenden Flüssen werden, trocknen aber schnell wieder aus; keiner erreicht das Meer. Der Jordan ist mit seinen 500 km etwa so lang wie die

Alte Olivenpresse in Israel.

Mosel, ist aber nicht schiffbar. Zum Vergleich: Der Nil (größter Fluß der Erde) ist 6500 km lang, der Euphrat mit 2270 km mehr als viermal so lang wie der Jordan. Der Jordan entspringt am Fuß des schneebedeckten Berges Hermon im heutigen Staat Libanon und windet sich in Hunderten von Schleifen durchs Land bis hinab in das Tote Meer, das in der tiefsten Talsenke der Welt liegt. Das Tote Meer ist sehr salzhaltig; Fische, die sich vom Jordan her ins Tote Meer verirren, verenden elendiglich und werden von Aasgeiern gefressen.

Das Handwerk der Fischer

Im Oberlauf durchfließt der Jordan den See Gennesaret, der auch See Tiberias oder Galiläisches Meer genannt wird. Der See hat seidenweiches, klares Wasser und war damals außerordentlich fischreich. Fast alle Apostel waren Fischer und stammten aus Betsaida und anderen Dörfern am See Gennesaret. Ihre größten Fischernetze heißen Schlepp-Netze; sie sind 250 m lang und hängen in der Mitte 5 m tief ins Wasser hinein. Die Fischer befestigen die beiden Endzipfel an zwei Booten; dann ziehen sie das Schleppnetz kreuz und quer durchs Wasser und kippen die Beute in ihr Schiff. Einmal, so erzählt die Bibel, fingen sie „153 große Fische", und ein andermal waren es so viele, daß ihr Boot zu sinken drohte. – Andere große Netze werden nicht vom Boot aus durchs Wasser gezogen. Sie hängen vielmehr ruhig im Wasser und warten sozusagen auf Beute. Oben sind sie an schwimmenden Holzklötzchen festgemacht, unten mit Bleistücken beschwert, so daß sie senkrecht dastehen, wie eine Wand. (Manchmal setzt man nicht nur eine solche Wand ins Wasser, sondern drei hintereinander, mit verschieden weiten Maschen für verschieden große Fische.) Die Fischer kreisen mit ihren Booten herum und scheuchen die Fische mit lauten Ruderschlägen ins Netz. – Schließlich gibt es noch – für Einzelfischer – flache, runde Wurfnetze von 3 bis 5 m Durchmesser; der Fischer knüpft in die kreisrunde Netzkante Steine ein und wirft sein Netz mit weitem Schwung ins Wasser. Sogleich sinkt es auf den Grund. Dann wartet er geduldig, bis sich ein paar Fische im Netz angesammelt haben, und zieht das Netz herauf.

Das Fischen im See Gennesaret war ein gefährliches und mühsames Handwerk: gefährlich, manchmal lebensgefährlich, weil nachts unvorhergesehene und unberechenbare Stürme über den See und die Boote herfallen konnten; mühsam, weil es große Kraft kostete, die vollen Netze zum Boot oder ans Land zu ziehen und die verfilzten Netzfäden mit Geduld und Fingerfertigkeit zu reinigen. – Die Anschaffung von Boot und Netz kostete einen Fischer damals mehr als der Bau eines Hauses.

Dieser im See Gennesaret heimische Fisch trägt den Namen Petrusfisch.

Jesu Heimatstadt Nazaret

Nazaret ist ein Städtchen im Landesteil Galiläa – mit einer Synagoge, in der Jesus gelegentlich lehrte. Ein Haus, etwa das Wohnhaus, in dem Jesus seine Kindheit und Jugendzeit verbracht hat, muß man sich in Nazaret klein und bescheiden ausgestattet vorstellen. Die „Küche" war eigentlich draußen, wie es noch heute in wärmeren Ländern üblich ist; doch gab es für Regentage im Haus eine Ecke mit Herd, Backofen, Handmühle und Regalen für die Wasser-, Öl- und Weinkrüge. Ärmere Leute schliefen auf Matten, Reiche hatten richtige Betten. Das Kleinvieh – Schafe, Ziegen, Hühner (keine Schweine, sie galten als unrein!) – lebte mit den Menschen friedlich unter einem Dach, jedoch auf einer anderen Ebene, die ein paar Stufen tiefer lag. Die Mauern der Häuser waren aus gebrannten Ziegeln gebaut, das flache Dach aus Balken vom Feigenbaum. Die Dachbalken verflocht man mit Reisig und dichtete alles mit Lehm so sorgsam ab, daß man auf dem Dach sitzen und sich ausruhen konnte. Josef, der Vater von Jesus, war von Beruf Bauarbeiter; von alters her heißt es, er habe das etwas speziellere Handwerk eines Zimmermanns ausgeübt. Sicher hat Josef, Fachmann der er war, für seine Familie ein ansehnliches Haus gebaut, wer weiß, mit Türen und richtigen Fenstern, durch die Jesus mit seinen Geschwistern hinausblicken konnte auf den Dorfbrunnen und auf die weite, grüne Ebene, über der auf einem 400 m hohen Hügel Nazaret liegt. Josef rief übrigens seine Frau mit dem hebräischen Namen: „Mirjam!", und seinen Sohn: „Jehoschua!" (oder: Jeschua, daß heißt: Jahwe ist mein Heil, meine Hilfe).

Brot – und was man dazu aß

In der biblischen Zeit wurde Brot täglich frisch zubereitet: Die Frauen mahlten am frühen Morgen in der Handmühle zwischen zwei dicken runden Steinen (von denen der eine fest auf dem Boden lag und der andere über ihm rundgedreht wurde) Gersten- oder Weizenkörner zu Mehl. Aus Mehl und Wasser machten sie den Brotteig. Dann buken sie im Lauf des Tages jeweils so viele oder so wenige Brote, wie gerade nötig waren. Zum Bakken legte man die Teigfläden auf einen Stein, auf dem Tag und Nacht ein Reisigfeuerchen brannte und den Stein heiß hielt. Das Reisigfeuerchen wurde vor Beginn des Backvorgangs weggefegt. Die runden flachen Brote waren 3 mm dick und 30 cm groß.

Außer den einfachen Back-Steinen gab es auch Backöfen: In einer Mulde brannte Feuer, darüber lag eine Eisenplatte, auf der das Brot gebacken wurde. In größeren Orten arbeiteten Frauen aus bis zu 10 Familien an solchen Backöfen in einer Backstube; in Städten war sogar das Handwerk des Bäckers bekannt. Aus der Bibel weiß man, daß es in Jerusalem eine „Bäckergasse" gab.

Zum Essen wurde Brot nicht geschnitten, sondern gebrochen. Zum Brot nahm man Butter und Käse, beides in weichem Zustand, auch Öl und so etwas wie Fruchtsoße. Doch verwendeten die Juden dies alles nicht, wie heute bei uns, als Brotaufstrich, sondern: Man füllte die Brotbeigaben in Schüsseln, stellte sie in die Mitte, und alle tunkten ihre Bissen hinein. Außer Brot gab es hier und dort auch Fische; Fleisch aß man allerdings eigentlich nur an Feiertagen.

Zu jeder Mahlzeit – man aß gewöhnlich zweimal am Tag – wurde Wein getrunken, meistens mit klarem Brunnenwasser verdünnt. Bei Israels Nachbarvölkern kannte man auch Bier; Schnaps und andere „scharfe Sachen" waren damals jedoch noch unbekannt.

Frau mit Handmühle.

Bei Tisch

Wenn es in der Bibel heißt: Sie „setzten sich zu Tische", so müßte das richtig übersetzt heißen: Sie „legten sich zur Matte". Tische gab es nämlich nur für den Kult, zum Beispiel den Schaubrottisch. In der Mitte des Raums breitete vielmehr die Hausfrau eine geflochtene Matte, eine gewebte Decke oder ein Tierfell aus, und die Familie gruppierte sich ringsherum. Jeder legte sich nieder, auf die Seite, meistens so, daß je zwei und zwei einander anschauen und beim Essen miteinander plaudern konnten. Wer seinen Bissen in die Schüssel tauchen oder seinen Trinkbecher nehmen wollte, stützte sich auf einen Ellenbogen und nahm Speise und Trank mit der freien Hand.

Man hatte verschiedene Arten von Bechern im Haus: aus Ton oder aus Metall, sogar Silberbecher mit Deckel werden in der Bibel erwähnt. Bestecke (Löffel, Gabel, Messer) wurden jedoch nur beim Gottesdienst, nicht aber beim häuslichen Mahl verwendet. Suppe aß man, indem man nicht einen Löffel, sondern den gerollten Brotfladen zu Hilfe nahm. Bei besonders festlichen Mählern wurde die Eßmatte durch eine Unterlage ein wenig erhöht. Fiel die Dämmerung herein, zündete man im Haus Öl-Lampen an; sie brannten die ganze Nacht hindurch, wahrscheinlich zur Abwehr böser Geister.

Das Letzte Abendmahl, das Jesus mit seinen Jüngern hält, müssen wir uns ähnlich vorstellen, also nicht mit einem langen, schmalen Tisch, mit Stühlen und einem kostbaren, vergoldeten Kelch, wie man es meistens gemalt sieht. Wenn es in der Bibel heißt: „Johannes ruhte an der Brust Jesu", so ist damit wohl gemeint, daß er bei Tisch Jesus von Angesicht zu Angesicht gegenüberlag.

Im Alten Testament finden wir einige interessante Regeln für das Benehmen bei Tisch, zum Beispiel diese: „Mein Sohn, sitzt du am Tisch eines Großen, dann reiß nicht deinen Rachen auf! Sag nicht: Es ist ja genug da. Der törichte Esser kriegt Schmerzen und Qual, Bauchweh und Schlaflosigkeit; wer seinen Magen nicht überlädt, hat immer einen gesunden Schlaf. Morgens steht er auf – und fühlt sich wohl. Spiel beim Wein nicht den starken Mann, schon viele hat der Rebensaft zu Fall gebracht!"

Mann mit Krügen und Bechern, wie sie zur Zeit Jesu verwendet wurden.

Leute, mit denen Jesus zu tun hatte

Die Römer

Als Jesus geboren wurde, gehörte seine Heimat zum *Römischen Weltreich*. Das Land Kanaan hieß damals „Syria Palästina", später einfach: Palästina. Der Name leitet sich her von den Philistern, dem Volk, mit dem Israel seit mehr als 1000 Jahren verfeindet war. Palästina war eine der vielen römischen Provinzen, zu denen damals auch Germania, also (ein Teil von) Deutschland, zählte. Die Hauptstadt des Weltreichs war Rom. Der Kaiser, der im Geburtsjahr von Jesus regierte, hieß Augustus; er ließ sich Gott nennen. Der Kaiser im Sterbejahr von Jesus hieß Tiberius. Der Kaiser, der im Jahr 70 Jerusalem eroberte und zerstören ließ, hieß Titus. Die jeweiligen römischen Kaiser setzten in Jerusalem romtreue Stellvertreter ein, auch Statthalter oder Landpfleger genannt. Der Landpfleger, unter dem Jesus zum Tode verurteilt und hingerichtet wurde, hieß Pontius Pilatus. Der eigentliche mächtige Mann in Jerusalem war Herodes. Die Römer ließen ihn als König über weite Teile Palästinas regieren, denn Herodes, der kein Römer, sondern ein Jude war, galt den Römern als sehr zuverlässig. Er hatte sich mit List und ansehnlichen Geschenken die Gunst des Kaisers erkauft und durfte sich „König Herodes der Große" nennen. Herodes sorgte dafür, daß sich die unterworfenen Juden vor den Römern zu ducken hatten, vor allem aber, daß sie viele Steuergelder nach Rom abführten. Die Steuereinnehmer werden in der Bibel „Zöllner" genannt. Sie waren bei den armen Leuten verhaßt und als Sünder verschrieen, nicht zuletzt dafür, daß sie über die kaiserlichen Steuern und Zölle hinaus oft hohe Geldbeträge für ihre eigene Tasche abzweigten.

Viele Jüdinnen und Juden – und zunächst wohl auch alle Jünger und Apostel Jesu – hofften, der Messias werde die Römer samt all ihren Soldaten, Beamten und Leuteschindern aus dem Lande jagen. Männer, die sich zusammentaten und einen Aufstand planten, wurden, wenn man sie erwischte, von den römischen Besatzern gefoltert und hingerichtet. Einmal zählt ein Geschichtsschreiber an einem einzigen Tag 500 Kreuze, an denen man rebellische Juden aufgehängt hatte.

Solche „Feldzeichen" trugen die Römer beim Kampf an der Spitze ihres Heeres. War ein Land erobert, pflanzte man das Feldzeichen weithin sichtbar auf einen Hügel. – Daneben: Münzen, die im 1. Jahrhundert in Palästina in Umlauf waren. Auf der einen steht: „Kaiser Augustus", auf der anderen: „Judäa ist unterworfen".

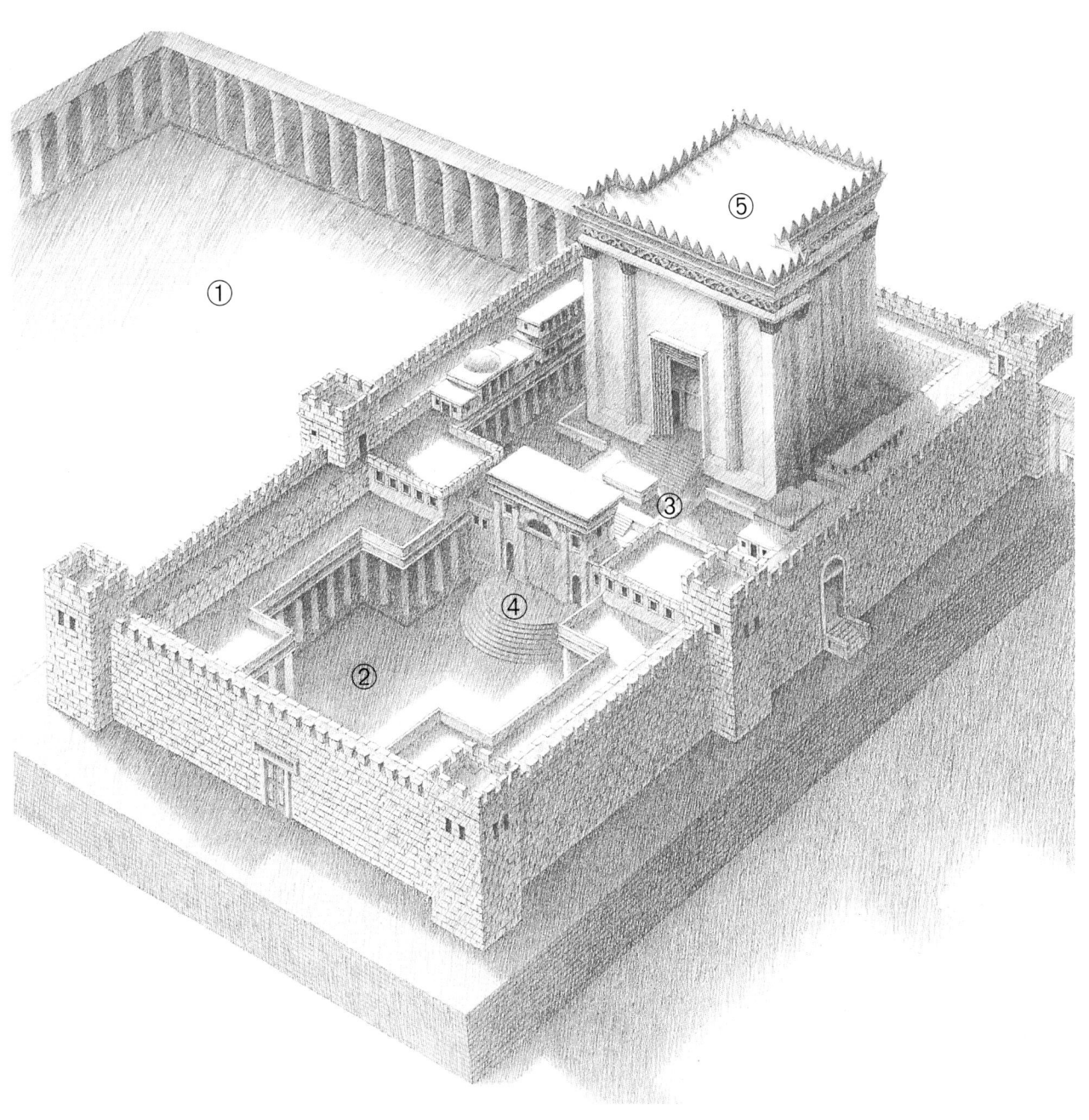

Der Tempel zur Zeit Jesu

Nachdem der Tempel des Salomo durch die Babylonier zerstört worden war, errichteten die Juden im Jahre 525 an derselben Stelle einen neuen, den „Zweiten Tempel"; König Herodes erweiterte und verschönerte ihn zur Zeit Jesu. – Wenn die Wallfahrten und Prozessionen nach langer Wanderung auf dem Tempelberg ankamen, gelangten die Männer, Frauen und Kinder mit ihren Reit- und Lasttieren und mit ihrem Reisegepäck in den riesigen „Vorhof der Heiden" ①. Dort standen die Händler mit ihren Buden und Tischen und boten den Pilgern Opfertiere zum Verkauf an. Hier wechselte man auch das römische Geld gegen jüdische Münzen um, denn im Tempel selbst wurde kein „Heidengeld" angenommen. Vom Hof aus begab man sich dann zum Beten und Singen in den nächst kleineren, in den „Vorhof der Frauen" ②. Das dürfte der Bezirk gewesen sein, wo Maria und Josef vor Simeon und Hanna das Jesuskind Gott „dargebracht" haben; ebenfalls müßte hier, in einer der säulenumstandenen Hallen, der 12jährige Jesus unter den Lehrern gesessen haben. Weiter als bis in den Vorhof der Frauen durften nämlich Frauen und Kinder nicht in den Tempelbezirk vordringen. Die Männer traten in den „Vorhof der Israeliten" ③ ein. Von der halbrunden Treppe aus ④, über die man in den Vorhof der Israeliten gelangte, segnete an Festtagen der Hohepriester das Volk. Im Vorhof der Israeliten wurden die Schlacht- und Brandopfer dargebracht. – Zuletzt wurden dann auch die Männer durch eine Schranke aufgehalten; hinter diese Schranke durften nur die Priester treten, um durch ein Tor ins „Heiligtum" ⑤ einzutreten. Im Heiligtum war das „Allerheiligste", der Raum, in dem früher die Bundeslade stand. Zur Zeit Jesu und der Apostel war das Allerheiligste leer. Direkt an den Tempel grenzte – über eine Treppe zu erreichen und auf unserem Bild nicht zu sehen – die „Burg Antonia", die Residenz des Königs Herodes.

Die Schriftgelehrten

Oft wird in den Evangelien erzählt, daß Jesus mit Schriftgelehrten (oder, wie man auch sagt, mit Gesetzeslehrern) zu tun hatte. Die Schriftgelehrten hatten sich großes Wissen über das Gesetz und die Propheten erworben und es zu ihrem Beruf gemacht, das Volk zu lehren. Das taten sie in den Synagogen und im Tempel: Sie lasen eine Stelle aus der Tora oder aus den Schriften der Propheten vor und erklärten den Text in einer Predigt. Doch hatten nicht nur die Schriftgelehrten das Recht, in der Synagoge vorzulesen; jeder jüdische Mann durfte das. Auch Jesus hat, so berichten die Evangelisten, in der Synagoge gelehrt, zum Beispiel in Kafarnaum und in Nazaret. Wenn die Leute ihn mit ihren Schriftgelehrten verglichen, sagten sie: „Der spricht wie einer, der Vollmacht hat, und nicht wie unsere Schriftgelehrten." Sie redeten Jesus manchmal auch mit „Rabbi" oder „Rabbuni" an, das heißt: mein Lehrer, mein großer Lehrer.

Die Pharisäer

Die meisten Gesetzeslehrer gehörten der Gruppe der Pharisäer an. Die Pharisäer beschäftigten sich fast ausschließlich mit dem Gesetz und den Propheten. Beim Volk waren sie hoch angesehen, denn sie bemühten sich, das stellenweise sehr komplizierte Gesetz so einsichtig zu machen, daß auch die einfachen Leute es verstehen und nach ihm leben konnten. Die Pharisäer waren nicht „Berufs-Gelehrte", sondern Kaufleute, Handwerker oder Bauern. Jesus schätzte die Weisheit und die Lehren der Pharisäer.

In früherer Zeit, als die Griechen noch das Land beherrschten und den Juden fremde Götter nahebringen und ihnen einen Lebenswandel schmackhaft machen wollten, der nicht nach dem Willen Gottes war, sind es vor allem die Pharisäer gewesen, die sich widersetzt und den Glauben an Jahwe hochgehalten haben. Vielleicht haben sie ihren Namen aus jener Zeit; Pharisäer heißt nämlich „die Abgesonderten", also die, welche sich von den heidnischen Einflüssen fernhielten. Doch sonderten sich einige von ihnen später leider auch von ihrem eigenen Volk ab: Sie hatten vor lauter Lehren und Studieren keine Zeit und kein Ohr mehr für die Nöte der Menschen. Manche wurden überheblich und blickten verächtlich auf jene herab, die im Alltag das Gesetz nicht Punkt für Punkt so erfüllen konnten wie sie selbst. Darum hat Jesus sie manchmal, so sagen jedenfalls später die Evangelisten, hartherzig genannt; er hat sie getadelt, vor

Beim Lesen der Heiligen Schriften legen die frommen Juden besondere Kleidungsstücke und Zeichen an. Sie hüllen sich in den Gebetsmantel (Tallit), schlingen einen Gebetsriemen (Tefillin) um den Arm und tragen kleine Kapseln mit Wort-Gottes-Texten auf Stirn und Brust: Das Wort des Herrn soll ins Herz und in den Verstand dringen.

allem, wenn sie „den Buchstaben des Gesetzes" über „den Geist des Gesetzes", nämlich über die Liebe, stellten.

Der Hohe Rat

Die Pharisäer waren auch eine Art politische Partei, die im Hohen Rat eine eigene „Fraktion" bildete. Im Hohen Rat saßen außer den Pharisäern noch die Sadduzäer, die ähnlich gesetzeskundig und gesetzestreu waren, sich aber in einigen wesentlichen Lehren von den Pharisäern unterschieden; so glaubten sie zum Beispiel nicht an eine Auferstehung nach dem Tode. Ferner gehörten zu den 71 Mitgliedern des Hohen Rats: der Hohepriester und einige Angehörige seiner Familie sowie Vertreter der Schriftgelehrten. Da in Israel „göttliches Recht" und „staatliches Recht" nicht voneinander getrennt waren, hatte der Hohe Rat die allgemeine Gerichtsbarkeit in Israel. Besonders streng wachte der Hohe Rat darüber, ob nicht jemand Gott lästerte oder gegen das Gesetz des Mose verstieß. Unter diesen Verdächtigungen wurden Jesus und später manche Apostel vor dem Hohen Rat angeklagt. Man nimmt vielfach an, daß der Hohe Rat zur Zeit der römischen Herrschaft über Israel keine Todesurteile fällen, wohl aber alle anderen Strafen verhängen und ausführen durfte.

Die Synagoge

In jedem größeren Ort des Landes stand eine Synagoge. Im Gegensatz zum Tempel fanden in den Synagogen keine Opfergottesdienste statt, sondern hauptsächlich Schriftlesungen und Schrift-Erklärungen. Noch heute findet man auf der ganzen Welt überall dort, wo jüdische Gemeinden sind, Synagogen. Sie sind Treffpunkte des religiösen und alltäglichen Lebens: Man redet und schwatzt miteinander und tauscht Neuigkeiten aus, man lacht und trauert gemeinsam bei fröhlichen und ernsten Familienfesten. Zur Synagoge gehört gewöhnlich eine „Schul", in der die Knaben Hebräisch lernen, um später einmal die Jüdische Bibel lesen zu können. In die Wand, die in Richtung Jerusalem liegt, ist eine Art Tabernakel eingebaut, in dem die Tora-Rollen aufbewahrt werden. Beim Gottesdienst holt man die in kostbaren Hüllen geborgenen Tora-Rollen hervor und legt sie zum Lesen auf einen Lesetisch. Wenn dann – irgendwo auf der Welt in einer noch so kleinen Synagoge – auf der Menorah, dem großen Leuchter, die Sieben Flammen angezündet werden, denken wohl alle ehrfurchtsvoll an Jerusalem, die Mitte der Welt, an den Berg Zion, an den Tempel, und an die großen Zeiten der Geschichte des Volkes Israel.

In den frühen christlichen Gemeinden

Die Gottesdienste der ersten Christen

Als Jesus nicht mehr auf Erden lebte, führten die Apostel weiter, was er begonnen hatte: Sie verkündigen überall in Jerusalem und in den Ländern der Provinz Palästina die neue Botschaft des Evangeliums. Sie treten als Zeugen dafür auf, daß Jesus gekreuzigt, gestorben und begraben wurde und von den Toten auferstand. Die neue Lehre trägt ihnen die Feindschaft vieler Juden ein, die nicht glauben können, daß Jesus der Messias ist, daß er vom Vater gesandt wurde und daher in einer besonderen Weise der Sohn Gottes genannt werden darf. Immer wieder müssen die Apostel, selber allesamt Juden, sich mit den jüdischen Schriftgelehrten und Pharisäern auseinandersetzen. Oft enden ihre Diskussionen in Streit und Haß. Man verleumdet und verfolgt sie, schleppt sie vor den Hohen Rat und sperrt sie ins Gefängnis. Einige werden wegen ihres mutigen Bekenntnisses zum Glauben an Jesus Christus sogar getötet.

Im Buch *Apostelgeschichte* – das dort beginnt, wo die Evangelien enden, nämlich bei der Himmelfahrt Jesu – kann man lesen: „Tag für Tag waren sie einmütig im Tempel, brachen in ihren Häusern das Brot und hielten Mahl miteinander." Die ersten Christen sind zunächst noch eifrige Juden, die jeden Tag im Tempel beten. Daneben treffen sie sich sonntags in ihren Häusern und brechen das Brot. Wenn im Neuen Testament die Formel „Brot brechen" vorkommt, ist gewöhnlich gemeint: Abendmahl halten, Eucharistie feiern.

Ob es sich bei den Häusern, die als Treffpunkte für das Brotbrechen dienten, immer nur um einfache Wohnhäuser oder um besonders große Häuser handelte, weiß man nicht. In Jerusalem waren zu Pfingsten in dem „Haus, in dem sie weilten", 120 Männer und Frauen zusammen; in Troas, so steht an einer anderen Stelle in der Apostelgeschichte, hatten sie sich „am ersten Tag der Woche zum Brechen des Brotes versammelt", in einem „Obergemach im dritten Stock, wo viele Lampen brannten". Beide Angaben lassen auf große Häuser und Räume schließen. Von *Kirchen* als eigenständigen Bauwerken erfährt man in der Apostelgeschichte und auch in Berichten der weiteren 300 Jahre nichts, obwohl es hier und dort schon Häuser gegeben haben wird, die man zu „Kirchen" umbaute. Erst als Kaiser Konstantin im Jahre 311 den unterdrückten Christen im Römischen Reich die Freiheit gibt, beginnt man überall mit großem Eifer, christliche Gotteshäuser zu errichten.

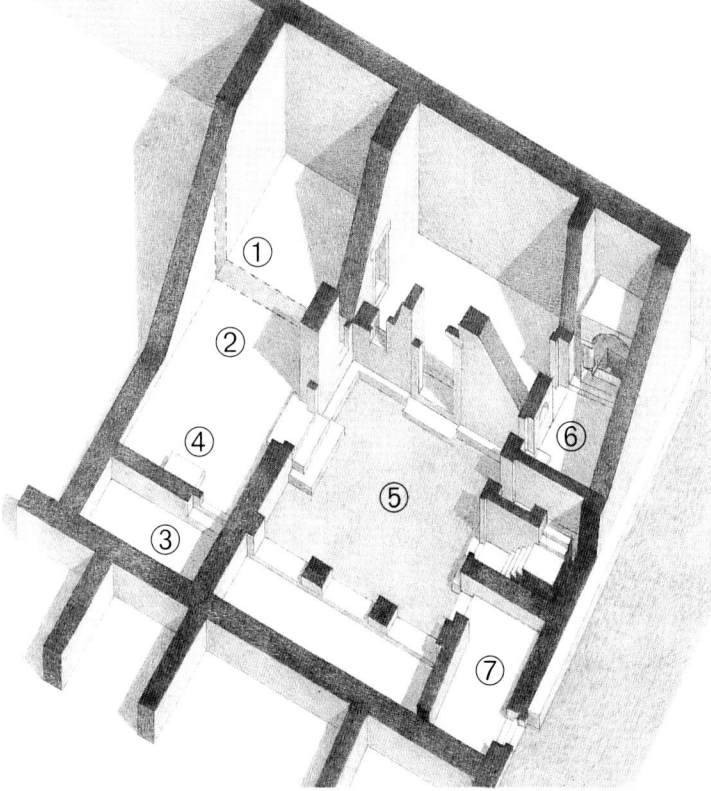

In der Stadt Dura am Euphrat hat man die Reste eines alten Wohnhauses ausgegraben, das im 3. Jahrhundert zu einer kleinen christlichen Kirche umgebaut worden war. Durch den Abriß einer Zwischenmauer ① hatte man einen Versammlungs- und Gottesdienstraum ② geschaffen, der Platz für 50 Personen bot (5 x 13 m); an diesen Raum schloß sich eine Sakristei ③ an. Von einem erhöhten Sitzplatz aus ④ leitete der Vorsteher den Gottesdienst. Einen festen Altar gab es nicht; wahrscheinlich hat man für die Eucharistiefeier einen Holztisch benutzt. In der Mitte des Hauses war ein Vorraum ⑤, an einer Seite eine Taufkapelle ⑥. Den Eingangsflur ⑦ hatte man so umgebaut, daß durch die versetzten Türen kein Fremder hereinschauen konnte.

Auseinandersetzungen mit den Juden

Das Zusammenleben der Christen in den frühen Gemeinden ist an einer Stelle in der Apostelgeschichte anschaulich beschrieben: „Die Gemeinde der Gläubigen war ein Herz und eine Seele. Keiner nannte etwas von dem, was er hatte, sein Eigentum, sondern sie hatten alles gemeinsam. Es gab keinen unter ihnen, der Not litt. Denn alle, die Grundstücke oder Häuser hatten, verkauften ihren Besitz, brachten den Erlös und legten ihn den Aposteln zu Füßen. Jedem wurde davon zugeteilt, so wie er es nötig hatte." Kein Wunder, daß es mehrere Male heißt: „Das Volk schätzte sie hoch", und: „Immer mehr wurden im Glauben dem Herrn zugeführt, Scharen von Männern und Frauen."

Römische Soldaten tragen jüdisches Tempelgerät im Triumphzug durch ihre Hauptstadt (Relief auf dem Titus-Bogen in Rom).

Je mehr sich der Glaube ausbreitet, um so bewußter trennen sich die Christen von den Juden. Sie befolgen immer weniger die Lehren der Pharisäer, die Opfervorschriften und das vielfältige jüdische Brauchtum. An die Stelle des Paschafestes setzen sie das Osterfest, an die Stelle des Sabbats den Sonntag, und in ihren Gottesdiensten lesen sie nicht mehr nur aus der Tora vor, sondern auch aus den Schriften der Evangelisten und Apostel.

Die Herauslösung der Christen aus der alten großen jüdischen Glaubensgemeinschaft geschieht nicht von heute auf morgen. Viele Streitfragen bleiben offen: Muß jeder, der sich taufen lassen will, zuerst den jüdischen Glauben annehmen, bevor er Christ werden kann, muß er sich beschneiden lassen? Muß das alte Gesetz des Mose in allen Punkten eingehalten werden, oder ist durch das Evangelium eine neue „Freiheit vom Gesetz" gekommen? Solche Fragen sind nicht immer leicht zu lösen und führen gelegentlich zu harten Auseinandersetzungen.

Im Jahre 70 wird Jerusalem und vor allem der Tempel von den Römern völlig zerstört. Wenig später gründen die Römer auf den Trümmern eine neue Stadt mit Namen Aelia. An den für die Juden einst so heiligen Stätten stehen heidnische Tempel zu Ehren der Göttin Venus und des Gottes Jupiter. Die Juden dürfen Jerusalem nicht mehr betreten und zerstreuen sich über die Nachbarländer, ja, im Lauf der späteren Zeit über die ganze Erde.

Vereinfachte Darstellung der Apostel Petrus und Paulus, eingeritzt in eine Kalksteinplatte (4. Jahrhundert).

Die Ausbreitung des christlichen Glaubens

Noch bevor das erste Jahrhundert zu Ende geht, hat sich die christliche Botschaft von Jerusalem her über zahlreiche Nachbarstädte und Nachbarländer ausgebreitet. Vor allem *Paulus* – einst Schüler des berühmten Pharisäers Gamaliel und Verfolger der Christen – trägt nach seiner Bekehrung die Frohe Botschaft nahezu in die gesamte damalige bekannte und auf dem See- oder Landweg erreichbare Welt. Wenn man aus der Apostelgeschichte die drei Missionsreisen des Paulus und seine Reise nach Rom zusammenrechnete, käme eine Strecke von mehr als 16 000 km heraus! Doch auch von den anderen Aposteln gibt es – mal deutlich, mal vage – Hinweise darauf, daß sie große Anstrengungen auf sich genommen haben, das Evangelium in die Welt hinauszutragen: Neben Paulus hat zum Beispiel *Petrus* in Rom gelehrt; Jakobus, wie man sagt, in Spanien, Matthias in Afrika, Thomas in Indien und so fort.

Wenn sich irgendwo in Asien und Europa Christen zusammenfanden und eine Gemeinde gegründet hatten, setzten sie „Älteste" und „Vorsteher" ein. Diese leiteten die Gemeinden, hielten zusammen mit Diakonen und anderen Helferinnen und Helfern Gottesdienst, unterrichteten Taufbewerber und sorgten für die Armen. Von Zeit zu Zeit kam ein Apostel – später ein Bischof – in ihre Versammlung; er sah bei Streitigkeiten nach dem Rechten, entschied über Lehre und Irrlehre und sprach allen Mut zu.

Solchen Zuspruch brauchten sie sehr, denn in vielen Teilen des Römischen Weltreichs wurden Christen verfolgt und nicht selten Richtern übergeben, und Henkern, durch deren Hand sie als Märtyrer für den Glauben starben.

Briefe an die frühen Gemeinden

An viele Gemeinden hat der Apostel Paulus Briefe geschrieben; einige sind verlorengegangen, die meisten aber sind erhalten und in der Bibel gesammelt: an die Christen in Rom, in Korinth (2), in Galatien, in Ephesus, in Kolossä, Philippi und Thessalonich (2). Auch an einzelne Freunde und Mitarbeiter (Titus, Timotheus) hat er geschrieben. Manche zählen noch den sogenannten Brief an die Hebräer zu den Paulusbriefen, einen Brief, der

Auf frühchristlichen Wandmalereien sieht man häufig ein „Brot-und-Fisch-Symbol" für Jesus Christus. (Wenn man das griechische Wort für FISCH buchstabiert, kommt ein Kürzel heraus für den Satz: „Jesus Christus ist Gottes Sohn, ist der Erlöser.")

Auf einer römischen Kasernenwand (um 200 n. Chr.) fand man eine Zeichnung, auf der ein christlicher Soldat mit Namen Alexamenos verspottet wird, der einen gekreuzigten Esel als seinen Gott anbetet.

jedoch wohl nicht aus der Feder des Paulus stammt. (Neben den Paulusbriefen finden sich in der Bibel noch ein Jakobus- und ein Judasbrief, zwei Petrus- und drei Johannesbriefe.)

Die kürzeren Briefe dürfte Paulus selbst geschrieben haben; die längeren hat er, wie es damals üblich war, einem Schreiber diktiert. Am Schluß macht er jedoch meist einen kleinen handschriftlichen Vermerk, damit sich die Empfänger davon überzeugen können, daß der Brief echt ist und von ihm stammt.

Jeder einzelne Brief wurde im Original durch einen zuverlässigen Boten an den Gemeindeleiter gebracht. Dieser las ihn vor und sorgte dafür, daß er anderen Gemeinden zur Kenntnis weitergereicht, abgeschrieben und sorgsam aufbewahrt wurde. Trotz aller Sorgfalt sind jedoch im Lauf der Jahrhunderte die Originalbriefe verlorengegangen, so daß wir heute – ähnlich wie bei allen anderen Textteilen der Bibel – nur noch spätere Abschriften besitzen.

Die Briefe der Apostel sind im Aufbau einander weitgehend ähnlich. Sie beginnen mit dem Namen des Absenders und des Empfängers, sowie mit einer Grußformel, zum Beispiel: „Paulus, durch den Willen Gottes Apostel Jesu Christi, an die Heiligen (= Christen) in Ephesus, die an Jesus Christus glauben. Gnade sei mit euch und Friede von Gott." Dann folgt der umfangreiche Mittelteil des Briefs, mit Worten des Trostes und der Ermahnung, vor allem aber mit theologischen Belehrungen und Erklärungen zu Fragen des Glaubens. Am Schluß stehen Grüße und weitere Segenswünsche: „Wenn euch dieser Brief vorgelesen worden ist, sorgt dafür, daß er auch in der Nachbargemeinde bekannt wird! Das Grußwort am Schluß des Briefs habe ich, Paulus, eigenhändig geschrieben. Gnade sei mit euch!"

Seit fast 2000 Jahren wird nun schon den Christen aus den Briefen der Apostel Sonntag für Sonntag im Gottesdienst vorgelesen, und auch heute noch ist manches von dem, was in den Briefen steht, von nicht geringer Bedeutung für unseren Glauben an Jesus Christus. – Doch nicht nur auf Glaubensfragen, sondern auch auf die ganz handfesten Fragen, wie wir Christen gemäß dem Evangelium leben sollen, finden sich in den Apostelbriefen bedenkenswerte Antworten, wie zum Beispiel diese: „Einer trage des anderen Last – so erfüllt ihr das Gesetz Christi!"

Kreuz mit Christuszeichen auf einem Steinsarg in Rom (4. Jahrhundert). Die miteinander verflochtenen Buchstaben X und P (CHR) sind die griechischen Anfangsbuchstaben für CHRISTUS.

Ein Siegeskranz aus Lorbeer schmückt das Christuszeichen; Tauben, als Symbole für die Seelen verstorbener Christen, picken daran: Sie möchten Leben vom Leben Christi erhalten.

Inhaltsverzeichnis

5   Aus dem Alten Testament

7   Alte Geschichten von Gott und den Menschen

10   Gott erschafft Himmel und Erde
12   Gott erschafft die Menschen
14   Ein Loblied auf Gott, den Schöpfer
15   Die Menschen wollen sein wie Gott
17   Kain ermordet seinen Bruder Abel
18   Die Erzählung von der Sintflut
22   Der Turm, dessen Spitze bis an den Himmel reichen sollte

24   Sagen und Überlieferungen von den Stammvätern des Volkes Israel

25   Der Bund Gottes mit Abraham
27   Melchisedek segnet Abraham
28   Gott verheißt Abraham und Sara einen Sohn
30   Abraham verhandelt mit Gott über Sodom
31   Abraham vertraut auf Gott
34   Abrahams Nachkommen Isaak und Jakob
36   Josef, der Sohn des Jakob, und seine Brüder
38   Josef im Gefängnis
40   Die Träume des Pharao
42   Josef wird erhöht über ganz Ägypten
43   Geleitet und behütet vom Herrn
44   Die Brüder des Josef kommen nach Ägypten
46   Benjamin kommt nach Ägypten
47   Jakob kommt mit seiner Familie nach Ägypten

50   Erzählungen vom Beginn der Geschichte des Volkes Israel

51   Die Israeliten in Ägypten
53   Der Name Gottes: Ich-bin-da-für-euch
55   Mose führt das Volk Israel in die Freiheit
58   Das Volk Israel auf dem Weg durch die Wüste
60   Der Bund Gottes mit Israel am Berg Sinai
63   Die Israeliten machen sich einen Gott aus Gold
64   Das Ende des Zugs durch die Wüste
66   Die Israeliten dringen in das Land Kanaan ein
68   Israel erkennt Gott als den einzigen Herrn an
69   Danklied für Gottes weise Führung
70   Von Gideon und seinem Sieg über die Midianiter
74   Von Rut, die aus der Fremde kam und Heimat fand im Volk Israel

76	**Aus den Geschichtsbüchern der Königszeit**
77	Samuel hört die Stimme Gottes und wird Prophet in Israel
78	Die Israeliten wollen einen König
79	Saul, der erste König von Israel
81	König Saul handelt gegen die Weisungen des Herrn
82	David wird zum neuen König von Israel erwählt
83	David am Hof des Königs Saul
84	David besiegt Goliat im Namen des Herrn
86	Davids Freundschaft mit Jonatan
88	David in der heiligen Stadt Jerusalem
90	König David begeht ein großes Unrecht
92	David bereut seine Sünde
93	Ein Lobgesang auf König David
94	Salomo, der dritte König von Israel
95	Salomo baut den Tempel zu Jerusalem
98	Von der Weisheit Salomos
99	Salomos Reich zerfällt
100	**Von den Taten, Mahnreden und Verheißungen der Propheten**
101	Der Prophet Elija im Nordreich
103	Elija begegnet dem Herrn am Gottesberg Horeb
106	Die Taten des Propheten Elischa
108	Aus dem Buch Jona
114	Aus dem Buch der Mahnreden des Propheten Amos
117	Der Prophet Jesaja im Südreich
118	Das Südreich Juda gerät in große Not
119	Jesaja kündet einen Retter an
120	Der Prophet Jeremia
122	Jerusalem wird zerstört
124	**Tröstliche Erzählungen aus einer trostlosen Zeit**
125	Tobit in der Assyrischen Verbannung
126	Tobias, der Sohn des Tobit und der Hanna
128	Tobias und Sara heiraten
130	Rafael, der Engel, der mit Tobias ging
132	Daniel in der Babylonischen Gefangenschaft
134	Daniel bleibt Gott, dem Herrn, treu
137	Ein Klagelied der verbannten Juden
138	„Es gibt keinen anderen Gott, der retten kann!"
142	Das Ende der Gefangenschaft
144	Die Juden bauen ihren Tempel wieder auf
146	Ein neuer Anfang in Jerusalem
148	Die Juden werden erneut unterdrückt
150	Von Helden und Märtyrern in dunklen Zeiten
152	Israel hofft auf einen gerechten, von Gott gesandten König

155 Aus dem Neuen Testament

156 Texte vom Kommen des Messias Jesus Christus

- 157 Gott läßt durch seinen Engel eine frohe Botschaft verkünden
- 159 Jesus wird in Betlehem geboren
- 161 Weise kommen aus fernen Ländern und verehren Jesus
- 162 Jesus muß vor der Macht des Herodes fliehen
- 163 Der zwölfjährige Jesus bei den Lehrern im Tempel
- 164 Der Prophet Johannes weist auf Jesus hin

166 Die Botschaft vom Reich Gottes

- 167 Jesus ruft Männer zu sich, die ihm als Jünger nachfolgen
- 168 Jesus bei der Hochzeit zu Kana
- 169 Jesus heilt die Schwiegermutter des Petrus und andere Kranke
- 170 Jesus heilt einen Gelähmten und vergibt ihm die Sünden
- 171 Jesus wählt zwölf Apostel aus
- 172 Vom Leben im Reich Gottes: Die Bergpredigt
  Die Seligpreisungen – Nicht töten und verfluchen, sondern vergeben –
  Nicht schwören, sondern wahrhaftig reden – Liebe zu den Feinden –
  Nicht über andere richten – Vom Beten – Die Goldene Regel –
  Die falsche und die richtige Sorge
- 176 Jesus spricht vom Reich Gottes in Gleichnissen
  Der Sämann und die Saat – Das Senfkorn und der Sauerteig –
  Der Schatz, die Perle, der reiche Bauer und das Netz – Das verlorene Schaf,
  das verlorene Geldstück – Der verlorene Sohn
- 182 Jesus hat Macht über Sturm und Meer
- 182 In Jesus ist Gott den Menschen nahe
- 184 Jesus erweckt ein zwölfjähriges Mädchen vom Tod zum Leben
- 185 Die Geschichte vom Mahl mit den gesegneten Broten
- 186 Jesus und der Zöllner Zachäus
- 186 Jesus und der Bettler Bartimäus
- 188 Jesus, der Messias, wird viel leiden müssen
- 189 Jesus, die Jünger und die Kinder
- 190 Jesus zieht festlich in Jerusalem ein
- 190 Jesus lehrt im Tempel
- 191 Das wichtigste von allen Geboten
- 193 Das Maß, mit dem beim Weltgericht gemessen wird

194 Die Markuspassion: Leiden, Tod und Auferstehung des Herrn

- 195 Die Gegner beschließen, Jesus zu töten
- 195 Die Jünger bereiten das Paschamahl vor
- 196 Jesus hält mit den zwölf Aposteln das Letzte Abendmahl
- 198 Am Ölberg und im Garten Getsemani
- 199 Jesus wird gefangengenommen
- 200 Jesus vor dem Hohen Rat der Juden
- 200 Jesus wird von Petrus verleugnet

203	Jesus vor dem römischen Gericht des Pilatus
204	Jesus wird auf dem Berg Golgota gekreuzigt
204	Jesus stirbt am Kreuz
206	Den Leuten zum Spott, dem Volk zur Verachtung
207	Jesus wird begraben
210	Jesus wird von den Toten auferweckt
211	Jesus zeigt sich seinen Jüngern als der Lebende
212	Paulus legt ein Bekenntnis zum auferstandenen Christus ab

214 Zeugnisse aus der Zeit der frühen christlichen Gemeinden

215	Jesus verspricht, den heiligen Geist zu senden
216	Die Gemeinde von Jerusalem wird mit heiligem Geist erfüllt
218	Die Apostel verkünden den gekreuzigten und auferweckten Herrn
220	Sieben Diakone werden zu Gemeindehelfern gewählt
221	Der Diakon Stephanus stirbt für den Glauben an Christus
222	Der Diakon Philippus tauft einen Mann aus Afrika
224	Saulus wird bekehrt zu Jesus Christus
226	Das Evangelium von Jesus Christus kommt zu den Nicht-Juden
	Die Vision des Hauptmanns Kornelius – Die Vision des Petrus – Die Rede des Petrus im Haus des Kornelius – Kornelius wird mit seinen Verwandten und Freunden getauft – Petrus erklärt, warum er Nicht-Juden getauft hat
230	Schwere Zeiten für die Gläubigen in Jerusalem
232	Paulus wird ausgesandt, das Evangelium allen Völkern zu verkünden
232	Paulus bringt das Evangelium nach Europa
235	Aus dem Brief des Apostels Paulus an die Philipper
236	Paulus verkündigt das Evangelium an die Bürger von Korinth
238	Paulus auf Missionsreise im Hochland und an der Küste Kleinasiens
241	Paulus wird gefangengenommen
243	Paulus redet vor König Agrippa freimütig von Jesus Christus
245	Paulus bringt das Evangelium von Jesus Christus nach Rom

249 Aus der Welt der Bibel

250 Warum man die Bibel Heilige Schrift nennt

Tontafeln, Papier und Pergament – Von der Schrift und vom Schreiben – Das Alte Testament: die Jüdische Bibel – Das Neue Testament – Die vier Evangelien – Bibelübersetzungen – Gottes Wort in Menschenworten

254 Die Länder im Fruchtbaren Halbmond

Die Wiege der Menschheit – An Euphrat und Tigris – Am Nil – Im „Sklavenhaus Ägypten"

258	**Von Wüste und Wasser**
	Sand, Steine und Geröll – Oasen, Quellen und Brunnen
260	**Das Volk Israel und sein Gott Jahwe**
	Jahwe, der eine und einzige Gott – Der Bund mit dem einen Gott – Das Gesetz – Das Heilige Zelt
263	**Aus der Zeit der Könige**
	König David – König Salomo baut den Tempel – Opfer im jüdischen Gottesdienst – Priester und Leviten – Der Hohepriester
266	**Propheten mahnen und trösten**
	Sprecher im Auftrag Gottes – Das Volk vergißt den Bund mit Jahwe – Propheten weisen auf den Messias hin
268	**Das Land, in dem Jesus lebte**
	Judäa und Samaria – Das fruchtbare Land Galiläa – Der Jordan – Das Handwerk der Fischer – Jesu Heimatstadt Nazaret – Brot, und was man dazu aß – Bei Tisch
274	**Leute, mit denen Jesus zu tun hatte**
	Die Römer – Die Schriftgelehrten – Die Pharisäer – Der Hohe Rat
278	**In den frühen christlichen Gemeinden**
	Die Gottesdienste der ersten Christen – Auseinandersetzungen mit den Juden – Die Ausbreitung des christlichen Glaubens – Briefe an die frühen Gemeinden

Die Deutsche Bibliothek – CIP-Einheitsaufnahme

Die Bibel/für Kinder ausgewählt und erläutert
von Josef Quadflieg. Bilder: Rita Frind. –
Düsseldorf: Patmos Verlag, 1994
ISBN 3-491-79444-7
NE: Quadflieg, Josef; Frind, Rita

© 1994 Patmos Verlag, Düsseldorf
Alle Rechte vorbehalten
1. Auflage 1994
Zeichnungen in der Sachkunde
„Aus der Welt der Bibel":
Annemarie und Josef Schelbert, Olten
Satz: Fotosatz Moers, Mönchengladbach
Reproduktion: Brockhaus, Wuppertal
Druck und Verarbeitung: Offizin Andersen Nexö, Leipzig
ISBN 3-491-79444-7